KB014038

심리를 처방합니다

所以，一切都是童年的错吗? © 2017 by KnowYourself

All rights reserved

First published in China in 2017 by Guomai Culture and Media Co., Ltd.

Through Shinwon Agency Co., Seoul

Korean translation rights © 2019 by MaEumChaekBang Publishing Co.

나를 알고
사랑하는 이들을 이해하는
심리 카드 29

심리를 처방합니다

노우유어셀프 지음 · 최인애 옮김

마음책방

'심리'가 궁금하다는 것은 누군가를 이해하려는 마음의 시작이다.

즉 상대의 마음과 행동의 의도를 분석해서

배척하려는 것이 아니라 받아들이려는 준비 자세다.

그러기 위해서는 나의 심리부터 알아야 한다.

이 책《심리를 처방합니다》는 자신뿐만 아니라 연인,

가족 등 사랑하는 이들의 심리를 이해하는 데 큰 도움을 준다.

또한 책에서 소개하는 다양한 심리 주제들은 그동안 치유하지 않고

내버려 뒀던 상처 부위에 약을 발라주듯 아픔을 치유하고 다독여 준다.

심리에 관심이 있거나 공부를 하고 싶다면

가장 먼저 필독서로 읽어보기를 권한다.

− 이시형 박사 (정신과 의사)

상담심리 전공자들도 속 시원하게 처방받다!

'그때는 그 마음이 최선이었다'라고 여겼던 방어기제들이 사실은 '나'였다고 스스로 낙인찍은 것이었음을 깨닫게 해주는 책이다. 뿐만 아니라 인간관계에서 얽히고설킨 실타래를 풀 수 있는 용기까지 얻었다. 뒤엉킨 실 끝을 잡고 이 책을 이정표 삼아 풀어 간다면 충분히 할 수 있을 것 같다.

황수미(직장인, 상담심리학 전공)

아픈 사람이 의사에게 진료받고 처방받듯이 이 책은 '심리'와 '처방'으로 나눠서 설명한다. '심리'는 심리적 어려움이 어디서 비롯되었는지를 충실한 심리학 이론을 바탕으로 쉽게 풀어서 설명해주고, '처방'은 어떻게 하면 좀 더 나은 상태가 될 수 있는지를 친절하게 알려준다.

일상에서 반복되는 심리적인 불편이 있어도 심리 센터나 정신과를 찾을 정도는 아니라고 여기며 지나쳤던, 그렇지만 누구나 한 번쯤 궁금해했을 만한 사례들이 소개되어 있어서 공감되었다.

올바른 건강 습관이 큰 병을 예방하듯이 심리적으로 불편했던 원인을 조기에 발견하고 조금씩 바꾸어나간다면 훨씬 건강한 마음이 되어, 다른 사람과의 관계에서도 행복할 것 같다.

송혜정(직장인, 상담심리학 전공)

상담심리를 사 년 가까이 공부하면서 가치관의 거센 충돌에 수없이 부딪히며 나름의 진정한 자아를 찾고자 노력해왔다. 그런데 이 책을 읽으면서 그동안 주체적이지 못하고 위장된 자아로 남의 시선을 의식하며 객관적으로 살아온 나를 발견하게 되었다. 학문의 깊이는 물론 배움의 깊이까지 더하면서, 진정한 자기를 찾고 실질적인 자기 이해를 도와주어서 읽는 내내 유익했다.

이영애 (직장인, 상담심리학 전공)

심리학을 공부하게 된 동기가 나 자신을 알고 사람들과의 관계 속에서 행복한 삶을 살고 싶어서다. 많은 심리 관련 책을 읽어봤지만 이 책 《심리를 처방합니다》는 심리를 공부하면서 궁금했던 사람들과의 관계를 제대로 처방해주어 속이 뻥 뚫렸을 뿐만 아니라, 심리학 용어까지 보너스로 받아서 아주 유용했다. 친구들에게 선물하고 싶다.

강인필 (직장인, 상담심리학 전공)

늦게 심리학을 공부하는 나에게 '심리를 처방합니다'라는 제목이 유독 관심을 끌었다. 심리학 공부는 재밌으면서도 어렵다. 이 책은 사 년여 동안 공부하면서 알고 싶었던 인간관계의 모든 심리를 아주 쉽게 총정리해준다. 읽는 내내 나를 돌아볼 수 있었고, 아이들을 키우면서 어려웠던 점과 잘못했던 부분들을 뉘우치고 반성하는 시간도 되었다. 가정과 사회생활을 하면서 겪게 되는 인간관계의 힘든 심리를 알려주고 처방까지 해줘서 더욱더 좋았다.

안은자 (직장인, 상담심리학 전공)

대부분 사람은 자신의 마음 상태를 잘 모를 때가 많다. 심리는 더더욱 알지 못한다.

그런 면에서 이 책은 나 자신을 알게 해주고, 내 주변 사람들까지 이해할 수 있도록 도와준다. 몸이 아프면 병원에 가서 의사에게 진료를 받고 처방을 받듯이 이 책은 나의 마음과 심리에 대해 진단을 내려주고 처방까지 해줘서 실생활에 아주 실용적이다. 책 사이즈도 크지 않아 가방에 넣고 다니기도 좋다. 마치 늘 가까이에 두고 활용하라는 의미를 담은 듯하다. 심리에 관심 있는 사람뿐만 아니라 모든 사람이 이 책을 읽고 활용했으면 한다.

김진옥(직장인, 상담심리학 전공)

다수의 사람이 비슷한 고민을 하고 있다는 생각에 많은 공감과 위로를 받았다. 특히 '처방'이라는 세션은 원인을 설명하는 '심리' 문제에 대해 구체적인 대처 방안을 제시하고 있어서 막연하다고 생각했던 어두운 마음에 환한 불을 켜주는 느낌이다.

정현미(전업주부, 상담심리학 전공)

나와 너, 그리고 거울 속의 나, 우리들 안에 감춰진 마음을 꾸밈없이 민낯으로 바라보게 하는 거울 같은 책이다. 29개 주제를 담고 있는 심리 카드는 햇빛에 비친 스테인드글라스처럼 퇴색된 마음이 본래 갖고 있던 아름다움까지 보이게 해준다. 서로를 이해하고 사랑할 수 있게 해주는 책이다.

김윤정 바울라(수녀, 상담심리학 전공)

딸 둘을 키우는 주부인 내가 상담심리를 공부하면서 가장 좋았던 점은 아이들을 대하는 마음과 생각, 행동을 다듬을 수 있었다는 것이다. 하루하루 새로운 문제에 부딪히기보다 같거나 비슷한 고민이 반복되는 것을 느끼면서 어쩌면 아이와의 관계뿐 아니라 모든 관계에서 겪는 어려움의 열쇠는 결국 내 안에 있음을 알게 되었다.

그러나 '나'를 안다는 것은 쉽지 않은 일이다. 그러다 이 책《심리를 처방합니다》를 만났다. 한 장 한 장 읽다 보니 효자손처럼 그동안 간지러웠던 부분을 시원하게 긁어주는 것 같았다. 심지어 나 자신조차 몰랐던 문제까지 일깨워줬다. 나를 안다는 것, 내가 사랑하는 이들을 이해한다는 것. 그것은 나에게 주어진 삶을 이해하는 과정이 아닐까 싶다. 나는 오늘도 나에게 주어진 삶을 깨닫는 중이다.

구인혜(전업주부, 상담심리학 전공)

하나하나 주제를 정해서 설명하고 있을 뿐만 아니라 어려운 심리학 용어를 알기 쉽게 풀어주어서 마치 '심리 처방 사용설명서'를 읽는 느낌이다. 일상생활에서 항상 가까이에 두고 한 번씩 들춰보고 싶다.

박명희(직장인, 상담심리학 전공)

눈에 보이지 않고 손에 잡히지 않는 영역이 심리다. 중요하다고 인식되고 궁금하지만 어떻게 접근하고 알아가야 할지 낯섦에 답답하고 막연함을 경험하고 있다면, 또한 두려움으로 외면하고 있는 분들이 있다면 이 책이 세밀하고 명확한 처방으로 자신뿐 아니라 사람들의 심리까지 이해할 수 있도록 방향성을 제시해줄 것이다. 생각의 틀과 마음의 방향을 바꿀 수 있도록 하는 훌륭한 안내서다.

이경란(한국상담심리학회 상담심리사 1급, 서울사이버대학교 인천심리상담센터 팀장)

이 책이 다른 책과 구별되는 장점은 현재 나의 심리상태를 한 발 물러나와 객관적으로 볼 수 있도록 도와주고, 아는 것에 그치지 않고 어떤 방향으로 나아가야 하는지 구체적인 방법까지 친절하게 알려준다는 점이다. 수많은 심리 서적이 심리상태를 알려주는 것에 그치는 것에 반해, '그건 나도 안다고. 그래서 어떻게 해야 하는 거야?' 절규하는 독자들의 아우성에 깊은 공감을 하며 구조의 손길을 내민다. '이쪽으로 한 걸음씩, 힘들지, 용기 내봐' 걸음마 연습시키듯이 용기와 격려를 북돋우며 자세하게 갈 방향을 안내한다. 내비게이션이 되어 나의 심리적 위치를 정확히 파악하여 어느 방향으로 얼마나 가야 하며 남은 거리는 얼마인지 알려 준다.

또 다른 장점은 29가지 다른 주제들로 구성되어 있어서 서로 다른 렌즈와 각도로 자신을 살펴볼 수 있다는 점이다. 다양한 심리들로 차려진 뷔페에서 관심 있는 부분을 먼저 선택해서 읽고 나면 또 다른 부분도 궁금해져서 읽게 된다. 그렇게 주제별 연결고리를 이해하고 지식이 추가되어 통찰을 얻게 된다. 가장 궁금해하는 심리에 관한 질문만으로 주제를 구성하였기에 우리의 고민과 교집합이 크다는 것도 장점이다.

독자의 한 사람으로 책을 읽으면서 마치 개인 분석을 받은 느낌이었다. 지금의 나를 만든 원가족의 진실과 직면하고, 애정 관계에 깊숙이 숨어 있는 복잡한 심리들이 선명해지며 '무 자르듯 딱 잘라 구분할 수 없는' 수많은 감정과 조우했다. 완벽주의 아버지와 과보호 어머니의 침입적인 양육을 받았던 장녀로서 '사랑받으려면 실수하면 안 돼. 완벽해야 사랑받을 수 있다'라는 사회부과적 완벽주의가 되기 쉬운 상황이었으며, 그 신념으로 인해 '진짜 나'를 숨겼음을 깨달았다. 상대가 나와 다른 견해를 내놓으면 방어적으로 대응하며, 나의 불완전함이 드러날까 봐 경계한 내 행동들도 이해되었다. 왜 수시로 무기력해졌는지, 내 삶의 주인이 나인데도 다른 사람의 삶을 사는 이상한 느낌을 받는지도 알게 되었다. 왜 엄마와 샴쌍둥이 같은 '공동 의존관계'가 되었는지에 대한 이유도 알 수 있었다.

그렇다. 이 세상에 조절할 수 있는 대상은 결국 자신뿐이며 상대를 조절할 수 없다. 그렇지만 적어도 상대방의 반응을 어떻게 해석하고 어떻게 반응할 것인가에 대한 선택권은 나에게 있다. 상대방을 바라볼 때, 단순히 그 사람의 말 내용이 아니라 그가 어떤 욕구가 있어서 굳이 이 타이밍에 하는지 이유를 살펴볼 수 있고, 상대가 화를 내고 나를 공격할 때 어떤 두려움이 있어서 몸서리치는 건지 한 걸음 뒤로 나와서 볼 수 있다면, 그렇게 열받을 것도 화낼 것도 없다. 행동과 사람을 구분해서 본다면, 나의 사춘기 시기에 부모님의 미성숙한 행동은 수용하기 힘들지만, 본인들의 방식으로 사랑하고 보호하고자 노력했던 지금의 나보다 훨씬 어렸던 두 분을 사랑할 수 있다.

　이 책은 '자기 진단'을 하는 방법에 대해서도 자세히 안내해 준다. 스스로 '자기 진단'을 하면서 내가 어떤 부분에서 예민하고 과민한 반응을 보이는지, 어떤 부분에서 상처받고 아파하는지 살펴보라고 한다. 본디 의식되지 않은 것이 정상이다. 머리 위에 목이 있고 허리 아래 골반이 있지만, 평소 잊고 살다가 아프게 되면 의식이 된다. 즉 아프니까 의식되는 것이다. 그러면 왜 아픈지 무엇 때문에 아픈지 알아야 한다.

　사람들은 불편해지면 깊이 생각하지 않고 어떻게든 떨쳐버리려 애쓴다. 그러나 비록 힘들더라도 자신이 불편한 이유와 배경을 세세히 들여다보고 관찰하고 분석해야만 근본적으로 문제를 해결할 수 있다. '상대 탓', '환경 탓'이라고 계속 우기면 어떠한 성장도 할 수 없다. 나이만 계속 먹어갈 뿐 양철북의 '오스카'처럼 성장이 멈춰버릴 것이다.

　나를 이해하는 '심리 여정'에서 잊어서 안 될 자세는 스스로 충분히 '자기 자비'를 가지는 것이라고 강조한다. 자신에게 우호적이며 관용과 연민의 태도로 대하며, 자신이 현재 겪는 모든 것이 혼자만의 경험이 아닌 세상 사람 대다수가 경험하는 흔한 일이라고 스스로 위로한다. 정서를 비교적 편안하고 안정적으로 지나치게 고통에 빠지지 않을 것을 당부한다. 스스로 칭찬하고, 적절한 포상도 잊지 않으며 결과에 치중하지 않고 과정에 최선을 다한 것에 만족하고 칭찬하라고 제시한다. 그렇게 해야 한 사람의 인격이 기질과 성격에 갖가지 인생 이야기가 덧입혀진 결과물로서 고유한 아름다움을 가진 존재로 확인할 수 있게 된다.

실제로 머릿속으로 생각할 때는 어렵고 무섭기만 했던 일도 막상 행동으로 옮겨보면 생각만큼 어렵지 않을 때가 많다. 심리 처방 매뉴얼이 안내하는 대로 큰 목표를 작은 단계들로 쪼개고, 단계마다 달성 가능한 임무를 세워 하나하나 달성해가다 보면 '나도 할 수 있다'라는 자신감과 '내 인생은 내가 통제하고 있다'라는 실감을 할 수 있을 것이다.

상담자로서 주요 상담이론과 트라우마의 결과로 해석하기에는 세부화된 다양한 문제들을 어떻게 해석하고 접근할 것인가에 어려움이 있었다. 그 부분에 대해 다양한 정신분석가와 심리학자들의 최근 연구들을 접할 수 있다는 건 행운이었다. 심리학 이론과 DSM-5에는 없지만, 자주 접하게 되는 내담자들을 이해하는 데 큰 도움을 받았으며, 도움받은 내용을 앞으로 만날 컬러풀한 내담자들에게 '동일한 취약성을 가진 한 사람'으로서 만나는데 활용할 계획이다.

김은지
상담심리전문가, 심리칼럼니스트

차례

차례

차례

26 · 아버지 자녀에게 '아버지'란 어떤 존재인가? **422**

심리 다르거나 같은 모성과 부성 | 아버지의 부적절한 양육이 부른 부작용
처방 자녀의 경쟁력을 키우는 아버지 양육법

27 · 모성 엄마라는 이유로 왜 '모성'이 강요될까? **438**

심리 가부장적 사회가 만든, 제도화된 모성 | 사회가 규정한 각인된 '엄마' 이미지 | 여자에서 엄마가 되어가는 심리적 과정
처방 나를 지키면서 현명하게 육아하는 방법

28 · 모자 관계 어머니는 아들을 왜 마마보이로 만드는가? **454**

심리 보편적인 성장 과정, 오이디푸스 콤플렉스 | 건강한 혹은 건강하지 못한 모자 관계 | 건강하지 못한 모자 관계에서 성장한 아들
처방 건강하지 못한 모자 관계를 극복하는 방법

29 · 독립과 자립 지금 독립했는가, 자립했는가? **470**

심리 이미 알거나 미처 몰랐던, 자립의 기준 | 자립을 당연히 해야 하는 이유
처방 진정한 자립을 이루는 방법

나 그리고 가족, 연인의
심리를 처방합니다

자신의 내면을 알고
사랑하는 이들을 이해하고 싶다면 …… 받아들이고, 변화하라

변화의 첫 단계는 심리와 마주할 용기를 내는 것이다.
이 책을 펼치는 순간, 무의식 깊숙이 가라앉은 내면과 마주하게 된다.
개성이란 이름 뒤에 감춰졌던 나의 심리적 요인이 수면 위로 떠오르고,
지금의 자신을 만든 원초적 요인인 원가족의 진실과 직면하게 되며,
애정 관계에 깊숙이 숨어 있는 복잡한 심리와 맞닥뜨리게 된다.

변화의 두 번째 단계는 심리를 인정하는 것이다.
이 책을 읽는 동안, 이미 알든 모르든 상관없이 심리에 빠져들게 된다.

변화의 세 번째 단계는 처방을 실행하는 것이다.
실행하겠다는 생각만으로도 마지막 장을 넘겼을 때, 행동의
변화가 느껴진다.

01 · 애착 유형

01

왜 유독 **같은 스타일**의
사람에게 **끌릴까?**

어린 시절 부모가 변덕스러웠던 사람은
어른이 되어서도 무의식적으로 자신을
변덕스럽게 대하는 사람에게 끌린다.
상대방의 변덕스러움이 불안하면서도 바로
그 불안이 주는 익숙함에서 안정을 얻기 때문이다.
그렇다면 우리는 '틀'에 갇힌 채 끊임없이
반복할 수밖에 없는 걸까? 자신의 힘으로
이 '틀'을 바꿀 수는 없는 걸까?

어떤 사람은 친밀한 관계에서 항상 불안과 걱정을 느끼며 배우자나 연인의 일거수일투족을 통제하고 싶어 한다. 반대로 어떤 이는 상대와 지나치게 친밀해지는 것을 두려워하며 모든 일을 혼자 결정하려고 한다. 그런가 하면 서로 독립성을 지키면서 적절히 의지하고 도우며 상호보완적인 관계를 유지하는 사람도 있다.

심리학자는 상대방과의 이러한 상호작용이 사실 어린 시절 양육자, 주로 부모와 맺었던 상호작용 모델의 '투사'라고 보았다. 영유아기에 부모와 상호 신뢰, 즉 애착을 형성했던 방식이 성인이 된 이후 상대방과 친밀 관계를 맺는 일종의 '틀Frame'로 자리 잡는다는 것이다.

이런 틀 안에서 우리는 무의식적으로 자신이 익숙하면 안전하다고 느끼는 방식, 다시 말해 부모와 해오던 상호작용 방식대로 상대방과 관계를 맺는다. 예를 들어 어린 시절 양육 태도가 일관되지 않고 변덕스러운 부모

밑에서 자란 사람은 불안감과 긴장도가 높고 통제 욕구가 강하다. 이런 사람은 성인이 된 이후에도 상대방과의 관계에서 늘 불안함을 느끼며 상대를 통제하려는 모습을 보이기 쉽다.

또한 이 틀은 우리가 특정한 사람에게 끌리는 원인이기도 하다. 어린 시절 부모가 변덕스러웠던 사람은 어른이 되어서도 무의식적으로 자신을 변덕스럽게 대하는 사람에게 끌린다. 상대방의 변덕스러움이 불안하면서도 바로 그 불안이 주는 익숙한 느낌에서 안정을 얻기 때문이다. 새로운 연인을 만나도 계속 비슷한 갈등 상황에 빠지는 이유도 여기에 있다.

그렇다면 우리는 '틀'에 갇힌 채 유년기의 고통스러운 경험을 끊임없이 반복할 수밖에 없는 걸까?

자신의 힘으로 기존의 '틀'을 바꾸거나 조정할 수는 없는 걸까?

그 전에 먼저 알아야 할 것이 있다.

'이 틀이란 과연 무엇일까?'

심리

상대방과 친밀한 관계를 맺는 틀, 애착 유형

유아기에 부모와의 상호작용 과정에서 만들어진 '틀'은 성인이 된 후 친밀한 관계를 맺는 데 영향을 준다. 이 틀을 일컬어 '애착 유형'이라 한다. 여기서 애착이란 쌍방의 감정적 유대와 그 유대에서 나타나는, 서로를 향한 신뢰와 안정감을 말한다.

영국의 심리학자 킴 바솔로뮤Kim Bartholomew는 선대 학자의 연구 결과를 토대로 사람들이 친밀 관계에서 보이는 불안과 회피 정도에 따라 성인의 애착 유형을 4가지로 구분했다. 안정애착형, 몰입애착형, 거부-회피애착형, 공포-회피애착형이다.

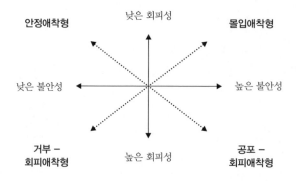

안정애착형　　　　안정애착형은 가장 이상적이며 건강한 애착 유형이다. 예를 들어 안정애착형 사람은 상대가 자신의 전화를 받지 않으면 대개 이렇게 생각한다.

'아, 지금 바쁜가 보네. 좀 있다가 다시 연락하자.'

이렇듯 안정애착형 사람은 상대방에게 적당히 기대면서도 각자 더 큰 세상을 탐색할 수 있도록 서로의 독립성을 존중한다. 이들은 상대를 잃게 될까 봐 과도하게 걱정하지 않으며 상대에게 약속하는 것도 두려워하지 않는다. 또한 상대에게 자신의 감정과 필요를 잘 전달하는 편이며, 마찬가지로 상대의 필요에 즉시 부응한다.

몰입애착형　　　　몰입애착형 사람은 늘 '감정적 목마름'을 호소한다. 이들은 상대방에게 상당히 의존하며 약속에 집착하는 편이다. 또한 상대를 잃을까 봐 과도하게 걱정하며, 자신이 필요한 때에 상대가 곁에 있지 않거나 즉시 응답해주지 않을까 봐 두려워한다.

그렇다 보니 상대가 어디에 가고 누구와 함께 있으며 무엇을 하는지 전부 알고 싶어 한다. 뿐만 아니라 상대가 자신을 사랑한다는 확신이 부족한 탓에 반복적으로 상대에게 사랑을 확인받으려 애쓴다.

위의 상황에서 몰입애착형은 상대가 즉시 전화를 받지 않으면 자신을 더 이상 사랑하지 않을지도 모른다는 불안에 시달린다. 그래서 상대가 응답할 때까지 몇 번이고 계속 전화를 건다.

공포–회피애착형　　　　공포–회피애착형 사람은 자신이 부족하다는 이유로 상대방에게 버려지고 거절당할 것을 두려워한다. 그러면서도 이러한 불안과 두려움을 솔직히 표현하지 않는다. 대신 스스로 멀어지고 주로 냉담해지는 쪽을 선택한다.

냉담함을 선택하는 것은 냉담함 이외의 다른 감정을 드러내는 자체를 수치스럽다고 생각하기 때문이다. 그 탓에 드라마틱하고 기복이 심하며 만남과 헤어짐을 반복하는 관계에 빠지기 쉽다.

상대가 전화를 받지 않는 상황에서 공포–회피애착형은 몰입애착형처럼 불안함을 느끼지만 겉으로는 전혀 티를 내지 않고, 오히려 어떻게든 심적으로 상대와 멀어지려 애쓴다. 그러다 상대가 전화를 걸어오면 냉담하게 굴고, 상대가 화가 났냐고 물으면 절대 아니라고 딱 잡아뗀다.

거부–회피애착형　　　　거부–회피애착형 사람은 상대에게 자기 감정을 솔직히 드러내지 않으며, 상대도 자신에게 감정적으로 의지하거나 정서적 위안을 구하지 않기를 바란다. 상대와 더 깊은 관계가 되기 위해 시간을 투자하는 데도 인색하고 버림받을까 봐 두려워하지도 않는다. 그 탓에 이들은 불성실하고 친밀도가 떨어지는 연인으로 평가되며, 표면적 친밀관계Irrelationship를 맺을 확률이 높다. 이런 애착 유형의 사람은 상대가 전화를 받지 않아도 별 상관 없다는 태도를 보인다. 상대가 습관적으로 전화를 받지 않으면 사랑이 식었다고 생각하기보다는 자신을 조종하고 관심을 끌려는 의도가 있다고 판단해서, 더 이상 먼저 연락하지 않는다.

연구에 따르면 성인이 된 이후 애착 유형을 결정짓는 핵심 요인은 어린 시절 경험한 양육자의 태도다.

안정애착형　　　주양육자, 주로 부모가 영유아기부터 아이의 필요에 민감하고 효율적으로 반응하며 일관된 양육 태도를 보인 경우, 아이는 불안을 훨씬 적게 느끼며 타인과 친밀한 관계 맺기를 두려워하지 않는 어른으로 자라게 된다. '안정애착형' 사람이 되는 것이다.

몰입애착형　　　주양육자의 양육 태도가 일관적이지 않고 변덕스러울수록 몰입애착형이 될 가능성이 높다. 부모가 자신의 욕구를 어느 때는 만족시켜주고 어느 때는 무시하는 경험이 쌓이면 아이는 자연히 부모가 계속 곁에 있을지 불안해하고, 자신의 욕구가 언제 좌절될지 몰라 두려워하게 된다. 부모가 자신의 요구에 즉시 반응하기를 간절히 바라고, 버려지고 무시당할까 봐 겁을 내며 부모에게 더욱 집착하는 모습을 보인다.

공포-회피애착형　　　어렸을 때 주양육자에게 적절한 반응과 보살핌을 얻지 못하고 지속적으로 무시와 냉대를 당한 사람은 타인과 가까워지거나 친밀해지기를 기피하는 경향이 강하다. 또한 부모에게 무시당한 경험은 이들에게 '수치'의 감정으로 남아 자존감을 크게 떨어뜨린다. 자신은 부족한 사람이기 때문에 좋은 대우를 받을 자격이 없으며, 무시당해도 어쩔 수 없다는 생각에 사로잡히는 것이다. 이런 사람은 공포-회피애착형이 될 가능성이 매우 높다.

거부-회피애착형　　　똑같이 주양육자에게 무시와 냉대를 받았어도 자신이 아닌 부모에게서 원인을 찾을 때 거부-회피애착형이 형성된다. 즉, 자신이 무시당한 것을 모두 부모의 잘못으로 돌리고 이 경험을 '분노'의 감정으로 기억하는 것이다. 이런 경우에는 부모에게 의지하고 싶은 감정을 철저히 억누르며 독립적이고 냉소적인 모습을 보인다. 또한 의식적으로 감정 자체를 '봉인'하는 방향으로 나간다. 감정을 느끼고 나서 대처하는 쪽이 아니라 감정을 철저히 억제해서 아예 느끼지 못하는 쪽으로 방어기제가 발달하는 것이다.

심리학자들이 주목하는 '쟁취한 안정감'

그렇다면 애착 유형은 바꿀 수 없는 것일까? 여기까지만 봐도 알 수 있듯이 어린 시절 부모와의 관계에 영향을 받아 형성된 애착 유형 중 안정애착형을 제외한 나머지 유형은 성인이 된 후에도 상대방을 진심으로 신뢰하지 못하며 친밀 관계에서 안정감을 느끼지 못한다. 상실을 두려워한 나머지 상대에게 지나치게 의존하거나 반대로 지나치게 거리를 두는데,

어느 쪽이 됐든 건강한 친밀 관계를 맺는 데 어려움을 겪기 마련이다.

그렇다면 우리는 '불안정'한 어린 시절이 남긴 불안정감에서 영영 벗어날 수 없는 것일까? 결론부터 말하자면 전혀 그렇지 않다.

사십 년 경력의 심리상담사이자 베스트셀러 작가인 켄트 호프먼Kent Hoffman에 따르면 어린 시절 부모와 안정적 애착 관계를 경험했어야만 안정적인 친밀 관계를 맺을 수 있는 것은 아니다. 과거에는 한 사람이 하나의 애착 유형에 속하며 나이가 들수록 점차 고착된다고 보았다. 그러나 최근에는 점차 더 많은 연구자가 한 사람에게 여러 애착 유형이 동시에 나타날 수 있으며 얼마든지 변할 수 있다는 관점에 동의하는 추세다.

연구에 따르면 한 사람의 애착 유형은 '불안'과 '회피'라는 두 축이 만들어낸 좌표상의 한 지점에 자리한다. 다시 말해 어떤 사람은 특정한 한 가지 애착 유형이 아니라 서로 다른 2가지 애착 유형의 교차점에 있을 수도 있다는 것이다. 일례로 불안성은 높으나 회피성이 적당한 경우는 몰입애착형과 공포-회피애착형을 모두 보일 가능성이 있다. 살면서 어떤 경험을 하고 감정이 어떻게 변하느냐에 따라 우리 자신이 느끼는 불안과 회피감은 얼마든지 변화할 수 있으며, 애착 유형 역시 그에 따라 변할 수 있다.

2001년 미국 심리학자 앤 루볼로Ann P. Ruvolo를 위시한 연구팀은 커플 301쌍의 연애 과정을 추적 조사했다. 피실험자들은 먼저 애착 유형과 갈등 회피 수준 평가를 받았고 그로부터 5개월 뒤 현재 관계의 상태를 알리고 애착 유형 평가를 다시 받았다. 그 결과, 5개월 사이에 관계가 깨지거나 헤어진 피실험자는 남녀를 불문하고 모두 불안정형 쪽으로 기울었다.

반대로 재결합을 경험한 경우에는 안정형에 더욱 가까워졌다. 그러나 연구팀은 재결합과 안정애착형 사이에 상관관계가 있다는 것만 확인했을 뿐, 인과관계는 증명하지 못했다. 이는 애착 유형이 개인의 경험에 따라 변할 수는 있지만 재결합된 관계가 안정애착형을 만드는 데 반드시 더 유리하다고 볼 수는 없다는 뜻이다.

또한 최근 몇 년 사이 심리학자들은 '쟁취한 안정감'에 주목하기 시작했다. '쟁취한 안정감'이란 어린 시절 부모와의 상호작용에서 안정애착을 얻지 못한 사람이 성인이 된 후 스스로 노력해서 안정애착형이 된 경우를 이른다. 실제로 연구 결과에 따르면 자기 노력으로 안정감을 쟁취한 사람은 친밀한 관계에서 느끼는 만족도가 어려서부터 안정애착형이었던 사람 못지않게 높았다.

애착 유형을 바꾸기 전에 해야 할 일

유연한 시각으로 자기 자신을 보며 성인이 된 이후에도 얼마든지 애착 유형을 바꿀 수 있다고 믿는 사람은 스스로의 노력으로 안정감을 쟁취할 가능성이 높다. 그러니 변화를 시도하기에 앞서 애착 유형은 한번 정해지면 절대 바꿀 수 없는 것이 아니라는 사실을 충분히 인식하자.

자신의 애착 유형 파악하기　　　먼저 자신이 어느 애착 유형에 속하는지, 혹은 어떤 애착 유형들의 교차점에 있는지 파악해야 한다. 이는 스스로에게 꼬리표를 붙이기 위해서가 아니라 과거의 경험과 애착 유형이 현재의 인간관계와 생활에 어떤 영향을 미치고 있는지 이해하기 위해서다. 이 점을 알면 자기 행동을 한결 쉽게 해석할 수 있으며, 더 나아가 자기 자신을 이해하고 받아들이기가 훨씬 수월해진다.

의식적으로 자기 진단 계속하기　　　　일상생활에서 의식적으로 자기 자신을 계속 진단한다. 일단 자신이 어떤 애착 유형인지 이해하고 나면 자기 진단을 통해 스스로가 친밀한 관계에 구체적으로 어떠한 것을 바라는지 알 수 있다. 자신의 진짜 욕구를 발견하는 것이다.

예를 들자면 상대가 전화를 받을 때까지 연달아 전화를 거는 것은 사실 '상대가 나를 사랑한다는 사실을 반복적으로 확인하고 싶다는 욕구가 있기 때문'이다. 이렇게 자신의 욕구를 먼저 이해해야만 비로소 명확한 목적성을 가지고 변화를 시도할 수 있다.

단, 자기 점검 과정에서 자신에게 충분한 '자기자비Self-compassion'를 보여야 한다는 점을 잊지 말자. 자기 점검은 자기 비난이 아니다. 그러니 만약 내 안에서 상대에게 반복적으로 사랑을 확인받으려는 욕구가 발견됐다면, 자괴감에 빠지는 대신 자신에게 이렇게 말해주자.

"괜찮아. 이 욕구는 예전에 충분한 관심과 사랑을 얻지 못한 탓에 생긴 것일 뿐, 결코 내 잘못이 아니야."

처방

불안정한 애착 유형을 안정적으로 바꾸는 방법

애착 유형은 개인의 의지에 따라 후천적으로 개선할 수 있으며, 더 나은 관계 유지 방식을 통해 행복해질 수 있다.

안정애착형 사람을 찾아서 친밀한 관계 맺기 안정애착형 사람과 장기간 안정된 친밀 관계를 맺는 것은 불안정한 애착 유형을 개선하는데 큰 도움이 된다. 그러려면 특히 2가지가 중요하다.

첫째, 상대의 애착 유형을 분별할 줄 알아야 한다. 상대의 애착 유형을 이해하는 것은 나의 애착 유형을 이해하는 것 못지않게 중요하기 때문이다.

다음의 문항에 '그렇다'와 '아니다'로 답하다 보면 상대의 애착 유형을 알 수 있다.

- 그/그녀는 나를 좋아하는지 좋아하지 않는지 헷갈릴 정도로 모호한 신호를 보낼 때가 많다.
- 그/그녀는 지나치게 서둘러 두 사람이 함께하는 계획을 세운다.
- 그/그녀는 과거에 장기간 안정된 연애를 해본 적이 없다.

만약 '그렇다'가 하나라도 나왔다면 그/그녀는 그다지 안정된 사람이 아닐 공산이 크다.

둘째, 자신의 욕구를 솔직히 표현할 수 있어야 한다.

어떤 사람은 연애 초기에 자신의 진짜 감정과 욕구를 자꾸 숨기고 최대한 감춘다. 이유는 단순하다. 상대가 떠날까 봐 두려워서다. 그러나 오히려 숨긴 탓에 두려움이 현실이 되는 경우가 많다. 관계가 점점 깊어지고 서로를 더욱 잘 알게 될수록 상대가 속았다고 느낄 수 있기 때문이다. 이런 감정이 배신감으로 발전하면 결국 두 사람의 관계는 돌이킬 수 없게 된다. 그러니 차라리 처음부터 서로의 감정과 욕구를 솔직하게 밝히고 소통하는 편이 훨씬 낫다.

나보다 안정된 애착 유형에 속하는 상대는 매우 훌륭한 본보기다. 타인을 신뢰하며 친밀한 관계를 안정적으로 유지할 줄 아는 사람은 상대도 같은 태도로 대하기 마련이다. 이런 사람과 오랫동안 친밀한 관계를 맺으면서 좋은 영향을 받고 진실한 상호작용을 경험하다 보면 점차 자신을 보는 시각이 바뀐다. 자신의 과거가 현재에 어떤 영향을 어떻게 미치고 있는지 깨달음으로써 이전의 잘못된 상호작용 방식을 반복하거나 더욱 굳어지게 만드는 오류에서 벗어날 수 있다. 더 나은 상호작용 방식이 무엇인지 알고 이를 배우며 실천할 수 있게 된다.

구체적인 예를 들어보자. 안정애착형 사람은 상대방이 전화를 받지 않아도 불안해하지 않고 차분히 기다린다. 그런데 당신은 그렇지 못하다. 자신도 모르게 불안에 떨며 상대가 전화를 받을 때까지 좌불안석한다. 이럴 때는 안정애착형 사람이 어떻게 반응하는지를 보는 것만으로도 큰 도움이 된다. 상대에게 전화를 받지 못할 사정이 있으리라 믿고 기다리는 대응 방식을 보면서 의식적으로 모방하고 실천해보는 것이다.

안정애착형 상대와 함께하다 보면 이러한 불안함도 신뢰하는 법을 배우는 과정의 하나로 받아들이게 된다. 이런 경험과 시도가 차곡차곡 쌓이면 어느 순간 상대가 전화를 받지 않아도 예전만큼 불안해하거나 두려움에 떨지 않는 자신을 발견하게 될 것이다.

상담심리사에게 정기적으로 상담받기 　좋은 상담심리사와의 관계는 그 자체로 안정되고 유익한 애착 관계의 모범이다. 이러한 관계를 통해 안정되고 신뢰감 넘치는 인간관계를 체험하고 좀 더 나은 소통 방식을 배울 수 있다. 또한 상담심리사는 내가 '자기 진단'을 하면서 나 자신의 욕구와 내가 불안을 느끼는 상황들을 분별하고 이해할 수 있도록 해준다.

하지만 무엇보다도 중요한 것은 심리 치료를 통해 자신의 과거를 온전히 되돌아볼 수 있다는 점이다. 상담심리사는 과거 경험이 현재 나와 나의 친밀 관계에 어떤 영향을 주었는지를 비판 없이 보고 이해하도록 이끌어주며, 스스로를 있는 그대로 받아들일 수 있게 도와준다. 또한 상담을 통해 불안과 회피 충동, 두려움을 다루는 심리 기술뿐만 아니라 친밀 관계를 해치는 충동적 행동을 억제하는 법 등도 배울 수 있다.

이러한 도움을 받으면 당신은 전과 다른 새로운 자신을 만나게 된다. 유연하고 능동적으로 인간관계를 맺고, 기꺼이 타인을 믿는 자신을. 장담하건대 새로운 자신은 당신의 인생을 훨씬 풍성하게 만들어줄 것이다.

애착 유형을 바꾸다

유아기에 부모와의 상호작용에서 만들어진 '틀', 즉
애착 유형은 성인이 된 후 친밀한 관계에 영향을 준다.

건강한 애착 유형인 안정애착형은 상대방에게
적당히 기대면서도 각자 더 큰 세상을 탐색하도록
서로의 독립성을 존중한다. 또한 상대에게
자신의 감정과 필요를 잘 전달하며,
상대의 필요에 즉시 부응한다.

개인의 의지에 따라 안정애착형이 되는 방법이다.
안정애착형 사람과 친해지기
상담심리를 통해 새로운 자신과 만나기

02 · 인격

02
인격은 타고나는 걸까, 내가 만드는 걸까?

신생아에게 시끄러운 소리를 들려주면
어떤 아기는 소리가 들린 쪽을 바라보고,
어떤 아기는 소리와 반대 방향으로 고개를 돌린다.
영국 심리학자 브라이언 리틀은
소리가 들린 쪽을 바라본 아기는
외향적인 성격이, 반대로 고개를 돌린 아기는
내성적인 성격이 될 가능성이 높다고 했다.
이처럼 누구나 타고난 기질과 성격이 있다.

우리의 인격은 대체 어떻게 형성된 것일까?

미국 정신분석학자이자 사회심리학자 에리히 프롬Erich Fromm은 《자유로부터의 도피》에서 이렇게 서술했다.

"인간은 순전히 생물적 요인에 의해 만들어지고 원시적 충동과 욕망으로 이뤄진 불변의 개체가 아니다. 그렇다고 문화와 환경의 조종을 받는 꼭두각시도 아니다."

인격을 형성하는 요인에는 선천적인 것도 있고 후천적인 것도 있다. 그런데 선천적 요인의 영향은 무시되거나 저평가받기 일쑤다. 또한 기억이 생기기 이전, 즉 인생 초기의 인간관계와 환경이 인격에 미치는 영향도 종종 간과된다.

먼저 심리학에서 말하는 '인격'이란 무엇일까?

인격이란 개인이 성장하는 과정 중에 사상, 가치관, 사회관계, 행동 양식, 정서 경험 등 각 방면에서 점차 드러나는 보편적인 경향이나 다른 사람과 구분되는 차이점을 말한다.

인격에는 타고난 기질과 성격도 포함하고 있기 때문에, 선천적 요인이 인격 형성에 미치는 영향은 생각 외로 크다. 그러나 후천적 요인에 비해 선천적 요인의 역할은 상대적으로 가볍게 다뤄지고 있는 실정이다.

신생아도 성격이 있다

이른바 '천성'이라고도 하는 기질과 성격은 태어난 지 불과 며칠 후부터 드러나는 개인 고유의 성질로, 인격 형성의 가장 밑바탕에 깔리는 특징적인 경향을 말한다.

성격의 기본 요인으로는 성실성, 우호성, 외향성, 개방성, 신경증 등을 들 수 있는데 이를 일컬어 빅파이브Big5라고 한다. 인격의 기본적인 경향을 설명할 때 가장 자주 쓰이는 개념이다.

신생아에게 시끄러운 소리를 들려주면 어떻게 반응할까? 어떤 신생아는 소리가 들린 쪽을 바라보고, 어떤 신생아는 소리와 반대 방향으로 고개를 돌린다. 영국의 저명한 심리학자 브라이언 리틀Brian Little에 따르면 소리가 들린 쪽을 바라본 아기는 자라서 외향적인 성격이, 반대 방향으로 고개를 돌린 아기는 자라서 내성적인 성격이 될 가능성이 높다. 즉, 신생아일 때 행동 양식을 바탕으로 나중의 성격이 어떠할지 짐작할 수 있다는 것이다.

이렇듯 사람은 누구나 타고난 '정신적 배아'가 있다. 정신적 배아는 기질과 성격으로 나타나며, 외부 자극에 대한 개인의 반응을 결정짓는다. 또한 이후 성장 과정에서도 성격 특성의 기초이자 핵심으로 작용한다.

미국의 심리학자 댄 맥애덤스Dan McAdams 교수는 한 인터뷰에서 인격에 관해 이렇게 표현했다.

"한 사람의 인격은 기질과 성격에 갖가지 인생 이야기가 덧입혀진 결과물입니다."

인격을 형성하는 기초, 정신적 배아

위에 언급한 신생아 연구 외에도 심리학, 생물학, 심지어 유전학 분야의 수많은 연구를 통해 '정신적 배아'라고 할 만한 인격의 기초가 존재한다는 사실이 증명되었다.

미국 심리학자 브렌트 로버츠Brent Roberts 와 조슈아 잭슨Joshua Jackson은 뇌 활동을 측정하는 기술인 기능자기공명영상fMRI을 통해 특정 성격과 유전자의 상관성을 밝혀냈다. 예를 들어 세로토닌(감정 조절 호르몬) 운반체인 5-HTT 유전자를 가진 사람은 공격성이 훨씬 강했으며 GC(스테로이드 호르몬) 수용체가 활발한 사람은 스트레스를 더 잘 견뎠다.

미국의 발달심리학자 제롬 케이건Jerome Kagan도 생리적 특징과 성격 사이에 분명한 상관관계가 존재한다고 주장했다. 감염이 잘되고 코르티솔(스트레스 호르몬) 수준과 심박수가 높은 사람은 자기 억압이나 불안, 근심에 시달릴 확률이 더 높다는 것이다.

유전자와 생리적 특징은 태어나기 훨씬 전부터 모체 안의 배아일 때 결정된다. 이 점에서 봤을 때 한 사람의 인격은 배아 시절에 이미 정해진다고 해도 과언이 아니다.

어릴 적 성격, 나이 들면 변할까?　　　　2007년 체코 심리학자 마레크 블라트니Marek Blatny와 마르틴 옐리네크Martin Jelinek, 테레지에 오제카Terezie Osecka는 장장 사십 년에 걸쳐 종단 연구를 진행했다. 생후 몇 개월 된 아기들을 대상으로 시작된 연구는 이들이 불혹을 넘길 때까지 계속됐고, 연구자들은 매우 유의미한 결론을 얻었다.

영아 시절 외부 자극에 적극적으로 반응하며 활발도와 민감도가 모두 높았던 아기는 성인이 된 후에도 외향적일 확률이 훨씬 높았던 것이다. 이는 몇십 년 동안 많은 것을 배우고 경험하고 새로운 일을 하는 등 변화를 겪어도 천성적인 기질과 성격이 크게 변하지 않는다는 점을 보여준다.

그렇다면 태어나자마자 각자 다른 가정에서 자란 일란성 쌍둥이의 성격은 비슷할까, 비슷하지 않을까? 연구 결과, 수십 년 동안 다른 환경에서 자랐어도 쌍둥이는 서로 매우 비슷한 성격을 보였다. 심지어 같은 가정에서 함께 자란 쌍둥이와 비교해도 비슷한 정도가 결코 떨어지지 않았다.

영국의 심리학자 로버트 플로민Robert Plomin은 쌍둥이 입양아와 입양 가정을 연구한 뒤, 입양아의 성격 특성이 그들의 양부모나 다른 형제자매와 결이 전혀 다르다는 사실을 발견했다. 몇십 년을 함께 산 가족보다 유전적으로 이어진 다른 쌍둥이와 성격이 더 유사하다는 것이다.

이는 타고난 유전적 특질이 성장 환경의 변화에 의해 변하지 않는다는 점을 시사한다. 즉 성장 환경이 아무리 달라도 일란성 쌍둥이 간의 천성적인 유사성, 특히 인격의 유사성은 전혀 달라지지 않는다.

인격도 신체처럼 성장하다

영국의 뇌과학자 압샬롬 카스피Avshalom Caspi와 미국 심리학자 브렌트 로버츠, 레베카 샤이너Rebecca Shiner는 공동 연구를 통해 인격 발달의 성숙 법칙Mature law을 제시했다. 성숙 법칙이란 나이가 들수록 인격이 전체적으로 우호적, 외향적이고 안정된 방향으로 발전하는 것을 의미한다. 이러한 인격적 성숙은 보통 신체적 성장과 발맞춰 진행된다.

그러나 어디까지나 개인의 과거와 비교해서 현재 더 성숙해졌다는 뜻이지, 남보다 월등하게 성숙해지는 것은 아니다. 결국 각 사람의 인격은 태생적인 정신적 배아의 한계를 벗어나지 못하며, 그에 의해 평생의 전체적 추세와 상대적 위치가 결정되는 셈이다.

예를 들어 성실성이 평균치보다 떨어지던 사람도 나이가 들면 예전보다는 더 성실해진다. 그러나 다른 사람과 비교하면 여전히 성실성이 부족할 수 있다. 이는 남들도 나이를 먹으면서 과거의 자신보다 더 성실해졌을 터이기 때문이다.

압샬롬 카스피와 연구팀은 개인이 과거의 자신에 비해 훨씬 성숙하고 우호적이며 책임감 있게 변한다고 해도 어느 정도 한계가 있다고 보았다. 즉, 아무리 나이가 들어도 인격이 무한대로 변화하거나 성숙해지지는 않는다는 것이다. 그는 '설정값'이라는 개념을 이용해서 인격 성숙의 한계를 설명했다. 개인의 인격이 아무리 변화하고 성숙해져도 결국은 이 '설정값'에 의해 정해진 범위를 벗어나지는 못한다.

어려서부터 사람들 앞에 서면 극도로 긴장하는 사람이 있다고 해보자. 나이가 들고 경험이 쌓이고 여기에 반복적인 노력이 더해지면 긴장이 점차 덜해지면서 사람 대하는 일이 과거처럼 힘들게 느껴지지 않을 수 있다. 그러나 아무리 예전보다 나아졌다고 해도 태생적으로 사람 사귀기를 좋아하고 즐기는 사람에게는 미치지 못할 수밖에 없다.

타고난 기질대로 살다　　　육아도 그렇고 심리 관련 서적도 그렇고, 양육 방식이 아이의 성격에 미치는 영향을 강조하느라 종종 간과하는 점이 있다. 바로 아이의 타고난 기질과 성격이 양육자의 양육 방식에도 영향을 준다는 사실이다.

미국의 심리학자 로버트 맥크레이Robert McCrae는 부모가 자녀를 무조건 예뻐하고 귀여워한다면, 이는 단순히 부모의 성향 때문만이 아니라 자녀 자체가 태생적으로 '우호성'이 높아서 자연스레 귀여워할 만한 행동을 할 가능성이 더 높기 때문이라고 지적했다.

사람은 의식적으로든 무의식적으로든 자기 성향에 더 잘 맞는 환경을 선택하고 찾아간다. 또한 스스로 선택한 환경 안에서 타고난 성향이 더욱 강화된다. 예를 들어 성취 경향이 강한 사람은 대도시로 간다. 성공할 기회와 여지가 대도시에 더 많다고 믿기 때문이다. 성취를 향한 그의 갈망은 대도시 안에서 끊임없이 피드백을 얻으며 더욱 강해진다.

제롬 케이건은 선천적 요인의 영향력에 대해 이렇게 토로했다.

"선천적 요인이 인격 형성에 미치는 영향은 우리의 상상과 믿음을 훨씬 넘어선다."

'나의 근원지'를 찾아서

인격 형성의 후천적 요인으로는 성장 환경과 성장 경험을 들 수 있다. 그중 가정은 개인이 가장 처음 경험하는 사회화 장소이자 가장 중요한 성장 환경이다.

환경의 영향은 기억이 생기기 전에 이미 시작된다. 만약 내 성격에서 나도 이해할 수 없는 부분이 있다면 내가 기억하지 못하는 인생 초기의 환경과 관련되어 있을 가능성이 높다. 자신이 강보에 싸인 아기였을 때 어떤 환경에 있었는지, 무슨 경험을 했는지 전부 아는 사람은 없으니 말이다.

갓난아기였을 때 부모와의 관계　　　부모 자식 관계는 개인이 가장 처음 경험하는 사회관계이며 이후 개인의 인간관계 형성에도 적잖은 영향을 미친다. 특히 신생아 시기, 생리적 욕구의 충족 여부에 따라 외부 세계와 타인을 향한 신뢰도가 결정된다. 예를 들어 부모가 아기의 욕구에 즉시 응답하면 아기는 외부 세계가 안전하다고 느끼며 타인을 신뢰하게 된다. 그리고 성장한 뒤에도 자연스럽게 다른 사람과 소통하고 교류하는 성품으로 발전한다.

헝가리 심리학자 마가렛 말러Margaret Mahler를 비롯한 몇몇 전문가에 따르면 아기는 태어났을 때 어머니와 공생 관계였다. 아기는 어머니의 보살핌이 없으면 생존할 수 없을 만큼 연약한 데다 인지 능력에도 한계가 있어서 어머니와 자신을 구분하지 못하기 때문이다. 그러다 점차 성장하면서 어머니와 분리되어 독립된 개인이 된다.

그런데 이 공생의 시기에 어머니의 사랑이 지나치게 침범적이어서 아이가 숨을 쉴 수 없을 듯한 답답함을 느꼈다면, 아이는 자라면서 다른 아이보다 더 빨리 어머니와 거리를 두기 시작한다. 또한 성인이 된 후에도 다른 사람이 보이는 친밀함을 불편해하거나 심지어 거부할 확률이 높다.

비록 어린 시절의 기억은 대부분 잊히지만 사랑과 안정에 관한 경험과 느낌은 기존의 정신적 배아에 깊게 새겨져 평생 친밀 관계를 포함한 모든 인간관계에 영향을 준다. 기억조차 못하는 시절, 부모와의 관계가 중요한 이유다.

어렸을 때 본 부모의 사회화 행동　　　부모는 자녀를 돌보고 보호하며 양육하는 동시에 어떻게 행동하고 말할지를 가르친다. 또한 자녀가 세상을 보는 관점과 가치관, 태도를 형성하는 데 막대한 영향을 끼치며 대인관계와 감정 관리 등 사회화된 행동의 본보기를 제공한다. 하지만 가정교육이 스스로에게 미친 영향을 되돌아볼 때 아주 어린 시절 부모가 자신을 어떻게 기르고 가르쳤는지는 간과하기 쉽다. 그도 그럴 것이 그 시절에는 사리 분별조차 생기지 않았기 때문이다.

사회 학습 측면에서 봤을 때 개인은 표정, 자세, 발음뿐만 아니라 말하는 법, 걸음걸이, 더 나아가 처신과 가치 판단까지 넓은 영역에 걸쳐 부모를 보고 모방하며 배운다. 이 과정을 통해 나름의 성격 특성이 만들어진다. 또한 상과 벌이라는 행동 강화를 통해 사회적 행동을 직접 습득하기도 한다. 예를 들어 세상모르는 아기라도 자신이 웃었을 때 어머니가 더 큰 관심을 보여주면 더 자주 웃는다. 이런 식의 행동 강화를 거친 아이는 자라서 '우호성'이 높은 사람이 될 가능성이 높다.

프로이트Sigmund Freud의 딸이자 저명한 심리학자 안나 프로이트Anna Freud는 아동발달 이론에서 인생 초기의 가정교육이 인격 형성에 미치는 영향을 여러 가지로 설명했다. 일례로 항문기인 1~3세에 접어든 유아는 대소변을 배설하는 데서 원시적인 욕구 충족을 느낀다.

이 시기는 신체 근육이 성장하면서 대소변을 조절하는 능력이 생기기 때문에 부모들이 배변 훈련을 시도한다. 그런데 이때 너무 일찍 훈련을 시작하거나 청결을 지나치게 강조할 경우, 아이는 자유롭게 배설할 권리를 지키고자 하는 방어기제를 발동하여, 흔히 말하는 '항문기 성격Anal Character'을 발달시킬 수 있다. 즉, 고집스럽고 완강하며 인색하고 질서와 청결에 집착하는 성격이 형성된다.

반대로 부모가 아이의 상황에 맞춰 적절하게 배변 훈련을 진행하면 아이는 부모와 사회가 개인에게 바라는 청결의 개념을 쉽게 받아들이고, 이 기준을 점차 자신의 초자아, 즉 도덕심과 합치시키면서 적절한 자기 억제를 배운다. 이 과정을 통해 시간 준수, 책임감 등 좋은 품성이 자연스레 길러진다.

정신적 외상, 즉 부모 중 한쪽에게 버림받거나 부모의 불화를 자주 목격하는 등의 경험은 영유아기뿐만 아니라 인생 어느 단계에서 겪더라도 개인의 인격에 심각한 흔적을 남긴다. 심지어 전혀 기억하지 못하는 시기에 겪었어도 그로 인한 트라우마는 평생을 따라다닌다. 여기에는 생리적 근거가 있다. 영국 학자 더글러스 브렘너Douglas Bremner에 따르면 외상적 사건이 초래한 스트레스는 대뇌의 해마체(기억을 담당하는 부위)를 위축시켜 정서안정성을 해친다.

인격을 원하는 모양대로 빚으려면

한 사람의 인격이 대부분 정신적 배아에 의해 결정된다면, 또한 인생 초기의 경험에 영향을 받는다면, 게다가 그 시기의 환경은 자의로 선택하거나 통제할 수도 없다면 어떻겠는가? 뿐만 아니라 우리가 어떤 환경에 처하는지조차 정신적 배아의 영향으로 정해진다면? 예를 들면, 우호성이 높은 아이는 그렇지 않은 아이보다 부모에게 혼날 일이 적고, 경쟁심이 강한 아이는 더욱 도전적이고 어려운 학교를 선택하는 것처럼 말이다.

이러한 사실은 자칫 우리를 비관적으로 만들 수 있다. 스스로 '어떠한 사람이 되고 싶다'고 생각하고 노력하는 자체가 무의미하게 느껴지기 때문이다.

다행히 실제로는 그렇지 않다. 오히려 이런 사실을 바르게 인지하면 자신의 인격을 원하는 모양대로 빚는 것이 훨씬 수월해진다.

선천적인 한계를 인정하고, 천성적인 장점 받아들이기　　　사람은 누구나 정신적 배아가 있다. 개인의 기질뿐만 아니라 미래에 발전하고 변화할 수 있는 범위도 이에 따라 결정된다. 스스로에게 과도하고 비현실적인 기대나 요구를 할 이유가 없다는 뜻이다.

당신에게는 분명 선천적인 한계도 있다. 그러나 동시에 천성적인 장점도 존재한다. 이렇게 자기 자신의 본질과 핵심을 받아들이고 합리적이며 현실적인 범위 안에서 성장과 발전을 추구한다면 자기비하나 자책, 불필요한 근심 걱정에서 벗어날 수 있다.

인격 형성의 기초가 되는 정신적 배아는 개인의 환경 선택에도 일정 부분 영향을 미친다. 이 점을 깨달으면 무턱대고 타인과 세상을 원망하는 대신 좀 더 트인 시각으로 나를 둘러싼 환경을 보게 될 것이다. 만약 현재 환경에서 마음 불편한 상황이 계속된다면 자신의 인격 특성이 이에 일조하지는 않았는지 살펴볼 필요가 있다. 즉, 스스로 그런 환경을 선택하고 머물고 있지 않은지 생각해봐야 한다.

자신도 알 수 없는 성격 특징을 이해하고 싶다면 더더욱 인생 최초의 경험을 알고 이해하는 일이 도움이 된다. 어쩌면 이런 시도를 통해 전혀 새로운 깨달음을 얻게 될지도 모른다.

영국의 심리학자 브라이언 리틀은 인격이 순전히 유전자와 환경에 의해서만 결정되지는 않는다고 보았다. 인격이 형성된 후에도 얼마든지 스스로 어떤 사람이 될지 선택할 수 있다는 것이다.

또한 그는 "인간에게는 세 종류의 자아가 있다"라고 말했다.

"첫 번째는 유전자로 결정되는 자아이고, 두 번째는 환경과 문화의 영향을 받아 형성된 자아, 세 번째는 자신이 추구하는 인생 목표와 가치에 따라 정의되는 자아다. 그중 가장 중요하며 온전히 나 자신에게 속한 것은 바로 마지막, 세 번째 자아다."

인격을 만들다

사람은 누구나 정신적 배아가 있다.
인격 형성의 기초가 되는 정신적 배아는
개인의 환경 선택에도 일정 부분 영향을 미친다.

혹 현재 환경에서 불편한 마음이 계속되는가?
그런 환경을 스스로 선택한 것은 아닌가?
의심하는 그 순간, 자신을 둘러싼 환경이
지금과는 다른 시각으로 보일 것이다.

인격은 순전히 유전자와 환경으로만 결정되지 않는다.
인격이 형성된 후에도 얼마든지
스스로 어떤 사람이 될지 선택할 수 있다.

03 · 완벽주의자

03

완벽을 원하면서
'완벽주의자'는 왜 싫어할까?

자신이 완벽하기를 바라는 완벽주의자는
모든 일을 아무 흠 없이 해내고 싶어 한다.
뿐만 아니라 자기 옆에 있는 사람에게도
완벽해지기를 요구한다.
그러나 진짜 완벽주의가 무엇인지,
완벽을 위해 치러야 하는 대가가
얼마나 큰지 안다면, 쉽게 스스로를
'완벽주의자'라고 말하지 못할 것이다.

"그 사람은 내가 하는 모든 일에 트집을 잡아요. 뭐 하나만 마음에 들지 않으면 곧바로 넌 좀 부족하다느니, 아쉽다느니 잔소리를 늘어놓죠. 그 사람과 같이 있으면 왠지 모르게 자꾸 주눅 들고 무기력해져요. 혹시 또 뭔가를 잘못해서 그 사람 마음에 안 들면 어쩌나, 무섭기도 하고요. 나는 절대 그 사람을 만족시키지 못할 것이라는 생각에 자꾸 우울해져요."

살다 보면 종종 이런 상황과 문제를 마주치게 된다. 여기서 '그 사람'은 부모일 수도 있고 배우자일 수도 있으며 연인, 심지어 친한 친구일 수도 있다. 사실 남에게 엄격한 기준을 들이대는 사람은 스스로에게도 가혹한 요구를 하기 마련이다. 그리고 이렇게 가혹한 요구를 하는 배경을 살펴보면 대개 마음속 깊은 곳에 '완벽'을 향한 갈망이 도사리고 있다.

다른 심리 문제에 비해 완벽주의는 그다지 심각한 문제로 취급되지 않는다. 아니, 아예 '문제'로 생각하지 않는 사람이 더 많다. 심지어 어떤 사람은 약간 뽐내듯이 '내 단점은 너무 완벽주의라는 것'이라고 말하기도 한다. 그러나 진짜 완벽주의가 무엇인지, 완벽을 위해 치러야 하는 대가가 얼마나 큰지 안다면 쉽게 스스로를 '완벽주의자'라고 하지는 못할 것이다.

부족함이 두려운 완벽주의자

완벽주의란 성격 특성의 하나로서 생각과 정서, 행동에서 전반적으로 완벽을 추구하는 경향을 가리킨다.

자신이 완벽하기를 바라는 완벽주의자는 모든 일을 아무 흠 없이 해내고 싶어 한다. 뿐만 아니라 자기 옆에 있는 사람에게도 완벽해지기를 요구한다.

이들은 완벽을 갈망하는 만큼 부족을 두려워한다. 아니, 부족에 대한 두려움이 너무 커서 완벽을 추구한다고 할 수 있다. 물론 누구나 부족하기보다 완벽하기를 바란다. 그러나 완벽주의자는 완벽을 향한 갈망과 부족에 대한 두려움이 모두 극단적이다.

미국의 심리학자 로버트 슬라니Robert Slaney는 이런 완벽주의자의 특징으로 '높은 기준'과 '부족감' 2가지를 제시했다.

먼저 '높은 기준'을 보면, 완벽주의자는 모든 것이 완벽하기를 갈망하기 때문에 자신과 타인에게 지극히 높은 기준을 적용하고 이에 맞출 것을 요구한다. 문제는 기존의 기준이 충족되면 그보다 더 높은 기준을 세운다는 점이다. 높은 기준을 가진 덕에 완벽주의자는 비교적 자기 규율이 강하다

(물론 남도 자신과 같기를 바란다). 뿐만 아니라 남보다 더 뛰어나고 더 큰 성공을 거두기 위해 끊임없이 노력한다.

다음 두 번째로 '부족감'을 보면 완벽주의자는 대부분 '완벽'이 실현 가능하다고 생각한다. 그래서 완벽하지 않거나 무언가 부족한 상황이 생기면 무조건 '사람'에게 책임을 돌린다. 이들은 환경의 문제라기보다는 자신 혹은 남이 완벽하지 못했기 때문에 이런 상황이 벌어졌다고 확신한다.

완벽주의자도 유형이 있다

심리학에서는 완벽의 기준이 어디서 비롯됐는지(자신/타인의 기대), 또 누구를 향하는지(자신/타인)에 따라 완벽주의자를 사회부과적 완벽주의, 타인 지향적 완벽주의, 자기 지향적 완벽주의 등 3가지 유형으로 분류했다.

사회부과적 완벽주의, "사랑받으려면"　　　사회부과적 완벽주의자는 타인, 특히 자기 인생에서 매우 중요한 사람(배우자, 부모 등)이 자신에게 높은 기대를 갖고 있으며 엄격한 기준으로 자신을 판단한다고 믿는다. 따라서 이들은 나머지 두 유형과 달리, 완벽해야 한다는 기준이 외부에서 비롯되었다.

이들은 자신이 타인의 눈에 완벽해야만(즉 타인의 기대에 부합해야만) 비로소 가치를 인정받을 수 있다고 여긴다. 또 '내가 완벽해야 나를 사랑해줄 것'이라고 믿는다. 다시 말해서 완벽을 추구하는 요인이 타인의 인정과 칭찬, 사랑을 얻는 것이다.

타인 지향적 완벽주의, "믿을 놈 없다"　　　　타인 지향적 완벽주의자는 완벽해야 한다는 기준이 주로 타인을 향한다. 이들은 자신이 완벽해지려면 자기 곁에 있는 사람부터 완벽해야 한다고 믿는다. 그래서 주변 사람에게 실제와 맞지 않는 과도한 기준을 요구하며 전혀 거리낌 없이 그들의 행동을 지적하고 평가하고 비난한다. 주변 사람 눈에는 이들이 매정하고 적대적이며 세상에 대한 분노와 질투로 가득한 것처럼 보인다.

반면에 타인 지향적 완벽주의자 눈에는 다른 사람들이 도통 미덥지 못하고 신뢰할 수 없게 보인다. 그야말로 '세상에 믿을 놈 하나 없는' 것이다. 이런 성향 탓에 타인 지향적 완벽주의자는 사람들과 잘 어우러지지 못하고 겉돌기 일쑤다.

자기 지향적 완벽주의, "완벽을 추구할 뿐"　　　　자기 지향적 완벽주의자가 엄격한 기준을 적용하는 대상은 바로 자기 자신이다. 이들은 스스로 완벽하지 못하다고 판단되면 그런 자신을 냉정하게 분석하고 비평하고 책망한다. 앞의 두 유형과 달리 이들은 성취 동기가 매우 높다. 오로지 자기 노력으로 성공하기 위해 애쓴다.

일부 심리학자는 '자기 지향적 완벽주의'를 이상적인 완벽주의로 꼽는다. 이런 성향을 가진 사람은 완벽주의가 강한 내적 동기로 작용해서 더 큰 성취를 이루는 원동력이 된다는 것이다. 대표적인 사례로 성공한 운동선수와 정치가, 사업가들을 들고 있다.

그러나 캐나다의 고든 플렛Gordon Flett 교수는 사람들의 상상처럼 자기지향적 완벽주의자가 다른 유형의 완벽주의자보다 결코 이상적인 것은 아니라고 본다. 이들은 완벽해야 한다는 기준이 자신에게서 비롯되고, 완벽을 요구하는 대상 또한 자기 자신이다. 그렇기 때문에 오히려 다른 유형보다 더 쉽게 자기의심이나 자책에 빠지며, 불안과 우울함도 더 높게 나타난다는 것이다.

'완벽'이 부르는 함정

심리학자 로버트 슬라니가 앞에서 얘기한 '높은 기준'은 완벽주의자의 특징이다. 그렇다고 자신에게 높은 기준을 적용하는 사람들 모두가 완벽주의자는 아니다. 자신에게 적용하는 기준이 아무리 높다고 해도 완벽하지 못한 자신의 모습을 받아들일 수 있고, 완벽하지 못한 자신 때문에 심한 자책이나 자기의심에 빠지지만 않는다면 완벽주의자라고 볼 수 없다.

완벽주의자는 자신에게 높은 기준을 적용하면서 동시에 부족에 대한 극단적인 공포를 갖고 있다. 사람들은 완벽주의자가 스스로에게 엄격한 기준을 적용하기 때문에 남보다 더 쉽게 성공할 것이라고 생각한다. 그러나 미국 심리학자 토머스 그린스펀Thomas Greenspon 의 연구 결과는 사람들의 생각과 정반대다. 수많은 완벽주의자가 실수나 실패를 할지도 모른다는 불안과 두려움 때문에 성공은커녕 어떤 일을 아예 시작조차 못하는 경우가 빈번했던 것이다. 그린스펀은 이러한 현상을 다음과 같이 비유했다.

"수술대 위에 피 흘리는 환자를 두고 어떤 수술 방법이 가장 완벽할지를 고민하는 완벽주의 의사가 있다고 해봅시다. 환자는 어떻게 될까요? 십중팔구 사망할 겁니다."

대학생을 대상으로 한 연구에서도 비슷한 결과가 도출되었다. 완벽주의자일수록 실패할지도 모른다는 두려움과 다른 사람의 부정적 평가를 걱정한 나머지 과제나 시험 준비를 미루는 모습을 보였다.

완벽주의자를 만드는 환경

관련 연구에 따르면 완벽주의는 타고난 유전자와 가정, 문화 환경에 영향을 받는다. 여기에서는 완벽주의가 환경, 특히 가정 내에 미치는 영향을 집중적으로 다루었다.

"다음에 더 잘하자" 말하기　　　부모가 지나치게 엄격한 가정교육을 할 경우, 자녀는 자신이 항상 부모의 기준에 미치지 못한다고 느낀다. "그럭저럭 괜찮네. 하지만 다음에는 더 잘할 거라고 믿는다."

자신의 성과물을 부모에게 보여줄 때마다 이런 말을 듣는다면 어떨까? 부모에게 인정받으려면 이 정도로는 부족하며, 더욱 노력해야 한다는 생각이 들지 않겠는가?

처음에 자녀는 부모를 기쁘게 하고자 하는 마음으로 열심히 노력한다. 그러다 점차 부모의 요구가 내면화된 기준으로 자리 잡으면서 스스로도 완벽해야 한다는 강박에 사로잡힌다.

자녀에게 엄격한 가정교육을 하는 부모의 내면을 들여다보면 불안과 완벽주의 성향이 강한 경우가 많다. 자녀를 가혹할 정도로 몰아붙이는 것도 사실은 그 자신부터가 완벽하기를 추구하기 때문이다. 이들은 '아이의 불완전은 곧 나의 불완전'이라 생각하고, 자녀가 완벽해질 때까지 끊임없이 압박을 가한다.

수시로 잘못을 고쳐주기　　　부모의 지나친 보호 역시 자녀를 완벽주의자로 만드는 원흉이다. 어떤 부모는 자녀가 남에게 흠 잡히거나 비난받는 사태를 '미연에 방지'한다는 명목으로 자녀를 까다롭게 관리하며 일일이 간섭한다. 가장 대표적인 예로 자녀의 생활에 하나부터 열까지 참견하며 모든 것을 완벽하게 처리해주려는 부모를 들 수 있다. 이 경우에는 준비물 챙기기부터 숙제, 심지어 교우 관계까지 부모가 나서서 손을 대기 일쑤다.

싱가포르 국립 대학교의 한 연구에 따르면 '침입적 교육'을 받을수록 완벽주의 성향이 높았다. 이 연구의 실험에서 '침입적'인 부모는 자녀가 퍼즐을 맞출 때 수시로 개입해서 잘못을 고쳐주었으며, 심지어 직접 퍼즐을 맞추기도 했다. 삼 년 뒤 이들의 자녀를 추적 조사한 결과 전체적으로 자책감이 높고 자존감은 낮은 것으로 나타났다. 또한 자신이 완벽하지 못하다는 사실에 괴로워하며 잘못이나 실수를 절대 용납하지 못하는 모습을 보였다.

부모가 과도하게 간섭하고 보호할 경우 자녀는 자신감이 부족하고 실패를 두려워하는 사람으로 자라게 된다. 이들은 부모가 자신을 신뢰하지 못한다고 느끼기 때문에 늘 부모를 실망시킬까 봐 전전긍긍하며, 어떤 일도 제대로 해내지 못할 것 같은 불안과 부담감에 시달린다.

"너도 나처럼" 요구하기　　　완벽주의자인 부모는 자신뿐만 아니라 자녀에게도 조금의 빈틈을 허용하지 않는 경우가 많다. 작은 실수나 잘못조차 용납하지 않는 가정환경이 조성되는 것이다. 이런 분위기 속에서 자녀는 부모의 모습을 보고 배우며 자신과 남에게 엄격한 기준을 요구하는 완벽주의자로 자라난다.

완벽주의자는 위험하다?

완벽주의의 굴레에 스스로 묶였든, 타의에 의해 묶였든, 완벽을 추구하면 반드시 값비싼 대가를 치르게 된다. 완벽주의자는 남들도 힘들게 하지만 자기 자신도 적잖은 고통을 받는다.

부부 모두 완벽주의자인 경우　　　　완벽주의자는 친밀 관계에 있는 사람에게 훨씬 더 예민하게 반응한다. 이들은 상대가 자신과 다른 의견이나 견해를 내놓으면 무조건 자신을 공격하려는 의도가 있다고 생각한다. 그래서 굉장히 방어적으로 대응하며 상대와 거리를 둔다. 자신의 불완전함이 드러날까 봐 극도로 경계하는 것이다.

또한 이들은 자신이 생각하는 '이상적인 배우자'의 기준을 상대에게 끊임없이 요구한다. 만약 상대가 그 기준을 맞추지 못하면 단순히 실망하는 데서 그치지 않고 화를 내거나 상대를 비난한다. 이런 상황이 계속되면 상대는 자연히 엄청난 피로와 부담감, 상처를 안게 된다.

한 연구에 따르면 부부 중 한쪽이나 둘 다 완벽주의자인 경우 완벽주의자가 아닌 부부에 비해 두 사람 모두 결혼 생활 만족도가 현저히 떨어지는 것으로 나타났다.

부정적 정서를 느꼈을 경우　　　　완벽주의자는 실패할지도 모른다는 걱정과 타인에게 부정적 평가를 받을지도 모른다는 두려움에 늘 시달린다. 그 탓에 조금만 실수해도 심하게 자책하는 편이며 불안, 우울함 등의 정서적 문제를 항상 안고 산다.

또한 완벽주의자 중에는 아무리 노력해도 결코 완벽해질 수 없다는 절망과 무력감, 그에 따른 부정적 정서 때문에 자살 충동을 느끼는 경우가 상당히 많다. 게다가 이들은 무슨 일이든 매우 신중하게 준비하고 계획하며, 자신의 상태 역시 매우 잘 숨긴다.

따라서 완벽주의자가 일단 자신의 생명을 끝내기로 마음먹으면 실제로 '목적을 달성'할 확률이 평균에 비해 높다.

'나는 완벽주의자인가' 체크하기

다음은 학계에서 정리한, 완벽주의자가 보이는 특징 10가지다. 만약 아래 체크리스트 항목 중 상당수에 해당한다면 빠른 시일 내에 전문가의 도움 받기를 추천한다.

체크1. 무언가 성취하고 성공해야만 자신이 가치 있게 느껴진다. 성과가 기대에 못 미치면 실패자가 된 기분이다.

체크2. 실수를 용납하지 못한다. 실수는 능력 부족과 결함의 증거라고 생각한다. 아무리 작은 것이라도 과거에 저지른 실수나 잘못을 쉽게 떨쳐버리지 못한다.

체크3. 완벽히 해낼 수 있다는 확신이 들지 않는 일은 아예 시작조차 하지 않는다.

체크4. '완벽'에 이르기까지 포기가 안 된다.

체크5. 노력의 결과는 성공 아니면 실패밖에 없다고 생각한다. 적어도 자신에게는 '이 정도 했으면 충분하다'는 식의 어중간한 상태는 존재하지 않는다.

체크6. 성과를 올려도 그다지 기쁘지 않고 다음에는 더 잘할 수 있을 것 같다는 생각만 든다.

체크7. 다른 사람이 자신을 비난할까 봐 늘 불안하고 경계심이 든다.

체크8. 남들에게도 높은 기준을 요구한다. 주변 사람에게 지나치게 까다롭다는 이야기를 종종 듣는다.

체크9. 완벽을 추구하면 그만큼 대가가 따른다는 것도 안다. 하지만 성공을 위해 반드시 치러야 할 대가라고 생각한다.

체크10. 스스로 불완전한 면이 너무 많다고 느낀다. 그래서 자신의 '불완벽함'을 감추는 데 많은 시간을 투자한다.

완벽주의자가 유의해야 할 사항

완벽주의자라고 반드시 성공하는 것은 아니다. 게다가 완벽주의는 외려 친밀 관계와 정신건강에 악영향을 미친다.

하지만 다음 사항을 유의한다면 완벽주의인 자신 혹은 배우자와 더 나은 관계를 만들어갈 수 있다.

자신이 완벽주의자라면　스스로 아래 2가지를 유의한다.

첫째, 완벽은 환상에 불과하다는 사실을 깨닫는다. 이 세상에 완벽한 사람은 없다. 인간은 태생적으로 불완전할 수밖에 없는 존재이며, 끊임없이 시행착오를 겪으며 평생을 살아간다. 먼저 이 사실을 인정해야만 자신의 완벽주의적인 생각과 행동, 느낌을 효과적으로 '관리'할 수 있다.

둘째, 성공하려고 노력하되, '충분히 좋은 결과'에도 만족하는 법을 배운다. 완벽은 환상에 불과하다는 사실을 인정한다고 해서 성공하려고 노력할 필요조차 없는 것은 아니다. 다만 성공하기 위해 계속 노력하되, '충분히 좋은 결과'에도 만족하는 법을 배울 필요가 있다.

그러기 위해서는 먼저 성과를 올리면 성공을 자축하는 법을 배운다. 스스로를 칭찬하고, 적절한 포상도 잊지 않는다. 최선을 다해 노력했는데도 결과가 기대에 미치지 못했다면, 스스로 전심전력을 다했다는 점에 만족한다. 결과가 아니라 과정에서 가치를 찾을 수 있어야 비로소 '충분히 좋은 결과에도 만족'할 수 있다.

구체적인 실천 방법으로 일기 쓰기를 추천한다. 매일 자신의 생각과 행동, 느낌을 기록하다 보면 자연스레 내 안의 완벽주의를 발견할 수 있다. 이와 동시에 무엇이 '충분히 좋은 결과에도 만족하는 상태'인지 생각하게 된다. 만약 자신이 완벽하지는 않지만 충분히 좋은 결과에 만족을 느꼈다면 스스로에게 상을 준다.

배우자가 완벽주의자라면　　　자신부터 아래 3가지를 유의한다.

첫째, 무엇보다 먼저 나의 행복은 나 자신의 행동과 선택에 달려 있다는 사실을 인식한다. 완벽주의인 배우자와 계속 함께할지 말지 선택하는 것은 내 몫이다. 물론 상대가 완벽주의를 벗어나야 하는 것은 맞다. 그러나 굳이 내가 곁에 남아서 배우자를 '교화'할 필요는 없다. 배우자의 완벽주의는 나의 책임이 아니다.

둘째, 배우자가 완벽주의자여서 까다롭고 어렵고 힘들지만, 이 역시 배우자의 잘못이 아니라는 점을 깨닫는다. 만약 곁에 남는 쪽을 선택했다면 배우자를 비난하기에 앞서 배우자의 완벽주의와 공존하는 법을 배워야 한다.

캐나다 심리학자 폴 휴잇Paul Hewitt은 배우자가 완벽주의자라면 무작정 배우자가 변하기를 기대하기보다는 완벽주의의 배후에 숨은 동기를 파악하는 것이 중요하다고 강조한다. 어쩌면 배우자도 자신과 마찬가지로 사랑과 인정을 갈망하고 있는지도 모르기 때문이다.

셋째, 나에게 나도 모르는 완벽주의적인 성향이 있지 않은지 생각해본다. 어쩌면 자신도 모르는 완벽주의 때문에 상대의 합리적인 의견 제시를 과도한 기준이나 일방적인 트집으로 느낄 수도 있다. 예민함과 과도한 자기 방어도 완벽주의의 또 다른 모습이라는 사실을 기억하자.

만약 당신도 배우자처럼 완벽주의자라면 이것 하나만 꼭 기억하길 바란다. 배우자가 완벽하기 때문에 사랑에 빠지는 사람은 없다. 마찬가지로 배우자의 불완전한 모습을 발견했다고 해서 사랑이 멈추지도 않는다. 사랑은 그런 것이다. 진짜 사랑은 '완벽'과 상관없이 당신의 존재 자체이기 때문이다.

완벽주의를 버리다

자신이 완벽주의자라면
완벽은 환상에 불과하다는 걸 깨달아야 한다.
완벽하지는 않지만 결과에 만족한다면
자신에게 상을 준다.

배우자가 완벽주의자라면
행복은 나의 행동과 선택에 달려 있다.
완벽주의는 배우자의 잘못이 아니다.

완벽하기 때문에 사랑에 빠지는 사람은 없다.
진짜 사랑은 '완벽'과 상관없이
당신의 존재, 그 자체다.

04 · 열등과 자만

04

겉으로는 **잘난 척**, 속으로는 **열등 콤플렉스?**

누가 봐도 괜찮고 매력적인 사람이

누가 봐도 어울리지 않는 상대를 찾는다면

그는 남몰래 열등감에 시달리고 있는 것이다.

누구나 열등감을 느낀다. 이는 지극히 정상이다.

그러나 열등감이 열등 콤플렉스로 악화되면

그때부터 정상의 궤도를 벗어나게 된다.

열등 콤플렉스는 왜 생기는 걸까?

자만과 열등감은 왜 동전처럼 이중적인 걸까?

많은 사람이 열등감을 느낀다. 그중에는 말과 행동에서 열등감이 표출되는 사람도 있지만 남모르게 속으로 열등감을 느끼는 사람도 적지 않다. 누가 봐도 괜찮고 매력적인 사람이 누가 봐도 그저 그렇거나 자신과 어울리지 않는 연애 상대를 찾고, 더 좋은 일을 할 기회가 있는데도 자기 능력에 못 미치는 직장을 선택한다면 그는 남몰래 열등감에 시달리고 있는지도 모른다. 혹은 훨씬 미묘한 부분이기는 하지만, 남들과 항상 일정한 거리를 유지해서 좀처럼 친해지기 힘든 사람 역시 열등감에 사로잡혀 있을 공산이 크다.

열등감과 열등 콤플렉스란 무엇일까? 열등 콤플렉스는 왜 생기는 걸까? 자만과 열등감은 왜 동전의 양면처럼 이중적인 걸까?

열등감은 지극히 정상이며 건강한 것

열등감은 자기 자신이 모자라다고 느끼는 것으로, 핵심은 '비교'다. 의식적이든 무의식적이든 타인과 비교하면서 자신이 남보다 못하다거나 약하다고 느낄 때, 우리는 열등감이 든다고 한다. 스스로 이상적인 기준을 세우고 그 기준에 맞출 능력이 부족하다고 느끼는 것도 일종의 열등감이다.

많고 적고의 차이가 있을 뿐, 사람은 누구나 열등감이 있다. 문제는 열등감이 스스로 느끼는 자기 존재 가치를 심각하게 위협하는 경우다.

개인이 열등감에서 비롯된 부정적 감정(나약함, 수치심 등)을 상쇄하기 위해 하는 행동을 '보상행동'이라고 한다. 보상행동은 사람마다 다르게 나타난다.

어떤 이는 자신의 가치를 증명하기 위해 더욱 노력하며, 작은 성과라도 거두려 애쓴다. 열등감이 개인의 발전을 추구하는 내적 동기로 작용하는 것이다.

그런가 하면 열등감이 싫어서 대인관계를 기피하는 사람도 있다. 아예 비교할 대상이 없으면, 또는 비교할 상황이 벌어지지 않으면 열등감을 느끼지 않고 스스로에게 더욱 집중할 수 있으리라 생각하는 것이다.

전자는 열등감 덕에 더욱 훌륭한 성과를 거둘 수도 있는 반면, 후자는 열등감 때문에 외롭고 고독해질 뿐만 아니라 더욱 자기중심적이고 이기적으로 변할 수 있다. 또한 열등 콤플렉스를 갖게 될 확률도 높다.

사람은 누구나 열등감을 느낀다. 이는 지극히 정상이며 건강한 것이다. 그러나 열등감이 열등 콤플렉스로 악화되면 그때부터 정상의 궤도를 벗어나게 된다.

열등감이 또 다른 열등감을 부를 때

열등감은 1차적 열등감과 2차적 열등감으로 분류된다. 이 2가지가 복잡하게 얽히게 되면, 개인은 열등감의 악순환에 빠지게 되고 더 나아가 열등 콤플렉스를 갖게 된다.

열등 콤플렉스는 개인심리학 창시자 알프레드 아들러Alfred Adler가 제시한 개념이다. 열등 콤플렉스의 근원은 당연히 열등감이다. 열등 콤플렉스를 가진 사람은 일상생활에서 자주, 지속적으로 열등감을 느낀다. 문제는 하나의 열등감이 또 다른 열등감을 불러오면서 지속적인 악순환을 만든다는 점이다.

이 악순환의 고리에 빠지면 좀처럼 벗어나기도 힘들고, 자기가치감에 심각한 타격을 입는 등 후유증도 심각하다.

자신을 보호하려는 '1차적 열등감'

1차적 열등감은 아동기에 외재적 환경에서 느낀 부족감에서 비롯된다. 원인은 여러 가지다. 또래보다 성장 혹은 발육 속도가 늦다든가, 가정 형편이 풍요롭지 못했거나 가정 교육에 문제가 있어도 열등감이 생길 수 있다. 그중에서도 부적절한 가정 교육은 1차적 열등감을 만드는 가장 흔한 원인이다. 특히 부모의 양육 태도가 관건이다. 부모가 어떻게 대하고 가르치느냐에 따라 자녀는 자신을 약하거나 바보 같다고 느낄 수도 있고, 남의 도움이 없이는 아무것도 하지 못한다고 느낄 수도 있다. 어느 쪽이든 이런 감정은 자녀의 마음에 최초의 열등감으로 새겨진다.

자녀에게 열등감을 초래하는 부모의 행동으로 단점과 잘못을 끊임없이 지적하는 것을 들 수 있다. 이런 부모는 자녀에게 하는 말도 부정적이다. '아무개는 공부를 그렇게 잘하는데 너는 왜 공부를 못하느냐'는 식의 비교, '그렇게 해서 나중에 밥이나 벌어먹고 살겠느냐'는 식의 조롱을 아무렇지도 않게 퍼부어 댄다. 장기간 이런 대우를 받고 자란 아이는 자존감에 심각한 손상을 입고, 자신은 남보다 못하다는 생각을 갖게 된다. 열등감이 내면 깊이 뿌리내리는 것이다.

아들러는 사람은 누구나 자신을 보호하려는 경향이 있다고 했다. 이는 얼핏 프로이트가 말한 자기방어기제와 비슷해 보인다. 하지만 자기방어기제가 내면의 초자아(도덕적 자아)와 원초아(본능적 자아) 사이의 갈등을 해결하기 위해 나타난 것인 반면에, 자기보호는 외부 환경에서 비롯된 부정적 영향으로 나와 남을 비교할 때 생기는 열등감을 막기 위한 것이다.

아들러에 따르면 1차적 열등감을 갖게 된 개인은 열등감에서 자신을 지키기 위한 방편으로 허구의 목표를 세운다. 대개는 개인의 열등감을 보완할 수 있는 목표다. 이러한 목표를 세우는 것은 스스로에게 구체적으로 노력할 방향을 제시하여 긍정적인 감정을 불러일으키고 열등감에서 비롯된 부정적 정서를 해소하는 역할을 한다.

예를 들어 형편이 어려운 가정에서 자라 경제적 상황에 열등감을 느끼는 경우, 커서 돈을 아주 많이 벌겠다는 목표를 세울 가능성이 크다. 비록 허구에 불과하더라도 이런 목표를 세우면 당장의 열등한 감정을 가라앉힐 수 있을 뿐만 아니라 더 나은 삶을 위해 노력할 동력을 얻을 수 있기 때문이다. 그런가 하면 가족관계 혹은 인간관계에서 상처를 많이 받은 아이는 커서 선생, 상담심리가 등과 같은 '아이들의 구원자'가 되겠다는 목표를 세움으로써 자신이 느낀 고통과 무력감을 상쇄하고 계속 살아갈 용기를 얻기도 한다.

자신의 한계를 정하는 '2차적 열등감' 　　　2차적 열등감이란 개인이 성인이 된 후 허구의 목표 혹은 내면의 목표를 달성할 능력이 없다는 사실을 깨달았을 때 느끼는 열등감을 말한다. 시험에 떨어지거나 구직에 실패하는 등, 개인의 능력 부족을 깨닫게 되는 사건을 계기로 2차적 열등감이 생기는 경우가 많다.

2차적 열등감의 가장 큰 폐해는 1차적 열등감을 다시금 떠올리게 한다는 점이다. 그뿐만 아니라 두려움, 수치감, 나약함 등 1차적 열등감과 관련된 부정적 감정을 자극한다. 1차적 열등감을 가진 사람은 2차적 열등감이 엄습하면 모든 실패의 원인을 자기에게 돌리는 경향이 강하다. 또한 자신의 능력에 한계를 정한 후 더 노력해볼 엄두도 내지 않은 채 다른 사람에게 의존하고자 하는 모습을 보인다.

이렇게 1차적 열등감과 2차적 열등감이 얽히고설키면 악순환의 고리가 만들어진다. 1차적 열등감 때문에 자기보호의 일환으로 허구의 목표를 세우고, 그 목표를 이루지 못함에 따라 2차적 열등감이 생기며, 2차적 열등감은 또다시 최초의 열등감을 불러내는 것이다. 얼핏 모순되게 보이는 이 순환을 벗어나지 못하면 결국 열등 콤플렉스에 빠지고 만다.

물론 한두 번 실패하고 좌절을 겪는다고 해서 무조건 열등 콤플렉스가 생기지는 않는다. 대개는 어렸을 때부터 지속적으로 어려움과 좌절, 실패를 경험하며 자기가치감이 상당히 저하된 상태다. 여기에 부모나 배우자, 선생님, 동료의 비난이나 조롱, 질책이 더해지면 열등 콤플렉스가 더욱 심각해진다.

열등감의 악순환에 빠져 벗어나지 못하고 결국 열등 콤플렉스를 가지게 된 사람들은 다음과 같은 특징을 보인다.

열등 콤플렉스를 가진 사람들의 특징

• 일을 할 때 우왕좌왕하며 위축된 모습을 보인다. 자기 능력에 대한 확신이 부족하기 때문에 개인적으로나 업무적으로나 책임을 잘 감당

하지 못한다. 자기의심이 강한 만큼 불안도 상당히 높다.

- 사교성이 부족하며 대인관계에 소극적이다. 비교 대상이 있으면 열등 감이 심해진다는 생각 때문에 타인과의 교제 자체를 아예 피하기도 한다.
- 위와 정반대로 타인의 관심을 지속적으로, 과도하게 바라기도 한다. 자기비하와 열등의식이 강하고 자존감이 낮기 때문에 스스로 자기가 치를 확인하지 못하고 타인의 인정과 평가에 의존한다.
- 경쟁심이 과하며 공격성이 강하다. 열등 콤플렉스를 가진 사람 중 일 부는 내면의 열등감을 감추기 위해 오히려 평균 이상의 경쟁심을 보인 다. 이는 악순환의 고리를 끊으려는 보상행동으로 해석되기도 한다.

열등감이 심할 때 쓰는 가면

열등 콤플렉스를 가진 사람은 자기가치감이 떨어지며 스스로를 신뢰하지 못한다. 이들은 열등감이 주는 불편함을 떨쳐버리기 위해 남들보다 더 노력하기도 하고, 앞서 언급했듯이 일종의 보상행동으로 강한 경쟁심을 보이기도 한다.

그런데 이러한 노력과 경쟁심이 지나쳐서 오히려 열등감과 정반대의 성향이 발달하기도 하는데, 이 성향이 바로 '자만'이다. 내면의 열등감을 감추기 위해 남보다 뛰어난 척 위장하다 보니 반대로 자만심이 발달하는 것이다. 스스로에게 확신이 없는 사람이 남보다 우월하다는 느낌을 가지려면 남을 자기 밑으로 끌어내리는 수밖에 없다. 그래서 실제로 자만심이 가득한 사람은 남을 깎아내리고 자기를 높이는 말을 잘한다. 툭하면 거친 언행으로 자기를 과시하거나 자신을 과대평가하는 사람도 알고 보면 내면의 열등감을 자만심으로 위장했을 가능성이 높다. 진짜 강한 사람은 자신의 가치를 확인하기 위해 타인을 깎아내리지 않는다. 굳이 그렇게 하지 않아도 자기가치를 확신하기 때문이다.

흥미로운 것은 열등감과 자만심 모두 자기애를 바탕으로 한다는 점이다. 열등감과 자만심은 지극히 자기중심적인 사고에서 시작된다. '내가 가장 잘났어'(자만심)냐, '지금 보기에는 그렇지 않지만 사실은 내가 가장 잘났어'(열등감)냐의 차이가 있을 뿐이다.

자기중심적 사고는 자기애 인격의 가장 큰 특징이다. 다만 똑같은 자기애 인격이라도 개인 성향에 따라 어떤 사람은 자만심으로, 어떤 사람은 열등감으로 나타난다.

자만(외현적 자기애), "내가 가장 잘났어"   외현적 자기애를 가진 사람은 상대적으로 둔감하며 지나칠 정도로 자신감이 넘친다. 또한 자신은 남보다 뛰어나기 때문에 긍정적 반응과 인정, 찬사를 받아야 마땅하다고 생각한다. 그래서 남들이 기대한 만큼의 반응을 보이지 않으면 매우 흥분하거나 화를 내며 심지어 보복하고 싶어 한다.

열등감(내현적 자기애), "사실은 내가 가장 잘났어" 내현적 자기애를 가진 사람은 예민하고 무력하며 불안해한다. 또 타인에게 거절당하거나 버려질까 봐 늘 두려워한다. 이들은 내면의 낮은 자존감을 보완하기 위한 수단으로 자기애를 발달시킨다. 이들에게 타인의 관심은 절대적이며, 그렇기에 타인의 시선이나 평가를 매우 중요하게 생각한다. 부정적인 것이든 긍정적인 것이든 모두 자신의 가치를 확인하는 밑바탕이 되기 때문이다.

처방

'열등감 덩어리'라고 느껴질 때 유의할 사항

혹시 나에게 열등 콤플렉스가 있다면 어떻게 해야 할까? 자만으로 위장한 열등감 덩어리라면 또 어떡해야 하겠는가?

만약 그렇게 느껴진다면 아래 3가지 사항을 유의하자.

첫째, 먼저 열등감에도 긍정적 측면이 있다는 사실을 인정한다. 열등감이 때로는 성취를 향한 강한 내적 동기가 되기도 한다.

둘째, 1차적 열등감과 2차적 열등감을 명확히 구분하여 다룬다. 만약 1차적 열등감이 있다면 과거의 경험이 자신에게 어떠한 영향을 남겼는지 이해하고, 이미 지나간 시절의 열등감 때문에 스스로를 지나치게 낮게 평가하고 있지 않은지 점검한다. 또한 현재의 좌절과 실패를 어린 시절 느꼈던 열등감의 연장선상에서 받아들이지 말고, 충분히 해결할 수 있는 과제로 인지한다.

지금 나를 둘러싼 환경은 과거와 다르다. 나에게는 스스로를 재평가할 기회와 능력이 있다. 무엇보다도 먼저 자기 자신을 긍정적으로 보고 평가할 수 있어야 한다. 그래야 열등 콤플렉스의 악순환을 끊을 수 있다.

셋째, 안정적인 우정 관계나 친밀 관계를 유지한다. 좋은 친구는 나의 장점을 알아보고 인정하며 힘을 북돋아 줌으로써 열등감을 경감시키는 완충재 역할을 한다. 열등 콤플렉스가 있는 사람에게 친구의 응원과 인정은 스스로 변하고자 하는 동기를 갖게 하는 긍정적 강화 요인이다.

애니메이션『메리와 맥스Mary and Max』에서 주인공 맥스는 메리에게 "어렸을 때 나는 아무나 되고 싶었어. 나 자신만 빼고"라고 써서 편지를 보냈다.

열등감에 시달리는 사람이라면 '나 자신이 아닌 다른 누군가가 되고 싶다'는 그 절박한 심정과 고통을 너무도 잘 이해할 것이다. 이들에게는 자기 자신을 있는 그대로 받아들이는 것 자체가 평생의 과제일 수 있다.

그러나 자기 자신을 좋아할 수 없다고 해서 너무 걱정할 필요는 없다. 사람은 누구나 자기 자신을 백 퍼센트 좋아하지도, 평생 싫어하지도 않는다. 다만 자신을 싫어하는 부정적인 상태가 지나치게 오래 지속되면서 자존감을 갉아먹도록 내버려 두지만 않으면 된다. 가끔은 스스로에게 부정적인 감정이 들어도 괜찮다. 있는 그대로 받아들이자. 그 역시 내 모습의 일부이니 말이다.

열등감에서 벗어나다

자신에게 열등 콤플렉스가 있다면,
자만으로 위장한 열등감 덩어리라면,

첫째, 열등감에도 긍정적 측면이 있다.
때로는 성취를 향한 강한 내적 동기가 된다.

둘째, 1차적 열등감과 2차적 열등감을 구분한다.
지금 나를 둘러싼 환경은 과거와 다르다.
나에게는 나를 재평가할 기회와 능력이 있다.

셋째, 안정적인 우정 관계나 친밀 관계를 유지한다.
친구의 응원과 인정은 긍정적 강화 요인이다.

05 · 감정

05
평소 **감정**을
억누르는가, 표현하는가?

사람과 사람 사이에 감정이 원활하게 흐르고
원활한 소통을 하면 좋지만, 현실은
상대의 진실한 감정을 받아들일 수 없거나
나의 진짜 감정을 전할 수 없을 때가 많다.
다툴 때도 내용보다 태도가 문제인 경우가 많다.
상대보다 자기 관점에서 이해하고 받아들여서다.
친밀한 관계에서 감정이 원활하게 흐르고
온전하게 소통하려면 어떻게 해야 할까?

감정은 흐르는 것이다. 내 안에서 흐르고, 사람과 사람 사이에 흐른다. 감정이 원활하게 흐를 때 자신을 좀 더 깊이 이해할 수 있고, 타인과 좀 더 원활히 소통할 수 있으며, 더욱 깊고 의미 있는 관계로 발전시킬 수 있다.

친밀한 관계라면 더더욱 서로의 감정이 막힘없이 흘러야 옳다. 그런데 이상하게도 사랑하는 사람에게 내 감정을 솔직히 보이는 일이 생각만큼 쉽지는 않다. 몇년 혹은 몇십 년을 함께한 배우자와 있을 때도 우리는 상대의 진실한 감정을 받아들일 수가 없어서, 혹은 나의 진짜 감정을 전할 수가 없어서 괴롭다.

미국의 임상사회복지사 브라이언 글리슨Brian Gleason은 수년간의 임상 경험을 바탕으로 다음과 같은 결론을 내렸다.

"수십 년간 함께한 부부가 다투는 가장 흔한 이유는 바로 서로 '소통하지 않는 것'이다."

다시 말해 부부 사이에 감정이 자연스럽게, 또 건강하게 흐르지 않는 탓에 싸우게 된다는 것이다.

친밀 관계에서 감정이 막히지 않고 원활하게 흐르도록 하려면 어떻게 해야 할까? 브라이언 글리슨에 따르면 무엇보다도 '유창한 감정 표현 Emotional Fluency'을 할 수 있어야 한다.

심리

말하지 않아도 이해하는 사랑은?

유창한 감정 표현이란 정서적 언어를 써서 자신의 감정과 내적 상태를 표현하고 전달하는 것을 말한다. 유창한 감정 표현을 잘하는 사람은 자신의 진짜 감정을 비판 없이 느끼고 표현하며, 의식적이고 창조적으로 감정을 다룬다.

혹시 이런 순간을 경험한 적이 있지 않은가? 상대와 나를 둘러싼 공기에 감정이 흘러넘쳐서 아무 말 하지 않아도 서로를 이해하고, 상대의 감정을 피부로 직접 느끼는 그런 순간 말이다. 그때의 감정이 무엇이든 간에 이런 순간은 늘 우리를 감동시킨다. 두 개의 영혼이 맞닿았음을 느끼기 때문이다.

하지만 안타깝게도 이런 순간은 그리 자주 있지 않다. 그보다는 미국의 임상심리학자 린 펄Lynn Pearl의 말처럼 서로 진실한 감정을 나누려 해도 각자 다른 외국어를 말하는 것처럼 통하지 않을 때가 대부분이다.

친밀한 관계에서는 자신과 상대의 거리가 다른 인간관계에 비해 훨씬 가깝고 밀접하다. 자연히 관계에서 느끼는 감정도 다양하고, 감정의 진폭도 훨씬 크다. 기쁨과 슬픔, 갈망과 불안, 사랑과 미움이 서로 차례를 바꿔가며 엄습했다가 물러가고, 또 밀려온다.

오랫동안 안정적인 친밀 관계를 유지하려면 상대를 이해하는 것 이상으로 자기 자신을 이해하는 것이 중요하다. 그러려면 먼저 추상적인 감정을 구체적인 언어로 전환할 줄 알아야 한다. 먼저 이 과정이 제대로 이루어져야 비로소 스스로의 감정을 이해하고, 또 이를 상대에게 바르게 전달할 수 있다. 즉 '감정의 언어화'는 서로를 이해하기 위한 첫걸음인 셈이다.

철없을 때는 '굳이 말하지 않아도 서로 모든 것을 이해하는' 사랑을 꿈꾼다. 하지만 이런 사랑은 환상에 불과하다. 사랑을 향한 비현실적 기대를 버리지 않으면 언제나 분노하고 실망할 수밖에 없다.

상대의 외적 행동만 보는 커플은 쉽게 분노하고 실망하며 상대를 비난하기 일쑤다. 그러나 일단 서로의 내면에서 무슨 일이 일어나고 있는지 이해하고 느끼면 상대를 향한 사랑이 훨씬 더 깊어진다.

자신의 감정을 유창하게 표현하는 것은 아동기와 청소년 시기에 반드시 배우고 익혀야 할 중요한 인지 과제다. 우리는 성장하면서 사랑, 미움, 기쁨, 분노 등 사회가 감정에 붙인 이름들을 배우고, 자기 내면의 감정을 분별하는 법을 배우며, 감정을 언어로 표현하는 법을 배운다. 처음에는 자신이 느끼는 감정의 만분의 일도 표현하지 못하며, 사용하는 단어나 문장 역시 모호하고 불분명하며 짧고 두루뭉술하다. 하지만 자기 내면의 다층적인 감정을 좀 더 정확하게 포착할수록 사용하는 언어도 점차 풍부하고 명료해진다.

감정을 정확하게 표현하는 능력은 실행 능력_{Executive Function}에도 적잖은 영향을 준다. 여기서 실행 능력은 목표를 정하고 계획을 세우며 이를 실행하여 마침내 목표를 달성하는 것을 말한다. 관련 연구에 따르면 자신의 감정을 잘 표현할 줄 아는 사람은 그렇지 않은 사람에 비해 월등한 실행 능력을 보였다.

임상사회복지사 브라이언 글리슨은 '가정에서든 학교에서든 정서적 언어를 이용해 감정을 나누는 법을 배우지 못한 것이 문제'라고 지적했다. 그 탓에 자신의 감정을 표현할 줄도, 타인의 감정 표현을 받아들이고 이해할 줄도 모른다는 것이다.

유창한 감정 표현이 잘 안된다고?

유창한 감정 표현을 방해하는 장애물로 먼저 사회적 요인을 꼽을 수 있다. 사회문화적 분위기가 자신의 감정, 특히 나약함, 좌절, 분노 등 '좋지 않은' 감정을 인정하고 표현하는 일을 권장하지 않는 것이다. 이런 분위기에서 개인은 자신의 감정을 긍정하기보다는 부인하는 법을 먼저 배운다.

더욱이 남성은 감정을 드러내는 일이 거의 금기시되기 때문에 감정 표현만큼은 확실히 열세다. 특히 한국 사회는 남성에게 강한 의지력과 인내심, 강인함을 요구한다. 심지어 아이라도 마찬가지다. 어른들은 남자아이에게 '사내애가 울면 고추 떨어진다'는 식의 우스개 섞인 위협을 종종 하는데, 이것만 봐도 남성의 감정 표현을 억압하는 정서가 얼마나 뿌리 깊은

지 알 수 있다. 그렇다 보니 남성이 자신의 감정을 솔직히 느끼고 표현하면 어김없이 조롱과 비난, 업신여김을 받는다. 혹은 나약하다, 소심하다, 심지어 '여자 같다'는 꼬리표까지 따라붙는다. 남자가 잘 울거나 힘든 감정을 숨기지 않고 표현하면 어린 시절에 상처를 받거나 학대를 당해서 어딘가 이상해진 것이라고 생각하는 사람도 있다.

유창한 감정 표현을 막는 것은 사회뿐만이 아니다. 우리 자신도 무의식적으로 감정을 솔직히 드러내지 않으려 한다. 그것이 부정적인 감정이라면 더욱 그렇다. 사실 부정적인 감정은 지극히 정상적인 것이며 우리의 심리 상태가 건강하다는 증거다. 그러나 우리는 부정적 감정을 부인하고 숨기는 데 더 익숙하다. 때로는 자기 안에서 그런 감정이 든다는 사실에 수치심을 느끼기도 한다.

감정 표현을 억누르는 이유　　　　우리가 감정 표현을 억누르는 이유를 구체적으로 살펴보면 다음 3가지가 대표적이다.

첫째, 솔직한 감정 표현은 나약하다고 생각한다　　임상심리학자 린 펄은 유창한 감정 표현을 막는 주된 원인으로 나약해지는 것에 대한 두려움을 꼽았다. 사람은 누구나 다른 사람과 연결되고 싶다는 기본적 욕구가 있다. 그런데 정서적으로 연결된 관계에서 나의 진실한 감정을 솔직히 나타낸다는 것은 결국 상대에게 나의 약한 점을 알려주고, 내게 상처 입힐 수 있는 힘을 준다는 뜻이나 다름없다. 상대에게 나의 약점을 보여준 뒤 칼자루를

쥐여주는 셈이다. 결국 우리는 상처받을지도 모른다는 두려움 때문에 진실한 감정 표현을 주저한다.

감정을 솔직하게 내보이는 것은 서로를 알아가는 단계에 있는 커플에게는 엄청난 모험이다. 일단 자신의 나약함과 대면하는 일 자체가 쉽지 않다. 스스로 자기 감정을 인정하기도 힘든데, 그 감정을 상대에게 솔직하게 표현하기가 쉬울 리 없다. 부정적이고 분노가 섞인 감정이라면 더더욱 드러내기가 조심스럽다. 상대의 약한 부분을 건드려 상처를 입히게 될지도 모르기 때문이다.

둘째, 소통하면서 서로 다른 언어를 사용한다　배우자나 연인과 다툴 때, 사실 다투는 내용보다 다투는 태도가 문제인 경우가 더 많다. 또한 같은 단어를 써도 그 단어에 대한 해석은 다를 수 있다. 상대의 진짜 의미를 파악하려 하기보다는 각자 자기 관점에서 자기 나름대로 이해하고 받아들이기 때문이다.

사람은 누구나 상대의 말을 자신의 맥락에서 듣고 해석하는 경향이 강하다. 그렇기에 내가 받아들인 뜻이 상대가 진짜로 전하고자 한 바와 반드시 일치한다는 보장은 없다. 다투면 다툴수록 내가 무엇 때문에 화가 났는지, 상대가 무슨 말을 하는 것인지 점점 알 수 없어진다면, 서로 다른 외국어로 대화하는 사람들처럼 각자 다른 맥락에서 상상 속의 상대와 대화하는 중이라고 생각하면 된다.

셋째, 상대를 동맹이 아닌 적으로 여긴다　어떤 커플은 서로를 믿고 의지할 수 있는 '동맹'이 아니라 반드시 꺾어야 할 적이나 경쟁자처럼 대한다. 이들은 관계에서 주도권 쟁취를 가장 중요하게 생각하기 때문에 상대와 언쟁이 벌어지면 어떻게든 이기려고만 한다. 감정 표현도 진실하지 못하며 심지어 공격적이다. 이러니 감정이 제대로 오고 갈 수가 없다.

진짜 감정을 제대로 표현하지 못하면

친밀한 관계에서 자신의 진짜 감정을 제대로 표현하지 못하고 소통이 잘 되지 않는 상태가 지속되면, 다음 3가지 유형 중 하나가 될 경향이 높다.

분노형 관계　분노형 관계는 입만 열면 상대방 탓을 한다. 또한 각자 자신이 상대보다 도덕적 우위에 있다고 믿기 때문에 항상 '나는 옳고 상대는 그르다'고 생각한다.

위축형 관계　위축형 관계는 좀처럼 다투지 않는다. 다툴 일이 없어서가 아니라 서로 다툼을 피하기 때문이다. 애착 유형으로 보면 양쪽 모두 회피애착일 때 위축형 관계가 되기 쉽다. 드러나는 충돌이 없으니 겉으로는 두 사람 모두 현재의 관계에 만족하는 듯 보인다. 하지만 실제로는 진실한 감정 교류가 거의 없기 때문에 각자 깊은 외로움과 공허감에 시달린다. 이들은 상대에게 불만이 있어도 직접 말로 표현하는 일이 극히 드물다. 그 대신 상대의 눈길을 피하거나 오랫동안 대화를 거부하는 등, 행동에서 부정적 감정이 배어난다.

접근-회피형 관계　　　애착 유형으로 봤을 때 '몰입애착형'과 '거부-회피애착형'이 만나면 '접근-회피형' 관계가 된다. 한 사람은 계속 다가가려 하고 다른 한 사람은 계속 도망치려 하는 것이 이 관계의 특징이다. 문제는 각자의 반응이 상대를 더욱 자극한다는 점이다. 이쪽이 다가가면 저쪽은 도망치고, 저쪽이 도망가면 이쪽은 안달이 나서 더 다가가려 한다. 그래서 접근-회피형 관계에서는 한 사람이 화를 내며 상대를 비난하면 다른 사람은 '방어 모드'로 반박, 부정하다가 결국 아예 대화를 거부하는 상황이 자주 벌어진다.

그런데 위의 3가지 유형에는 공통점이 있다. 3가지 중 어떤 관계에 놓이든, 아무리 노력해도 서로 전혀 통하지 않기 때문에 결국은 두 사람 모두 극도로 외로워진다는 것이다.

유창한 감정 표현이 가장 필요한 순간

  친밀한 관계를 맺기 위해서는 많은 노력이 따르고, 유지하는 데는 더 많은 노력이 필요하다. 그 노력의 일환 중 하나가 소통으로, 서로의 진짜 감정이 제대로 교류되어야 한다.

  다음은 친밀한 관계에서 유창한 감정 표현이 가장 필요한 순간이다.

상처입을까 두려워 머뭇거릴 때   미국 심리학자 대니얼 와일 Daniel Wile의 이론에 따르면 사람이 친밀한 관계에서 자신의 감정을 표현하는 방식으로는 '공격'과 '회피', '토로'가 있다. 그런데 앞에서의 유형들은 원활한 감정 교류를 촉진하는 '토로'보다 감정 교류를 차단하는 '공격'과 '회피'를 선택하는 비중이 훨씬 높게 나타났다.

  토로란 상대에게 나의 내밀한 감정과 생각을 과장하거나 숨기지 않고 솔직히 표현하는 것이다. 토로는 감정 전달의 핵심으로, 부정적 감정이든 긍정적 감정이든 모두 털어놓을 수 있어야 한다. 분노와 상처, 두려움만 표현하거나 사랑과 관심, 칭찬만 늘어놓는 것은 모두 제대로 된 토로가 아니다.

  유창한 감정 표현을 하지 못하는 사람은 상대에게 부정적 감정이 생기면 공격적 혹은 회피적으로 변한다. 그에 비해 유창한 감정 표현이 되는 사람은 자신의 상태를 솔직히 털어놓는다. 예를 들어 공격적으로 변하는 사람은 이런 식으로 말하기 일쑤다.

"넌 한 번도 내 생각을 하는 일이 없지."

"또 늦었네. 왜 항상 늦어?"

하지만 자기 감정을 솔직히 내보이고 토로하는 사람은 이렇게 말한다.

"네가 나를 무시하는 것 같아서 두렵고 속상해."

"늦어서 걱정했어."

상대가 나를 사랑하지 않는 것 같다는 두려움이 엄습할 때, 회피적인 사람은 겉으로 아무렇지 않은 척하지만 속으로는 엄청난 분노와 절망감을 느낀다. 그래서 자신도 사랑이 식은 것처럼 굴면서 상대를 쌀쌀맞게 대한다. 상대의 진짜 속마음이 어떤지 알아보려고도 하지 않고 무조건 밀어내는 것이다.

사실 그 배후에는 친밀 관계에서 약자가 되고 싶지 않다는 심리가 숨어 있다. '네가 더 이상 나를 사랑하지 않을까 봐 겁나'라고 솔직한 심정을 토로하는 순간, 약자가 되어 더 큰 상처를 입게 될까 봐 두려운 것이다. 그러나 이는 매우 근시안적인 생각이다. 당장은 아닌 것 같아도, 결국은 자기 감정을 솔직하게 표현할 수 있어야 비로소 진심으로 나를 사랑해줄 사람을 만날 수 있다.

이유 모를 불편함이 느껴질 때　　　　다른 사람과 진심으로 소통하기 전에 반드시 거쳐야 할 관문이 있다. 바로 자기 자신과 진심으로 대면하는 것이다. 때로 우리는 친밀한 관계에서 이유 모를 불편함이나 피로감을 느낀다. 하지만 내가 왜 이런지, 나의 내면에서 대체 무슨 일이 벌어지고 있는지 생각해보는 사람은 많지 않다. 사실 그럴 때 가장 먼저 해야 할 일은 자신의 감정을 정확하게 판독하고 파악해서 온전히 받아들이는 것이다. 일단은 내가 느끼는 감정이 무엇인지 제대로 알아야 그 감정을 책임지고 효과적으로 대처하며, 더 나아가 상대에게 올바르게 전달할 수 있다.

예를 들어 불편한 느낌이 든다면 그저 불편해하지만 말고 그 불편함이 어떤 감정에서 비롯됐는지 구체적으로 생각해보자. 자책인가? 실망인가? 아니면 곤란함인가? 예전에도 비슷한 감정을 느낀 적이 있다면 그때 상황은 어땠는가? 과거의 경험을 토대로 현재의 감정을 분석하는 것은 모호한 느낌에 이름을 붙이는 데 상당한 도움이 된다. 만약 이러한 과정을 통해 자신이 느끼는 감정이 무엇인지 구체적으로 알았다면, 상대에게 그 감정을 좀 더 자세하게 풀어서 표현하고 설명한다. 내가 전달하려는 의미를 상대가 제대로 이해했다는 확신이 들 때까지 포기하지 않는 것이 중요하다.

언어로는 다 표현이 안 될 때　　　　감정 표현의 주된 수단은 언어다. 그런데 여기에 따뜻한 눈빛이나 다정한 신체 접촉 등이 더해지면 감정을 훨씬 잘 전달할 수 있다. 그중에서도 '응시'는 매우 효과적인 방법이다. 누군가를 응시한다는 것은 그에게 모든 관심을 기울인다는 의미다. 때로는 서로를 가만히 응시하는 것만으로도 서로의 모든 것을 이해할 수 있을 듯한 느낌이 들기도 한다. 심지어 따뜻한 눈빛이 오가는 중에 말로는 도무지 풀 수 없었던 응어리가 스르르 풀리기도 한다.

다정한 신체 접촉 역시 감정이 유연하게 흐르도록 돕는다. 아기에게는 어머니의 따뜻한 손길이 절대적이다. 어머니의 존재를 확인하고, 자신이 안전하다는 확신을 얻는 유일한 통로이기 때문이다. 어른이 되어도 다정한 신체 접촉이 필요하다. 사랑하는 사람과 손을 잡거나 껴안으면 옥시토신 분비가 활발해지고 심장 박동이 안정된다. 이런 긍정적 효과는 신체 접촉을 하는 쪽과 받는 쪽 모두에게 나타난다. 또한 감정을 언어로 어떻게 전달해야 할지 알 수 없을 때, 다정한 신체 접촉은 막혔던 감정의 물꼬를 트는 계기가 되어준다.

언어가 감당할 수 있는 소통의 범위는 제한적이다. 말로는 복잡다단한 감정의 일부밖에 표현할 수 없다. 가끔은 따뜻한 눈빛이나 손길처럼 소리 없는 소통 수단이 더 많은 감정과 더 많은 정보를 전달하기도 한다. 어떤 감정이든 온 마음과 수단을 다해 전하면 그 순간 서로의 영혼이 통하는 것을 느낄 수 있다.

연구에 따르면 사람은 중립적 정보보다 언어나 사건 등과 같은 감정이 풍부한 정보를 훨씬 선명하게 기억하는 경향이 있다. 예전 일을 돌아볼 때 객관적인 사건보다는 그때 느꼈던 감정의 파편들이 먼저 떠오르는 것도 이 때문이다. 때로는 감정이 전부가 되기도 한다. 부디 자신의 감정을 온전히 전달하는 사람이 되기를 바란다.

감정을 표현하다

친밀한 관계를 맺으려면 많은 노력이 따르고,
유지하는 데는 더 많은 노력이 필요하다.
그중에 가장 필요한 것이 유창한 감정 표현이다.

유창한 감정 표현은
자신의 감정을 공격적이거나 회피하지 않고
솔직하게 온전히 말하는 것이다.

감정을 표현하는 것이 상처가 될까 봐 두려운가?
당장은 불편하겠지만, 결국에는
감정을 유창하게 표현할 때
자신을 진심으로 아끼고 사랑할 수 있다.

06 · 내향성

06

종종 **놀 줄 모른다는** 말을 듣는가?

아는 사람끼리 만나는 줄 알았는데
낯선 사람이 여럿 끼어 있거나, 두 시간 정도면
끝나리라 생각했는데 다섯 시간이 훌쩍 넘었거나,
하룻밤 생각한 손님이 사흘 이상 머물거나…….
이런 상황에서 당신은 불안과 초조, 짜증을 느끼는가?
심할 경우 손에 땀이 나고 귀가 울리고
생각하는 것도, 숨 쉬는 것조차 힘겨운가?
만약 그렇다면 당신은 내향적인 사람이다.

미국의 언어학자 샤나 코터Shawna Courter는 2016년 연구에서 내향적 사람이 지나치게 큰 강도의 사교 활동을 경험할 경우, 꼭 과음한 다음 날처럼 일종의 숙취를 겪는다고 주장했다. 이른바 '사교 생활 숙취Social Hangover'로, 자신이 감당할 수 있는 범위를 넘어선 사교적 자극을 받았을 때 정신적 혹은 신체적인 불편함을 느끼는 것을 말한다.

원래는 아는 사람끼리 만나는 자리인 줄 알았는데 막상 가보니 낯선 사람이 여럿 끼어 있다든가, 두 시간 정도면 모임이 끝나리라 생각했는데 다섯 시간이 훌쩍 넘도록 계속된다든가, 하룻밤 머물 것으로 예상했던 손님이 사흘 이상 머문다든가……

내향적 사람은 이런 상황이 벌어지면 불안과 초조, 짜증을 느낀다. 심한 경우에는 손에 땀이 나고 귀가 울리며 눈앞이 빙빙 돌아서 생각하는 것도, 심지어 숨 쉬는 것조차 힘들어진다. 사교 생활 숙취가 엄습하는 것이다.

이처럼 내향적 사람은 사교 모임에서 일정 수준만큼만 에너지를 얻는 것을 선호하며, 종종 그런 행사에 오랜 시간 참석하는 것을 피곤해한다. 또한 자신이 무슨 생각을 하고 있는지 얘기하기보다는 주로 상대의 말을 잘 들어주는 편이다. 사교 행사나 모임을 떠날 때도 주최자에게 떠난다는 말을 굳이 하지 않고 조용히 떠나기도 한다. 그러다 보니 내향적인 사람들은 종종 놀 줄 모른다거나 유연한 대화법을 익혀야 한다는 얘기를 듣는다.

이번 편에서는 성격 특성을 말할 때 '사려 깊음', '조용함', '부끄러움' 등의 단어가 연상되는 내향적인 사람들의 사교 생활에 관해 이야기해보자.

내향적 사람에게 너무 힘든 사교 생활

1921년 분석심리학의 기초를 세운 심리학자 칼 융Carl Gustav Jung은 내향적 성격 특성과 외향적 성격 특성을 제시했다. 그의 이론에 따르면 내향성과 외향성을 가르는 기준은 마음의 에너지가 향하는 방향이다. 에너지가 내면으로 향하면 내향적 사람, 외부로 향하면 외향적 사람이라 할 수 있다.

내향적 사람은 외부 세계보다 자기 내면 세계에 관심이 더 많으며 혼자 있는 것을 좋아한다. 물론 대인기피증이나 사회불안장애는 전혀 아니다. 이들이 혼자 있는 것은 자발적인 선택이며, 혼자 있을 때 더욱 편안함을 느끼기 때문이다. 그렇다고 자기비하나 열등감이 심하거나 말주변, 유머 감각이 부족하지도 않다. 오히려 내향적인 사람이 리더 역할을 더 잘 해내는 경우도 많다.

내향성과 외향성은 단순히 성격 특성에 불과하기에 무엇이 좋고 무엇이 나쁘다고 할 수 없다. 하지만 일상적인 사교 생활에서는 내향적인 사람이 더 많이 고민하며 더 큰 불편함을 겪는다. 특히 사교 생활 숙취는 이들에게 신체적 불편함뿐 아니라 심리적 불안감까지 안긴다. 이들은 자신과 달리 편안하고 즐겁게 이야기를 나누는 주변 사람을 보면서 스스로에게 이런 의문을 품기 마련이다.

'왜 나는 저 사람들처럼 자연스럽지 못할까? 난 재미없는 사람인가? 사람들이 나를 바보 같다고 생각하지는 않을까? 잘 어울리지 못한다고 나를 싫어하면 어쩌지?'

다음은 내향적인 사람이 사교 생활하면서 흔하게 겪는 상황이나 어려움들이다.

신나는 분위기라고 무조건 신나지 않아　　　　외향적인 사람은 외부 자극에서 긍정적 감정과 에너지를 얻지만 내향적인 사람은 그렇지 못하다.

미국의 신경생물학자 리처드 데퓨Richard Depue와 그의 동료들은 내향적, 외향적 성향의 피실험자 70명을 두 조로 나눠 이중맹검법Double Blind Test 실험을 진행했다. 이중맹검법 실험은 실험자와 실험 대상자, 분석자 모두에게 최소한의 정보를 제공하여 실험적 편향이 발생하지 않도록 하는 방법이다. 한 조에는 쾌락 물질인 도파민Dopamine의 분비를 촉진하는 리탈린 Ritalin이라는 약물을 주고, 다른 한 조에는 아무것도 주지 않았다. 그런 뒤 이들에게 어떤 영상을 보여주고 뇌가 어떻게 반응하는지를 관찰했다.

실험 결과 약물을 투여받은 피실험자 중 외향적인 사람은 도파민 분비가 뚜렷하게 나타났다. 약물의 영향으로 더 큰 쾌락을 느낀 것이다. 그러나 똑같이 약물을 투여받았어도 내향적인 사람은 도파민 분비가 금방 늘지 않았다. 외향적인 사람만큼 약물의 영향을 받지 않은 셈이다. 이는 외향적 사람과 내향적 사람이 뇌 기능 자체가 다르다는 사실을 시사한다.

왜 즐거움을 느꼈느냐는 질문에 외향적인 사람은 '영상이 재미있었다'든가 '실험실 환경이 마음에 들었다'는 식으로 대답했다. 외부 환경이나 외부 요소를 긍정적 감정을 일으킨 원인으로 꼽은 것이다. 반대로 내향적인 사람은 자신의 감정과 외부 요소를 뚜렷이 연결하지 않았다.

보상이 많다면 오래 걸려도 기다릴 수 있어　　　　캐나다 심리학자 제이콥 허쉬Jacob Hirsh는 대학생 137명에게 빅파이브 검사를 진행한 후, 이들에게 다음 2가지 보상 중 한 가지를 선택하게 했다.

- 일주일 뒤에 20달러 받기(단기간 / 적은 보상)
- 일 년 뒤에 1천 달러 받기(장기간 / 많은 보상)

외향성 점수가 높은 사람일수록 단기간에 적은 보상을 받는 쪽을 선택하는 경향을 보였다. 그러나 외향성 점수가 낮은 사람, 즉 내향적인 사람은 오래 기다리더라도 비교적 많은 보상을 얻는 쪽을 선택했다.

대뇌가 외부 자극, 특히 보상에 보이는 반응은 2가지다. '즉각적 만족'을 추구하거나 '지연된 만족'을 기다린다. 어떤 사람의 대뇌는 즉각적 만족을 선호하기 때문에 당장 손에 넣을 수 있는 보상을 더 좋아한다. 그에 비해 어떤 사람은 눈앞에 보상이 있어도 충동을 억제하고, 더 나은 보상을 얻기 위해 기다리는 편을 선택한다. 이를 가리켜 '만족 지연 능력'이라고 하는데, 개인의 자기통제력을 가늠하는 지표 중 하나다.

위 실험에서 내향적 사람은 외향적 사람보다 만족 지연 능력이 더 높게 나타났다. 더 많은 보상을 얻기 위해 눈앞의 유혹을 거절하고 장기간 기다리는 쪽을 택한 것이다. 그런데 대부분의 사교란 당장의 즐거움을 추구하기 마련이라 내향적인 사람의 성향과 잘 맞지 않는다. 그 탓에 내향적인 사람은 종종 '흥을 깨는 사람', '놀 줄 모르는 사람'이라고 평가받는다.

혼자 차 마시며 책 읽을 때가 가장 좋아   내향적인 사람이 자극에 더 민감하다는 사실은 이미 여러 연구를 통해 증명됐다. 이 때문에 똑같은 수준의 외부 자극을 받아도 내향적 사람은 외향적 사람보다 훨씬 쉽게 주의가 분산되고 집중력을 잃는다.

연구팀은 내향적 사람과 외향적 사람에게 다양한 배경음악을 들려주며 단기기억, 장기기억, 독해 능력, 관찰 및 사고 능력 등의 인지 테스트를 치르게 했다. 그 결과 음악의 간섭이 커질수록(조용하고 단순한 선율 → 시끄럽고 복잡한 선율) 내향적 사람은 테스트 점수가 떨어졌지만 외향적 사람은 반대로 올라갔다. 특히 내향적 사람은 단기기억과 장기기억에서 음악의 방해를 많이 받았다. 그만큼 외부 자극에 취약하다는 뜻이다.

실제로 내향적인 사람은 사교적 환경에서 낯선 자극이 많으면 많을수록 에너지가 빨리 떨어진다. 그래서 이들에게는 혼자 지내면서 스스로를 충전하는 시간이 주기적으로 필요하다. 외향적 사람이라면 집에서 혼자 차 마시며 책을 읽는 일이 지루하고 따분하겠지만, 내향적 사람에게는 가장 좋은 충전 방법인 셈이다.

성과를 말하는 게 잘난 척하는 것 같아　　　　내향적 사람은 자신의 장점이나 성과를 남들에게 먼저 이야기하는 편이 아니다. 자기 자랑을 하는 것 같고, 다른 사람에게 좋지 않은 인상을 줄 수 있다고 생각하기 때문이다. 실제로 평소 이들의 인상은 잘난 척이나 위협적인 것과는 거리가 멀다. 그런데 사교 활동을 능란하게 하려면 어느 정도는 자기 홍보를 할 줄 알아야 한다. 내향적 사람이 사교 활동이 어렵다고 느끼는 것도 자기 홍보를 효과적으로 할 줄 몰라서다.

가벼운 한담이나 불필요한 대화는 피곤해　　　　내향적 사람은 잘 알지 못하는 사람과 가벼운 대화나 한담 나누기를 어려워한다. 심지어 얼굴만 아는 사람과 인사해야 하는 상황을 피하려고 일부러 돌아서 가거나 못 본 척하는 경우도 있다. 그렇다고 사람 자체를 싫어하는 것은 아니다. 미국의 심리학자 로리 헬고Laurie Helgoe에 따르면 내향적인 사람은 한담을 상호 이해에 아무 도움도 되지 않는 쓸데없는 정보만 주고받는 것이라 생각하기에 꺼릴 뿐이다.

　내향적인 사람이 사교에 참여하는 목적은 타인과 심도 있는 관계를 맺는 것이지, 단순히 많은 사람을 '아는' 것이 아니다. 그렇기 때문에 이들은 가벼운 한담보다는 실질적이고 깊이 있게, 자신이 진짜 관심이 있는 화제에 대해 이야기하는 것을 좋아한다.

내향적 사람만이 가진 강점

　내향적 사람이라고 사교 생활에 무조건 불리하지만은 않다. 유명한 내향성 연구가 마티 올슨 레이니Marti Olsen Laney는 예민하고 자기반성을 잘하며 구체적이고 객관적인 사실을 잘 표현하는 내향적 사람의 성격 특성과 행동 습관이 독특한 장점이 될 수 있다고 역설했다.

　감정은 객관적으로, 설명은 구체적으로　　　내향적 사람과 외향적 사람은 말하는 스타일도 상당히 다르다. 먼저 외향적 사람은 추상적, 감정적인 표현을 많이 쓰며 임기응변에 능하다. 그에 비해 내향적 사람은 좀 더 구체적이고 객관적인 표현을 쓰고 설명을 잘한다.

　똑같은 사람을 묘사해도 외향적인 사람은 '아무개는 불친절하다'라는 식으로 말하는 반면, 내향적인 사람은 '아무개는 누구누구에게 소리를 잘 지른다'라는 식이다. 자신의 주관적 감정보다 객관적 사실에 무게를 두는 것이다. 이렇듯 여러 가지 상황을 최대한 고려한 뒤 의견을 내는 성격 특성 덕분에 내향적 사람은 남을 오해하게 만드는 일이 적다.

　또한 내향적인 사람은 자기 내면을 깊이 들여다보며 성찰하기를 좋아하기 때문에 그만큼 자신의 약점과 장점을 누구보다도 잘 안다. 그런 만큼 사교 활동에서 스스로를 과장되게 부풀리지 않고 사실적으로 보여주며, 자신과 맞는 상대를 좀 더 쉽게 찾아낸다.

교류는 깊이 있게, 이야기는 풍부하게　　　　내향적인 사람은 형식적

인 대화와 한담을 즐기지 않으며 깊이 있는 교류를 선호한다. 그래서 비록

친구가 많지는 않지만 한번 사귀면 깊게 사귀며 오랫동안 안정적으로 관

계를 유지한다.

또한 내향적 사람은 외부 자극에 민감한 만큼 관찰력 또한 뛰어나서,

남들이 무심코 지나치는 사소한 부분까지 잘 알아차린다. 실제로 내향적

사람의 대뇌는 시각 정보를 처리할 때 훨씬 강한 활동성을 보인다.

이렇듯 디테일을 포착하는 능력 덕분에 내향적 사람은 사교 활동에 필

요한 이야깃거리를 좀 더 풍부하게 얻는 편이다.

내향적 사람이 사교 모임을 잘하는 방법

어떤 사람은 자신의 내향적 성향을 바꾸고 싶어 한다. 하지만 내향성은 성격 특성이기 때문에 그리 쉽게 바뀌지 않는다. 따라서 이미 정해진 성향을 바꾸려고 하기보다는 자기 모습을 있는 그대로 받아들이고 장점을 활용해 자신에게 맞는 사교 활동 방법을 찾는 편이 훨씬 유익하다.

새로운 인연은 말보다 글로 소통 외부 세계를 세심하게 관찰하는 능력, 자기 내면 탐구와 자기성찰, 남의 말에 귀 기울이기 좋아하는 특징 덕분인지 내향적 사람 중에는 말하기보다 글쓰기를 잘하고 또 편하게 생각하는 사람이 많다. 만약 새로운 인연을 만들 때 말로 자신을 표현하는 것이 어렵고 어색하다면 문자나 편지로 소통하는 것도 좋은 방법이다.

이야깃거리는 공통 화제로, 미리 준비 내향적인 사람은 잘 알지 못하는 사람에게 자기 이야기 하는 것을 불편하게 생각한다. 그럴 때는 굳이 자신을 드러내지 않아도 대화를 이어나갈 수 있는 이야깃거리가 큰 도움이 된다. 일과 관련된 공통 관심사, 영화나 가수 혹은 최근 사회적으로 화제가 됐던 사건도 좋은 대화 소재다.

내향적인 사람은 관찰력이 좋고 외부 세계에 민감해서 디테일을 잘 포착할 뿐만 아니라 경청도 잘하기 때문에 짧은 시간 안에 상대를 파악하는 편이다. 따라서 공통의 이야깃거리 찾기가 그리 어렵지는 않을 것이다.

또한 사교적 만남에 앞서 이야깃거리를 준비하는 것도 좋은 방법이다. 어떤 질문과 답변이 오고 갈지를 예상해보고 자신이 익숙하게 이끌어갈 수 있는 이야깃거리를 미리 생각해둔다. 사실 사교적 상황에서 오가는 대화는 대개 뻔하다. '무슨 일을 하는가', '전공은 무엇인가', '아, 그쪽은 이러이러하다던데 실제로는 어떤가' 등등, 예상되는 질문과 답을 미리 생각하고 가면 실제 상황에서도 당황하거나 어색하게 침묵을 지키는 대신 자연스럽고 활발하게 대화를 이어갈 수 있다.

친구라고 상상하고 한두 사람에게 집중　　　수십 명이 참여한 모임에서 불편한 느낌이 든다면 당황하지 말고 소수의 몇 사람과 대화하는 데 집중한다. 두세 사람이 모인 테이블에 앉아 자신이 잘 아는 화제 위주로 이야기를 하다 보면 어느새 그 자리가 조금은 편해질 것이다.

하지만 내향적인 사람은 비교적 예민하며 외부 자극에 취약한 탓에 눈앞에 낯선 사람(새로운 자극)이 있으면 지나치게 생각이 많아지고 쉽게 긴장한다. 게다가 원래 낯선 사람과 한담을 나누는 것을 좋아하지 않는 탓에 더욱 불편해지기 일쑤다.

이럴 때는 눈앞의 낯선 이를 친한 친구라고 가정해보는 것이 도움이 된다. 처음 만난 사람이 아니라 친한 친구와 대화하는 상황을 떠올리고, 그것을 지금의 상황에 적용하는 것이다. 그러면 조금은 자연스럽게 대화를 나눌 수 있게 된다.

자기 홍보는 필수, 방법은 꾸준한 연습　　내향적 사람의 사교 기술 향상을 전문적으로 돕는 피터 보그트 Peter Vogt 는 이렇게 말했다.

"자기 홍보는 개인 성향과 상관없이 누구나 익힐 수 있고 누구나 익혀야 하는 사교 기술입니다."

먼저 자기 홍보에 대한 심리적 거부감을 극복해야 한다. 사실 자기 장점이나 성과를 내보이는 것은 전혀 이상하거나 부끄러운 일이 아니며, 사교 활동의 자연스러운 부분이다. 자신과 관련된 일은 자기 자신이 가장 진실하고 정확하게 설명할 수 있다. 자신이 굳이 말하지 않아도 다른 사람이 자기 장점을 알아주기 바라는 것은 지나친 욕심이다. 물론 처음에는 부끄럽고 어색하겠지만 가까운 사람, 가족이나 친구를 대상으로 자기 홍보를 연습해보자. 자꾸 시도하다 보면 어느새 낯선 이에게도 자기 장점을 자연스레 어필하는 자신을 발견하게 될 것이다.

'에너지 충전'은 선택이 아닌 필수　　내향적 사람에게 '에너지 충전'은 선택이 아닌 필수다. 특히 사교 생활 숙취가 엄습했을 때는 마음을 어지럽히는 상황을 떠나 혼자만의 공간에 들어가는 것이 유일한 해결책이다. 물리적으로 반드시 혼자 있어야만 하는 것은 아니다. 때로는 사람이

북적이는 카페 구석에 앉아 귀에 이어폰을 꽂기만 해도 혼자만의 공간을 확보할 수 있다.

그러나 무슨 일이든 치료보다 예방이 중요한 법, 애초에 숙취에 빠지지 않도록 사교 생활도 계획적으로 하는 편이 좋다. 먼저 자신이 감당할 수 있는 사교 생활의 빈도와 정도가 얼마큼인지 생각해본 뒤 자신의 한계를 넘지 않는 선에서 일과 사교, 혼자 충전할 시간을 적절히 배치하고 계획한다. 외향적인 사람은 그때그때 되는대로, 혹은 마음 흘러가는 대로 사람을 만나도 괜찮다. 사람을 만나면서 에너지를 얻기 때문이다. 하지만 내향적인 사람은 그렇지 않다. 따라서 자신의 사교 생활(시간, 빈도, 상황)을 계획적으로 지혜롭게 관리할 줄 알아야 한다.

만약 당신이 사교 생활 숙취에 잘 빠지는 사람이라면 남들은 당신을 '놀 줄 모른다'고 생각할 것이다. 그러나 당신을 정말로 이해하는 사람은 당신이 얼마나 깊이 있고 충실한 친구인지 안다. 낯선 사람들과 잘 어울리지 못한다고 걱정할 필요는 없다. 그중 누군가는 반드시 조용함 뒤에 숨겨진 당신의 진정한 가치를 알아볼 테니 말이다.

나의 가치를 찾다

내향성은 성격 특성이라 쉽게 바뀌지 않는다.
성향을 바꾸기보다 있는 그대로의 자신을 받아들이고
장점을 활용해 자신에게 맞는 사교 방법을 찾는다.

말하기가 힘들다면, 문자나 편지로 소통하다.
사교적 만남 전에 이야깃거리를 미리 생각해둔다.
사람이 많아서 불편하다면, 몇 사람에게만 집중한다.
자기 홍보에 대한 심리적 거부감은 극복해야 한다.
에너지 충전은 선택이 아닌 필수다.

당신을 정말로 이해하는 사람은
당신이 얼마나 깊이 있고 충실한 친구인지 안다.
그들은 당신의 진정한 가치를 알고 있다.

07 · 민감함

07
남보다 **민감한 성격 탓에**
일상이 **불편한가?**

사람은 누구나 어느 정도는 민감하다.
완전히 민감하거나 전혀 민감하지 않다는 식의
양극단은 존재하지 않는다.

매우 민감한 사람은 환경의 변화를
남들보다 상당히 빨리 포착한다.
반면에 외부 자극에 쉽게 영향을 받는 탓에
작은 변화에도 정서가 요동친다.

"**너 너무** 민감해!"

평소 이런 말을 듣고 기분 좋아할 사람은 많지 않다. 좋지 않은 뜻일 가능성이 크기 때문이다. 그런데 실제로 남보다 더 민감한 사람이 있기는 한 것일까? 심리학의 답은 '그렇다'이다.

민감한 사람을 연구한 최초의 심리학자 일레인 아론Elaine N. Aron의 연구에 따르면 전체 미국인 중 15~20퍼센트는 '매우 민감한 사람Highly Sensitive Person'이다. 평소 자신이 남보다 예민하고 민감하다고 생각한다면 이번 편을 잘 읽어보자.

매우 민감해서 더없이 좋은 점

민감함은 정상적인 성격 특성이다. 정상적이라고 하는 것은 사람은 누구나 어느 정도는 민감하기 때문이다. 사람마다 정도 차이가 있을 뿐, 완전히 민감하거나 전혀 민감하지 않다는 식의 양극단은 존재하지 않는다. 따라서 매우 민감함 역시 민감한 정도가 타인에 비해 높다는 의미로 이해해야 한다.

매우 민감한 사람은 외부 세계의 정보를 남보다 훨씬 세밀하고 온전하게 처리한다. 그러나 한편으로는 이러한 외부 자극에 쉽게 영향을 받는 탓에 작은 변화에도 정서가 요동쳐서 어찌할 바를 모른다. 게다가 이들은 자신을 둘러싼 외부 환경을 지각하고 통찰하는 능력이 뛰어나기 때문에 상황의 변화를 상당히 빨리 포착하는 편이다.

이처럼 변화에 워낙 민감하다 보니 혼자 안정적으로 조용히 있는 편을 선호한다. 연구 결과에 따르면 매우 민감한 사람에게는 다음의 몇 가지 특장점이 있다.

아주 세세한 부분까지 지각하다　　매우 민감한 사람의 가장 두드러지는 특징은 일상생활의 아주 작은 부분까지 세밀하게 알아차리고 느낀다는 점이다. 기본적으로 이들은 촉각, 미각, 시각, 청각, 후각이 모두 민감하다. 따라서 보통 사람이라면 간과하고 넘어갈 디테일도 이들에게는 무시할 수 없는 감각으로 다가온다. 옷의 질감, 음식의 신선도, 음악, 거리에서 차와 사람이 만들어내는 소리, 혹은 자연의 색깔과 공기의 냄새까지도 남들보다 훨씬 민감하게 느낀다.

미묘한 변화까지 알아차리다　　　　민감하다는 것은 섬세하다는 뜻도 된다. 매우 민감한 사람은 다른 사람의 말이나 행동에 담긴 의미와 미묘한 변화를 섬세하게 알아차리고 깨닫는다. 그렇기 때문에 자신도 여러 가지 가능성과 그에 따른 결과 등을 꼼꼼히 생각하고 따진 뒤에 행동하는 경향이 있다. 좋게 보면 신중하고, 나쁘게 보면 우물쭈물한다.

또한 매우 민감한 사람은 자신의 감정에도 매우 예민하다. 자기 내면의 감정 상태를 민감하게 알아차리며 아픔이나 고통, 신체적 변화에 대한 정서적 반응도 상당히 크다.

창작 능력과 공감 능력이 뛰어나다　　　　정신건강 베스트셀러 작가 테레즈 보차드Therese Borchard와 배리 데븐포트Barrie Devenport에 따르면 매우 민감한 사람은 창작 능력이 뛰어난 경우가 많다. 이들에게 창작은 예민한 감각과 정서에서 비롯된 부담감을 발산할 수 있는 일종의 탈출구가 되어주기 때문이다. 실제로 알고 보면 작가나 화가, 음악가 등 창조적 직업에

종사하는 사람 중에는 매우 민감한 사람이 많다.

또한 매우 민감한 사람은 자신뿐만 아니라 타인의 감정에도 민감하다. 그래서 동정심이 풍부하며 다른 사람의 감정이나 처지를 자기 일처럼 잘 공감한다.

매우 민감해서 한없이 힘든 점

민감해서 좋은 점도 있지만, 힘든 점도 적지 않다. 매우 민감한 사람은 외부 환경이나 내면 감정을 훨씬 예민하게 느끼고 알아차리기 때문에 때로는 너무 많은 정보와 감정의 홍수에 휩쓸려 '도무지 감당할 수 없을 것 같은' 상태에 빠지기도 한다.

감정에서 쉽게 벗어나지 못하다　　　　매우 민감한 사람은 자신의 감정에 민감한 만큼 감정의 영향도 크게 받는다. 또한 외부 정보나 정서에 반응하는 정도도 남보다 훨씬 커서 한번 감정에 휩싸이면 좀처럼 벗어나지 못한다. 예를 들어 슬픈 장면을 보거나 분노를 유발하는 소식을 접하면 자기가 당한 일인 양 공감하며 일상생활이 어려울 정도로 스트레스를 받는다. 또한 감정에서 잘 헤어나지 못하기 때문에 우울, 불안, 불면 등 정서적 문제에 시달릴 확률이 상대적으로 높다.

매우 민감한 사람은 자신의 감정뿐만 아니라 다른 사람의 감정에도 쉽게 영향을 받고 금방 동요한다. 자기 감정만으로도 이미 벅찬데 거기에 타인의 감정까지 더해져 엄청난 정서적 부담과 괴로움을 느끼는 일이 비일비재하다.

건강하지 못한 완벽주의자의 전형이다   매우 민감한 사람은 건강하지 못한 완벽주의자가 될 확률이 높다. 사소한 부분 하나 놓치지 못할 만큼 지각력이 뛰어난 탓에 과도하게 꼼꼼하고 세심해지는 것이다. 일을 할 때도 세부 사항 하나하나를 따지고, 실수를 견디지 못하며, 자기 마음에 들 때까지 놓지 않는다. 이는 건강하지 못한 완벽주의의 전형적인 모습이다.

신경과민이라는 편견에 시달리다   매우 민감한 사람의 입장에서는 평범한 일상생활도 과도한 자극이 될 때가 너무 많다. 그래서 여러 가지 자극에서 벗어나 혼자 있으면서 내면에 쌓인 생각과 정서, 감각을 처리하고 환기할 시간이 반드시 필요하다. 하지만 눈코 뜰 새 없이 바쁘게 굴러가는 현대 사회에서는 혼자 있고 싶다는 생각조차 사치일 때가 많다. 이러한 사회적 배경 때문에 매우 민감한 사람은 혼자만의 시간을 충분히 확보하지 못해 부담이 가중되기 일쑤다.

그러다 보니 여러 가지 편견에 시달리기도 한다. 신경과민이라는 둥, 남과 어울릴지 모른다는 둥, 심지어 정상이 아니라는 식의 편견은 매우 민감한 사람에게 엄청난 사회적 부담과 스트레스를 안긴다.

민감함은 유전자에 새겨진 자기보호 본능

사실 '민감함'은 타고나는 것으로 생리적 요인의 영향을 많이 받는다. 다시 말해 민감함은 유전자에 의해 결정된다. 이 점은 '매우 민감한 사람'을 대상으로 한 연구 수백 건을 통해 이미 증명되었다. 비록 민감도와 관련된 유전인자가 전부 밝혀지지는 않았지만 그중 세로토닌 운반체유전자가 민감도와 정신건강에 매우 중요한 역할을 한다는 점은 공인된 사실이다. 세로토닌은 의식과 기분 등 전반적인 감각은 물론 여러 가지 신체 활동에 관여하는 중요한 신경전달물질이다. 세로토닌이 민감도에 직접적으로 영향을 준다는 사실은 인간뿐만 아니라 물고기, 새, 고양이, 개, 영장류 등 100여 종의 동물에게서 확인되었다. 대자연에서는 민감한 개체의 생존율이 높다. 민감할수록 환경의 변화와 위험을 훨씬 예민하게 감지할 수 있기 때문이다. 그런 의미에서 민감함은 유전자에 새겨진 자기보호 본능이라 할 수 있다.

민감함은 대뇌 특정 구역의 활성도와도 밀접한 관련이 있다. 기능자기공명영상fMRI 연구 결과, 매우 민감한 사람이 민감도 자기 테스트에 대답할 때 대뇌에서 본능적 반응과 관련된 구역이 활성화된다는 사실이 밝혀졌다. 물론 후천적 환경과 경험, 여타 성격 특성의 영향도 무시할 수는 없다. 그러나 유전적 요인의 영향력을 과소평가하거나 간과한다면 '매우 민감한 사람'은 계속해서 '민감함은 개인 성격의 문제'라는 오해와 편견에 시달릴 수밖에 없다.

매우 민감한 사람은 몇몇 특질 때문에 사람들에게 항상 오해를 사는데, 이는 잘못 알고 있는 사실이다.

과도한 민감함은 결점이다? 남들보다 정서적 반응을 크게 하는 탓에 매우 민감한 사람은 마음이 지나치게 약하거나 심지어 히스테릭하다는 오해를 받는다. 그러나 학술지《성격과 개인차Personality and Individual Differences》에 실린 연구 결과를 보면 매우 민감한 사람일수록 오히려 자기 정서 관리에 더 뛰어난 것으로 나타났다.

또한 이들은 자기 관찰과 자기 분석에 뛰어나다. 영국에서 우울증으로 학교 상담심리센터를 찾은 학생 163명을 조사한 결과, 민감성이 높은 학생은 심리 검사에서 자신의 인지를 조절하는 법을 훨씬 빨리 배우고 습득했다. 일 년 후 추적 조사에서도 다른 학생들은 우울 증상이 명확히 나아지지 않은 데 반해 매우 민감한 사람으로 판명된 학생은 우울증이 상당히 경감된 모습을 보였다.

연구자들은 이 같은 현상의 원인을 매우 민감한 사람이 가진 성향에서 찾았다. 즉, 그들은 자신이 느끼고 배운 것을 내면화하고 실제로 적용했다. 외부 정보를 통찰하고 이해하는 능력이 새로운 지식을 더 빨리 배우고 흡수하게 한다는 것이다. 따라서 과도한 민감함은 결점이 아니라 오히려 엄청난 강점이 될 수 있다.

성격이 소심하면 내성적이다?　　　　　매우 민감한 사람은 사교에 열중하지 않으며 혼자 있는 시간과 공간을 필요로 하기 때문에 사교성이 부족하고 내성적이라는 오해를 받는다. 그러나 실제는 그렇지 않다. 심리학자 일레인 아론에 따르면 매우 민감한 사람 중 30퍼센트는 사람 사귀기를 좋아하고 사교성도 매우 뛰어난 외향적 성격이다.

여성이 남성보다 더 민감하다?　　　　　사람들은 대개 남자보다 여자가 더 민감할 것이라고 생각한다. 하지만 실제로 조사해보면 '매우 민감한 사람' 중 절반은 남자다. 다만 남성을 향한 사회문화적 기대 탓에 높은 민감성을 가진 남성은 여성보다 훨씬 더 많은 편견에 시달린다. 남자답지 못하다느니, 성격이 유약하다느니, 미덥지 못하다느니 하는 식으로 말이다.

매우 민감한 사람이 현명하게 살아가는 방법

'매우 민감한 사람'에게 정보가 홍수처럼 넘쳐나고 온갖 자극이 횡행하는 현대 사회는 그 자체만으로 엄청난 스트레스다. 그들은 수많은 자극을 힘들어하기는커녕 반기며 척척 처리하는 일반 사람들을 보면서 자신은 왜 이렇게 힘들고 괴로운지, 조금만 더 단순하게 살 수는 없는 것인지를 고민한다. 어쩌면 그들에게는 오히려 풍족하지 않아도 모든 것이 간소하고 선택할 것도 많지 않은 과거 시대가 더 잘 맞을 수도 있다. 하지만 과거로 가는 타임머신이 발명되지 않는 이상, 매우 민감한 사람도 이 복잡하고 자극적인 시대에 적응하고 살아남아야 한다.

만약 자신이 매우 민감한 사람이라면 대체 어떻게 해야 할까? 부디 다음의 조언이 조금이나마 도움이 되기를 바란다.

소리에 예민하면 귀마개 하기　　　똑같은 '매우 민감한 사람'이라도 예민해지는 원인은 제각기 다르다. 어떤 사람은 소리와 색채에 민감하고, 어떤 사람은 냄새에 더 민감하다. 대인관계에서도 마찬가지다. 누군가는 거절에 예민하고 또 누군가는 무시나 비난을 받을 때 신경이 곤두선다. 그렇기 때문에 자신을 쉽게 예민한 상태로 만드는 것이 무엇인지부터 파악해야 한다.

사실 지각력이 뛰어난 '매우 민감한 사람'에게 원인 찾기는 어렵지 않다. 그보다는 원인을 파악한 뒤 그 원인이 자신에게 미치는 영향과 자극에 적절히 대응하는 법을 배우는 것이 중요하다.

《매우 민감한 사람의 생존 가이드The Highly Sensitive Person's Survival Guide, 2004》의 공저자 테드 제프Ted Jeff는 그 자신이 매우 민감한 사람이다. 그는 여행을 매우 좋아하지만 여행 중에 마주치는 각종 소음 때문에 항상 괴로웠다. 그런데 자신이 소리에 극도로 민감한 사람이라는 사실을 깨달은 후에는 귀마개를 가지고 다닌다. 자신이 '보통 사람'과 조금 다르다는 점을 인정하고, 사전에 미리 불편한 자극에 대처할 방안을 마련해 적극적이고 계획적으로 실천하는 것이다.

명상으로 스트레스 해소하기　　　매우 민감한 사람은 스트레스를 받는 강도 또한 남보다 세다. 때로는 호흡 곤란, 어지러움, 소화불량 등 신체적 반응까지 나타날 정도다. 따라서 자기 나름의 스트레스 해소법이 반드시 하나쯤은 있어야 한다. 무조건 휴식하거나 명상, 여행, 운동 등 자신에게 맞는 방식을 찾아서 스트레스를 줄이자.

불편함 말하고 이해 구하기　　　민감성이 보통인 사람은 매우 민감한 사람이 겪는 고통과 어려움이 얼마나 큰지 상상도 하지 못한다. 소리나 냄새, 대화 중에 미세하게 변하는 상대의 말투 등을 이들만큼 예민하고 섬세하게 알아차리지 못하기 때문이다. 만약 당신이 '매우 민감한 사람'라면 주변 환경이 자신을 왜, 얼마나 불편하게 만드는지를 사람들에게 솔직하게 밝히고 이해를 구해도 좋다.

색유리를 통해 세상을 보는 사람들이 있다. 매우 민감한 사람들이 보는 세상은 훨씬 채도가 높고 선명하며 강렬한 대비로 가득하다. 이들은 항상 더 생생하고 더 강렬한 방식으로 이 세상을 느낀다.

이러한 강렬함에는 대가가 따른다. 남보다 몇 배로 기쁨을 느끼는 대신 몇 배로 고통스럽고, 남이 보지 못하는 추악함을 보는 대신 세상에 숨겨진 아름다움도 그만큼 많이 찾아낸다. 어쩌면 이들에게 민감함은 멍에인 동시에 축복인지도 모른다.

내 방식으로 풀다

매우 민감한 사람은 이 세상을
더 생생하고 더 강렬한 방식으로 느낀다.
몇 배로 기쁨을 느끼는 대신 몇 배로 고통스럽다.
이들은 정서 관리에 뛰어나다.
자기 관찰과 자기 분석도 뛰어나다
새로운 지식을 빨리 배우고 흡수한다.

민감한 원인은 제각기 다르다. 어떤 사람은
소리에, 또 어떤 이는 냄새에 민감하다.
그 원인에 대응할 적절한 방법으로
무조건 휴식하거나 명상, 여행, 운동 등
자신에게 맞는 방식으로 스트레스를 줄인다.

08 · 자기 규율

08
충동구매 혹은
눈앞의 유혹에 약한가?

자기 규율과 자기억압이 같을까?
다이어트 중에 달콤한 음식을 보고
'나는 단 음식을 좋아하지 않아'라고 자신에게
얘기하며 억지로 외면하면, 자기억압이다.
단 음식에 유혹을 느끼는 자신을 인정하고,
단 음식이 다이어트 목표 달성에 방해된다는
사실을 명확히 인지한 상태에서 먹지 않기로
선택하면, 자기 규율이다.

정크푸드가 몸에 나쁘다는 사실은 잘 알고 있지만, 자꾸 손이 간다. 건강하려면 운동해야 한다는 것을 알지만, 한번 소파에 누우면 좀처럼 일어날 수가 없다. 어디 그뿐이랴. 꼭 사지 않아도 될 물건을 홀린 듯 사들이고, 내일은 일찍 일어나야지 하면서도 새벽 두세 시까지 스마트폰을 들여다보고, 데드라인이 점점 다가오는데 오늘 할 일을 내일로 슬쩍 미뤄버린다.

우리는 왜 정답을 알면서 정답대로 살지 못하는 것일까? 어째서 자기 자신 하나 관리하지 못하고 스스로에게 해로운 일만 골라 할까? 이런 의문과 답답함을 가지고 있을 사람들을 위해 이번 편에서 다룰 내용이 바로 '자기 규율'이다.

심리

비슷한 듯 전혀 다른 자기억압과 자기 규율

자기 규율은 내면의 충동을 다스리고 눈앞의 유혹을 이기는 능력이다. 자기 규율이 있는 사람은 당장의 만족보다 장기적 이익을 우선하여 자신의 정서와 행동, 집중력, 수면 등의 생체적 반응을 적절히 통제하며 조절한다. 예를 들어 게임이 아무리 재미있어도 내일 일정을 생각해서 정해진 시간만 하고 잠자리에 드는 식이다.

사람들은 자기 규율이 자기억압과 같다고 생각한다. 건강과 날씬한 몸매를 위해서 폭발하는 식욕을 억제해야 하고, 다음 날 일찍 일어나려면 밤새워 핸드폰 게임을 하거나 드라마를 보고 싶은 충동을 억눌러야 하기 때문이다. 하지만 실상은 그렇지 않다.

자기 규율은 외부 기준에 맞춰 내면적 충동을 무조건 억누르는 것이 아니다. 예를 들면, 무조건 장기적 이익을 단기적 이익보다 우선시해야 한다는 식이 아니다. 오히려 이와 반대로 내면의 충동과 외부 기준이 충돌할 수 있다는 점을 인정하고 받아들인 뒤, 자신의 이익을 위해 내면의 충동을 적절히 조절하고 다루는 것을 말한다.

다시 말해 자기 규율은 개인이 내면 충동과 외부 기준의 '충돌'을 의식한 뒤 주도적으로 선택을 하는 것이지, 무조건 자신을 억압하고 억누르는 것이 아니다.

다이어트 중에 달콤한 음식을 봤을 때 '나는 단 음식을 전혀 좋아하지 않아'라고 스스로에게 이야기하며 억지로 외면한다면 그것은 자기억압이다. 그러나 단 음식에 유혹을 느끼는 자신을 인정하고, 단 음식이 다이어 트라는 목표 달성에 방해된다는 사실을 명확히 인지한 상태에서 먹지 않기로 선택하는 것은 자기 규율에 속한다. 자기 규율과 달리 자기억압은 우울감과 불안을 불러일으키기 때문에 결국 내면의 충동과 타협할 확률이 높다.

자기 규율이 높은 사람들의 대표적인 행동

자기 규율 능력이 높은 사람은 집중, 내면 충동 억제, 만족 지연 등 3가지 특징적 모습을 보인다.

첫째, '집중'은 외부의 간섭에 흔들리지 않고 목표와 임무에 의식을 집중해 효율적으로 달성하는 자기통제력을 가리킨다.

둘째, '내면 충동 억제'는 내면의 충동보다는 잠재적인 이익과 손해를 따져서 선택하는 것을 말한다. 내면 충동을 억제할 줄 아는 사람은 무언가를 선택하고 행동할 때 훨씬 신중하다. 일례로 소수를 제외한 대부분 사람은 아무리 화가 나도 비교적 온건한 방법으로 해결하지, 내면 충동에 휩쓸

려 대뜸 폭력을 휘두르지 않는다. 그에 따른 결과가 어떨지 잘 알기 때문
이다.

셋째, '만족 지연'은 장기적 이익을 위해 당장의 만족을 미루거나 심지어
희생하는 것이다. 즉, 특별한 내면 충동 억제 능력이다. 이는 '보상'이 있는
상황을 전제로 하며, 개인의 기준이나 가치관과 밀접한 관련이 있다.

미국의 심리학자 비제이 케이시B. J. Casey 연구팀이 동일한 피실험군을
4세부터 44세까지 추적 연구한 결과, 4세 때 만족 지연 능력이 높았던
사람은 44세가 되어서도 여전히 자기통제 능력이 높았다. 기능자기공명
영상fMRI 연구 결과도 이 같은 사실을 뒷받침한다. 외부 보상의 유혹이
있을 때 피실험자의 대뇌 활동을 검사해보니, 어린 시절 만족 지연 능력
이 높았던 사람은 통제 기능을 담당하는 우측전두엽이 활성화되었다. 또
한 이들은 상대적으로 자기 규율이 강한 모습을 보였다.

자기 규율 능력을 좌지우지하는 요인들

그렇다면 자기 규율을 못하게 악영향을 미치는 요인들은 무엇이 있을
까? 선천적인 요인도 있지만 환경이나 교육에 의해 후천적으로 만들어진
것들도 있다.

자유의지에 대한 의심 여부　　　자유의지란 자신의 의지대로 행동

하고 선택하는 능력이다. 인간에게 자유의지가 있다고 믿는 사람은 그렇지 않은 사람에 비해 자기 규율 능력이 강하다. 반대로 자유의지를 믿지 않는 사람은 근본적으로 인간은 자신의 의지에 따라 행동을 바꾸거나 통제할 수 없다고 생각하기 때문에 자기 규율 역시 근본적으로 말이 안 된다고 생각한다.

미국의 심리학자 캐슬린 보스Kathleen Vohs와 조너선 스쿨러Jonathan Schooler는 이와 관련해서 흥미로운 실험을 진행했다. 이들은 피실험자를 임의로 A, B로 나누고 A는 '자유의지란 인간의 환상에 불과하다'는 내용의 글을, B는 중립적 입장의 글을 읽게 했다. 그런 뒤 몇 가지 테스트를 진행했다.

그 결과, A는 B에 비해 시험에서 부정행위를 하는 비율이 높았으며 기회가 주어졌을 때 봉투에서 몰래 돈을 꺼내 가질 확률이 더 높게 나타났다. 단지 글을 읽기만 했는데도 자유의지에 대한 의심이 생겼고, 이러한 의심이 테스트 결과에 영향을 준 것이다. 이후 캐슬린 보스와 조너선 스쿨러는 '직장에서의 업무 태도와 자유의지에 대한 믿음'이라는 관련 연구에서도 자유의지를 믿는 사람일수록 시간과 직업윤리를 훨씬 잘 준수한다는 사실을 밝혀냈다.

자유의지를 믿지 않는 사람은 자신의 행동이 선천적, 생리적, 환경적 요인에 의해 결정되기 때문에 스스로 행동을 통제할 수 없다고 여긴다. 따라서 자기 행동에 책임을 지려는 의식도 약하다. 이들은 나중의 결과를 고려하지 않고 당장의 충동에 따라 움직이며 자기 규율은 시도할 생각도 하지 않는다.

그렇다면 자기 규율은 어떻게 생기는 것일까? 뇌 영상 기술의 발달과 함께 인간 행동에 관한 탈문화적 연구가 가능해지면서 최근에는 개인의 자기 규율 성향을 선천적 요소와 후천적 요소의 공동 작품으로 이해하는 추세다.

대뇌 기능의 끊임없는 변화　　　신체가 발육하고 성장하면 개인은 단순한 충동만이 아니라 복잡한 충동도 통제할 수 있게 되며, 동원되는 대뇌 기능 영역도 줄어든다. 그중 전두엽과 감정 통제 영역 사이에 끼어 있는 전대상피질은 감정 충동과 인지의 통합과 조절을 책임짐으로써 도전적 상황에서 행동을 통제하고 상황에 맞는 행동 전략을 취하도록 하는 역할을 한다. 또한 전두엽피질은 주의력, 인지력, 규칙 준수, 충동 조절, 추리 및 결정 능력에 관여하며 안와전두피질은 '보상'과 관련된 행동 결정을 전문적으로 책임진다.

이러한 대뇌 기능은 태어나는 순간부터 청소년기를 거쳐 심지어 초기 성인기까지 계속해서 발달한다. 이는 곧 인간의 자기 규율 능력도 나이가 들고 대뇌 기능이 완성되어감에 따라 끊임없이 변화한다는 의미와 상통한다.

부모의 자기 규율 능력 여부　　　자기 규율을 배우는 것은 학령기 아동의 사회성 발달에 중요한 관문이다. 어렸을 때 어떠한 교육을 받았느냐에 따라 자기 규율 능력이 길러질 수도 있고 퇴보할 수도 있다. 실제로 미국 심리학자 스테이시 노프지거Stacey Nofziger의 연구에 따르면 부모의 자기 규율 능력이 부족할 경우 자녀의 자기 규율 능력도 낮게 나타났다.

또한 가정교육 과정에서 잘못된 행동을 제지하거나 교정할 때, 자녀의 자기 규율 능력을 기르고 싶다면 체벌이 아니라 언어를 사용하는 편이 훨씬 유리하다. 언어로 그런 행동을 하지 말아야 할 이유를 차근차근 설명해서 자녀가 이해하고 받아들여야 자기 규율 능력이 길러진다. 반대로 엉덩이를 때리는 등의 체벌은 자기 규율 능력 개발에 아무런 도움이 되지 않았다.

목표 달성 방법을 생각하는 차이　　　미국 심리학자 클레이턴 크리처Clayton Critcher와 멜리사 퍼거슨Melissa Ferguson의 연구는 중요도에 대한 인식이 자기 규율에 어떠한 영향을 주는지를 잘 보여준다. 즉, 목표를 실현하는 방식을 얼마나 중요하게 생각하느냐에 따라 목표 추구 과정에서 자기 규율 행동도 달라진다는 것이다. 목표 달성을 위한 방법을 중요하게 생각하는 사람은 극도로 어려운 상황(외부의 유혹이 밀려오는 등)에서도 흔들리지 않고 꿋꿋이 그 방법을 실천해나가는 자기 규율적 모습을 보인다.

예를 들어 여러 가지 다이어트 방법 중에서 '운동'을 가장 중요하게 생각하는 사람이 있다고 해보자. 그는 아마 적극적이고 주도적으로 운동 계획을 짜고 실천하면서 힘들거나 피곤해도, 혹 친구가 하루 운동 건너뛰고 놀자고 꼬드겨도 흔들리지 않고(= 자기 규율) 자신의 목표를 달성하는 날까지 꾸준히 운동을 할 것이다. 이때 방법이 내가 좋아하는 것이 아니라 '목표를 이루기 위해 중요하다고 생각하는 것'이어야 한다는 점이 핵심이다. 자신이 선택한 방법이 목표 달성에 결정적 역할을 한다는 확신이 있으면 저절로 자기 규율을 추구하게 된다.

애착 유형과 가정의 언어 환경　　　이 외에도 자기 규율과 관련된 기타 요인으로 대표적인 것이 '애착 유형'과 '가정의 언어 환경'이다. 애착 유형과 관련한 실험 결과, 0세에서 3세 시기에 부모와 어떤 애착 관계를 맺었는지를 보면 6세 이후의 자기 규율 능력을 예측할 수 있다. 특히 안정 애착이었을수록 자기 규율 능력이 강했다.

가정에서 사용한 언어 환경도 자기 규율에 영향을 끼쳤다. 아동기에 가정에서 이중 언어를 사용한 아이는 상대적으로 집중력이 높았다. 2가지 언어를 오가며 통제하는 법을 배워야 했기 때문인데, 이 역시 자기 규율 능력 발달에 상당한 도움이 되었다.

그 밖에 사회와 문화가 자기 규율에 미치는 영향도 연구를 통해 밝혀졌다. 중국, 한국 등에서는 어렸을 때부터 바르게 앉기, 줄 맞춰 서기 등 사회적으로 바람직하게 여겨지는 행동 규칙을 배운다. 그래서인지 이 나라의 아이들은 또래의 미국 아동보다 자기 규율 능력이 좋은 편이다.

자기 규율 능력을 높이는 자기관리법

이미 여러 연구에서 나타난 대로 자기 규율 능력을 높이는 가장 핵심적인 시기는 아동기와 청소년기다. 그러나 자기통제력을 기르는 훈련은 성인이 된 후에도 얼마든지 가능하며, 그 효과도 높다. 자기 자신을 제대로 관리하고 싶다면 다음 4단계를 따라가 보자.

1단계 : 명확한 목표 설정　　　먼저 목표를 명확하게 세워야 한다. 크고 원대한 목표를 가지라는 것이 아니다. 그보다는 자기 자신을 세밀하게 분석하고 이해한 뒤 작지만 확실한 목표를 설정해야 한다. 실천 가능한 목표 설정은 자기 규율 훈련의 첫걸음이다. 목표를 명확히 세우면 내면적 충동과 장기적 목표 간의 균형을 찾는 일이 훨씬 쉬워진다.

목표를 세우는 단계에서는 자신의 장점과 약점, 능력치를 아는 것이 중요하다. 예를 들어 다이어트를 한다고 해보자. '나는 달리기처럼 숨이 차고 근육이 땅기는 유산소 운동보다는 요가나 댄스 같은 운동을 좋아하며 가벼운 식사를 선호한다.' 이렇게 자기 자신을 분석하면 '식단 조절과 요가를 병행해서 살을 뺀다'는 식으로 구체적인 목표를 세울 수 있다.

2단계 : 목표 세분화　　　　목표를 세분화해서 단계별 임무와 구체적인 실행 방법을 정하면 어떤 방식이 목표 달성에 중요한지가 눈에 보인다. 앞에서 이미 언급했듯이 실천 방식의 중요성을 깨닫는 것은 자기 규율 능력 향상에 상당한 도움이 된다.

먼저 목표까지의 단계를 세분화한 뒤 각 단계에 달성해야 할 임무와 구체적인 실천 방식, 순서를 정한다. 이를 시각화해서 정리하면 훨씬 좋다. 목표를 향해 가는 점진적 과정과 단계별 실천 방식이 눈에 보이면서 중요성이 훨씬 명료하게 인식되기 때문이다.

3단계 : 행동, 실행　　　　이제 남은 일은 행동하는 것이다. 가장 힘들고, 열심히 노력해야 하며, 실제로 자기 규율을 실천할 수 있는 단계다.

4단계 : 단계별 자축　　　　단계별 임무를 달성할 때마다 아주 작은 성취도 지나치지 말고 자축한다. 이는 당장의 충동과 유혹을 이기고 임무를 달성한 자신을 축하하고 '지연된 만족감'을 자신에게 선사하는 일종의 세리머니다. 지연된 만족감은 자기 규율 훈련의 핵심 요소이자 긍정적 포상이다.

자신의 뜻대로 인생을 만들고 싶다면 반드시 자기 규율 능력을 가져야 한다. 지금 내 삶의 어느 부분에서 자기 규율 훈련의 첫 번째 단계를 시작하면 좋을지 곰곰이 생각해보자.

자기 규율을 높이다

자신의 뜻대로 인생을 만들고 싶다면 반드시
자기 규율 능력을 가져야 한다. 다행히
자기 규율을 높이는 훈련은
성인이 된 후에도 얼마든지 가능하다.

첫째, 목표를 명확하게 세운다. 실천 가능한 목표는
자기 규율 훈련의 첫걸음이다.
둘째, 목표를 세분화해서 단계별 임무와
구체적인 실행 방법을 정한다.
셋째, 자기 규율을 실천한다.
넷째, 단계별 임무를 달성할 때마다 자축한다.

09 · 불확실성

09

타로점이나 사주를
자주 보고 믿는 편인가?

삶은 불확실성의 연속이다. 자신의 인생을
최대한 예측 가능한 범위 안에 두려고 해도 언제나
새로운 사건, 새로운 상황, 새로운 사람이 나타난다.

불확실성은 불안감의 주된 원인이다. 우리는
눈앞의 상황이 불확실할 때 불안과 걱정에 휩싸인다.
불확실성은 우리에게 어떤 불안감을 줄까?
이러한 불안감을 낮추려면 어떻게 해야 할까?

인간은 본능적으로 미지를 두려워한다. 인류 역사에 선지자나 예언가의 존재가 얼마나 깊이 뿌리내리고 있는지만 봐도 이 사실을 알 수 있다. 인류는 미지의 미래를 조금이라도 훔쳐보기 위해 온갖 노력을 기울여왔다. 별자리 운세, 타로점, 사주 등이 모두 그러한 노력의 산물이다.

사람은 불확실성에서 불안함을 느낀다. 긍정적 결과를 향한 것이든 부정적 결과를 향한 것이든 상관없이 불확실 자체가 사람을 좌불안석으로 만든다. 심지어 계속 불확실한 상태로 있느니, 차라리 나쁜 결과가 나오는 편이 훨씬 속 시원하고 편할 정도다.

그러나 삶은 불확실성의 연속이다. 자신의 인생을 최대한 예측 가능한 범위 안에 두려고 해도 언제나 새로운 사건, 새로운 상황, 새로운 사람이 나타나기 마련이다. 기존의 환경을 벗어나거나 무언가 변화를 꾀하는 중이라면 더더욱 불확실성을 피할 수 없다.

불확실성을 어떻게 보느냐에 따라 위험을 감수하는 정도도 달라진다. 불확실성을 견디기 힘들어하는 사람은 이미 알고 있는 길을 선택할 가능성이 크다. 하지만 늘 아는 길만 골라 가면 새로운 변화나 돌파구를 찾지 못한 채 어떤 한계 안에서 제자리를 빙빙 도는 형국이 될 수도 있다.

불확실성은 우리에게 어떤 불안감을 줄까? 이러한 불안감을 낮추려면 어떻게 해야 할까?

때로는 위협을, 혹은 흥분을 전하는 불확실성

불확실성은 불안감의 주된 원인이다. 우리는 눈앞의 상황이 불확실할 때 불안과 걱정에 휩싸인다. 결과가 나쁘거나 나쁘리라고 예측되는 경우에는 두려움과 공포를 느끼지, 불안해하거나 걱정하지 않는다. 불안의 배후에 불확실성이 있는 셈이다.

하지만 반대로 불확실하다고 해서 반드시 불안해지는 것은 아니다. 때로는 모호하고 불확실한 미래가 기대와 흥분을 일으키기도 한다. 영화를 보기 전에 반전을 알고 싶어 하는 사람은 없다. 결말을 미리 알고 추리소설을 읽으려는 사람도 없다. 선물은 포장을 푸는 순간이 제일 신난다. 모두 불확실성이 주는 기대감과 즐거움 때문이다. 한 연구에서 밝혀진 바에 따르면 사람은 보상이 정해져 있을 때보다 결과에 따라 보상이 달라질 때, 다시 말해 보상이 불확실할 때 임무를 달성하겠다는 동기가 더 커진다. 또한 그러한 과정을 훨씬 만족스럽게 느끼며 더욱 긍정적인 경험으로 기억한다.

1994년, 영국의 마크 프리스턴Mark Freeston 연구팀은 '불확실성에 대한 인내력 부족(통칭 IU, The Intolerance of Uncertainty)'이라는 개념을 내놓았다. IU

는 불확실성과 걱정, 불안감의 상호 관계에 상당한 영향을 주며, 개인의 불확실성 수용도를 가늠하는 기준으로도 사용된다. 여기서 불확실성 수용도는 예측 가능성을 얼마나 추구하는지, 불확실한 상황에서 어떻게 반응하는지 등을 말한다. 이어진 후속 연구에서도 IU가 걱정이나 불안함을 자극하고 유지시키는 핵심적 요소라는 사실이 밝혀져 최근까지도 불안장애 발생을 예측하는 가장 중요한 지표로 활용되고 있다.

마크 프리스턴은 피실험자에게 '나는 상황이 불확실하면 실망스럽다', '무슨 일이든 사전에 계획하는 것을 선호한다', '아무리 좋은 일이라도 깜짝 놀라는 것은 싫다' 등의 질문에 정도를 매겨 답하도록 해서 전체적인 IU 수준을 측정했다.

결과에 따르면 IU가 높은 사람은 불확실성을 수용하는 정도가 낮았으며, 익숙하고 예측 가능한 상황을 선호했다. 또한 전혀 위험하지 않은 자극에 비교적 강하게 반응했다. 불확실성을 일종의 위협으로 받아들인 것이다. 그에 비해 IU가 낮은 사람은 불확실성 수용도가 높았고 새롭고 자극적이며 낯선 환경을 선호했으며 불확실성에서 기분 좋은 흥분을 느꼈다.

불확실성의 불안감이 유난히 참기 힘든 이유

불확실성은 걱정과 불안감을 불러오지만, 한편으로 기대감과 즐거움을 안겨주기도 한다. 그런데 불확실한 상황을 유난히 힘들어하는 사람들이 있다. 다음은 불확실성이 부르는 불안감을 참을 수 없게 만드는 요인들이다.

'판돈'이 크다고 생각하다　　　사람은 판돈이 작은 불확실성에는 기대와 흥분을 갖는다. 깜짝 편지나 선물 같은 것이 그렇다. 하지만 일단 불확실성에 걸린 판돈이 커지면 걱정스럽고 불안해진다. 대학 입시 결과, 연인의 외도 여부, 투자 회수 가능성 등은 모두 판돈이 큰 불확실성에 속한다. 물론 판돈의 크기에 대한 기준은 사람마다 다를 수 있다. 누군가는 시험 성적을 목숨처럼 중요하게 생각하지만, 또 누군가는 시험 성적 따위는 제쳐두고 좋아하는 사람을 쫓아다니는 일에 목숨을 걸 수도 있다.

정서안정성이 낮다　　　정서가 안정된 사람은 결과를 예측할 수 없거나 부정적인 상황에서도 걱정과 불안에 오래 매여 있지 않는다. 잠시 불안해지더라도 금방 떨쳐내고 적절한 대응책이나 계획을 준비하는 데 착수한다. 하지만 정서안정성이 낮은 사람은 사소한 불확실성에도 평정심을 잃고 안절부절못하며 어찌할 바를 모른다.

걱정을 사서 한다　　　원래부터 걱정이 많은 사람이 있다. 이들은 똑같은 상황에서도 남들보다 쉽게 걱정에 빠지고, 남들은 하지도 않는 걱정을 사서 한다. 그렇다 보니 남보다 더 많은 정보와 근거를 확보하지 않으면 어떤 결정도 제대로 내리지 못한다. 또한 모호하고 불명확한 일을 완수하기 힘들어하며 불확실한 일이나 상황을 부정적으로, 심지어 위협으로 간주하는 경향이 강하다. 걱정이 많은 성향을 초래하는 원인은 선천적인 유전자와 후천적인 경험, 양육자의 양육 태도 등을 들 수 있다.

과도한 걱정으로 힘들어하는 범불안장애도 불확실성 수용도와 직접적으로 연결된다. 관련 연구 결과, 불확실성 수용도가 낮을수록 범불안장애 정도도 높았다.

불확실성의 높은 불안감이 불러오는 행동

불확실성이 불러오는 불안감은 우리에게 어떤 영향을 미칠까? 결론부터 말하면 인지 제어 수준을 떨어뜨린다. 다시 말해 '내가 어떤 일의 결과에 최대한으로 영향을 미칠 수 있다'라는 인식을 저해하는 것이다.

불확실성에 대한 불안이 높으면 자신이 어떤 일에든 아무 영향을 미칠수 없다고 여기게 된다. 자신이 아무 영향도 끼칠 수 없다는 인식은 또다시 불확실성에 대한 불안을 불러일으키면서 결국 악순환의 고리가 만들어진다.

불확실한 상황으로 인한 불안감이 높아지면 인지적 종결 욕구Cognitive Need for Closure가 생긴다. 인지적 종결 욕구란 단지 불확실하고 애매한 상황을 면하고자 이성적인 사고와 판단 없이 정보를 단순히 처리해서 최대한 빨리 결정을 내리려는 욕구를 말한다.

인지적 종결 욕구가 생기면 사람은 본능적으로 2가지로 반응한다. 접근과 회피다. 접근하든 회피하든, 양쪽 모두 결과는 그리 바람직하지 않다.

접근 : 의심하고 또 의심하고　　　접근은 동원할 수 있는 수단을 전부 동원해 자신이 의심하는 상황을 '확인'함으로써 불확실성을 처리하려는 태도다. 확인하는 방법은 간접적일 수도, 직접적일 수도 있다. 배우자의 외도 여부가 불확실한 상황에서 알 만한 사람에게 정보를 캐는 것은 간접적 확인이고 배우자에게 외도했는지 대놓고 묻는 것은 직접적 확인이다.

또한 불확실성에 대한 불안이 극에 달하면 의심되는 상황을 반복적으로 확인하려는 행동이 나타난다. 배우자의 외도 증거를 찾아내기 위해 일거수일투족을 감시하고, 확신이 들 때까지 끊임없이 추궁하며, 배우자에게 하루에 수십 번씩 '날 사랑하기는 하느냐'고 묻는 식이다.

또 다른 처리 방법은 타인과 비교하는 것이다. 자기 미래가 불확실하고 어떤 일을 제대로 할 수 있을지 확신이 들지 않을 때, 혹은 지금 사랑하는 사람과 행복한지 알 수 없을 때 사람들은 자신도 모르게 남과 자신을 자꾸 비교하며 확실한 답을 얻고자 한다. 그러나 남과의 비교로 제대로 된 답을 얻을 수도, 진짜 불안을 해소할 수도 없다. 비교는 잠시 주의를 환기하는 수단밖에 안 된다.

회피 : 거부하고 차단하고　　　회피는 불확실성에서 비롯된 불안감을 적극적으로 처리하지 않고 이런저런 핑계를 대며 선택을 미루거나 다

른 사람에게 결정을 맡겨버리는 등의 태도를 말한다.

자기 자신의 한계를 미리 정하는 '자기 한계 설정'은 회피 행동의 대표적인 예다. 이는 일종의 자기 보호 방책이기도 하다. 어떤 사람은 어떤 일에 실패할 것 같으면 일부러 노력을 더 하지 않는다. 나중에 진짜 실패했을 때를 대비해서 미리 핑곗거리를 마련하는 것이다. '열심히 노력했는데도 실패했다'보다는 '열심히 노력하지 않아서 실패했다'고 하는 편이 자존심도 덜 상하고, 실패의 원인을 스스로의 능력 부족이 아닌 상황에 돌릴 수 있기 때문이다.

자기 한계 설정이 신체를 통해 나타나는 경우도 있다. 시험을 앞두고 병이 난다든가, 운동회가 임박한 시점에 넘어져 다친다든가 하는 것이 그 예다. 또 '선포'로 자기 한계를 설정하기도 한다. 복습을 열심히 안 해서 시험을 망쳤노라고 공공연히 말하고 다니는 식이다.

자기 한계 설정은 자기 보호처럼 보이지만 사실 자기 파멸적인 행동이다. 스스로에게 한계를 짓는 습관이 오래되면 결국 자기 평가나 자존감이 떨어지고, 어떤 일도 감히 시도하지 못하며, 심지어 노력하기조차 두려워지게 된다.

회피 행동의 또 다른 예로는 결론이 나기도 전에 일부러 부정적 결과를 선택하는 것을 들 수 있다. 감당할 능력이 부족할까 봐 승진을 거부한다든지, 연애하다 상처 입을 것이 두려워 사람을 안 만난다든지, 혹은 남들과 잘 어울리지 못할까 봐 아예 모임에 나가지 않거나, 고백했다 차일 걱정에 상대가 대답도 하기도 전에 그를 차단하는 식이다.

그러나 인생에서 불확실성은 피할 수 있는 것이 아니다. 수없이 걱정하고 수십 번 답을 찾고 수백 번 확인해도 불확실성은 언제나 존재한다. 자신이 오 년 뒤에 어떤 모습으로 어디서 살고 있을지, 지금 곁에 있는 이가 십 년 뒤에도 곁에 있을지 아는 사람은 아무도 없다. 인생은 불확실성의 연속이며, 그렇기에 불확실성과 현명하게 공존하는 법을 배워야 한다.

이러한 접근과 회피 행동은 시간이 흐를수록 강화되고 가속이 붙는다. 그리고 이런 행동으로는 바라는 결과를 얻지 못한다. 원하는 결과를 얻지 못하면 불확실성에 대한 불안이 더욱 커진다. 특히 회피 행동은 사실상 스스로 선택의 기회를 날려버리는 것이나 다름없다.

따라서 불안을 피하지 말고 정면으로 마주하며 돌파해야만 긍정적인 결과를 얻을 가능성과 기회가 생긴다. 뿐만 아니라 불안과 정면 승부를 벌여 긍정적 결과를 얻는 경험이 쌓이다 보면 불확실성에 대한 불안감도 눈에 띄게 낮아진다.

불확실성에 대한 불안감을 낮추는 방법

불확실성이 주는 기대감이나 즐거움은 생활에 활력을 심어준다. 불안도 때로는 긴장감을 준다. 하지만 불안감이 심해지면 생활이 어려워진다. 다음은 불확실성으로 인해 불안감이 높아졌을 때 활용해볼 수 있는 방법이다.

처한 환경을 객관적으로 묘사하기　　기대는 부정적 감정을 주기도 하고 긍정적 감정을 주기도 한다. 그러나 기본적으로 기대는 상상에 불과하기 때문에 현실에 아무 영향도 미치지 못한다. 주관적인 판단 역시 미래를 바꿀 수 없다. 자신이 원하는 방향으로 미래를 이끌고 싶다면 현재 처한 환경을 객관적으로 묘사하고 실행 가능한 계획을 세우는 편이 훨씬 효과적이고 현실적이다.

미국의 심리학자 낸시 캔터Nancy Cantor가 1980년대에 처음 제시한 '방어적 비관주의Defensive Pessimism'라는 개념이 있다. 방어적 비관주의자는 발생 가능한 최악의 상황을 전부 따져보고 분석한 뒤, 구체적으로 어떤 일이 생길 것인지 하나하나 예측해서 각각의 대응책을 마련한다. 이는 일반적인 비관주의와 전혀 다르며, 공포나 공황장애적인 반응도 아니다. 오히려 나쁜 상황이 실제로 발생했을 때 질서정연하고 주도면밀하게 대처하고 대응할 수 있도록 해준다.

불안한 감정부터 면밀히 관찰하기　　　불안감이 들 때는 자신의 감정부터 면밀히 살펴보아야 한다. 표면적으로는 불확실성 때문에 불안해진 것 같지만, 사실 배후를 살펴보면 예전부터 존재했던 감정이 원인인 경우가 많다. 이를테면 '나는 너무 많이 먹고 생활 습관도 좋지 않으니까 아무도 나를 좋아하지 않을 거야'라는 생각의 배후에 소외되는 것에 대한 오랜 두려움이 숨어 있는 식이다. 일단 자신의 감정이 무엇인지 바르게 알면 지금 괴로운 것이 불확실한 미래가 아니라 부정적인 감정에서 벗어나고 싶기 때문이라는 사실을 깨닫게 된다.

불안은 감당하기 힘든 감정이다. 사람들은 불안해지면 깊이 생각하지 않고 어떻게든 불안함부터 떨쳐버리려 애쓴다. 그러나 불안함이 엄습했을 때, 비록 불편하고 힘들더라도 자신이 불안한 이유와 배경을 세세히 들여다보고 관찰하고 분석해야만 비로소 근본적으로 문제를 해결할 수 있다.

당장 할 수 있는 것에 집중하기　　　불확실성에 대한 불안은 상황을 통제할 수 없다는 통제 불능감과 밀접한 관련이 있다. 불확실성이 통제 불능감을 자극해서 불안 수준을 높이고 자신감을 떨어뜨리는 것이다. 하지만 이 '통제할 수 없을 것 같다'는 느낌은 허구에 불과하다. 허구의 감각에 매여 흔들리지 말고 당장 자신이 통제하고 제어할 수 있는 부분과 방법을 찾아 집중한다. 즉 내가 할 수 있는 일을 찾아서 최선을 다하고, 할 수 없는 일은 겸허히 받아들인다.

구체적인 실천 방법은 큰 목표를 작은 단계들로 쪼개고 각 단계마다 달성 가능한 임무를 세우는 것이다. 임무를 하나하나 달성해가다 보면 '나는 할 수 있다'는 자신감과, 내 인생은 내가 제어하고 있다는 실감이 생긴다. 임무를 달성한 후에는 아이스크림처럼 아주 사소한 것이라도 좋으니 스스로에게 포상하는 일도 잊지 않는다.

행동 규칙으로 자신부터 단속하기　　　만약 주식에 투자한 것 때문에 극도의 불안감을 느낀다면, 주식시장 상황은 하루에 한 번만 확인한다는 규칙을 정하자. 자녀의 학업 성적이 걱정인 부모라면 오히려 숙제를 봐주는 횟수를 제한해야 하고, 배우자의 외도를 걱정하는 사람이라면 상대의 휴대전화를 샅샅이 뒤져보고 싶은 자신부터 단속해야 한다. 우리 생각과 달리 시시각각 확인한다고 해서 내 안의 불안감이 사라지지는 않는다. 정말로 불안감을 없애고 싶다면 먼저 구체적인 행동 규칙을 정해 나 자신부터 단속할 필요가 있다.

대응하고 예측하다

불확실성은 언제나 존재한다. 인생은
불확실성의 연속이며, 그렇기에 불확실성과
현명하게 공존하는 법을 배워야 한다.

원하는 방향으로 미래를 이끌고 싶다면
현재 처한 환경을 객관적으로 묘사하고
실행 가능한 계획을 세운다.

방어적 비관주의자는 발생 가능한 최악의 상황을
전부 따져보고 분석한 뒤, 구체적으로
어떤 일이 생길 것인지 하나하나 예측해서
각각의 대응책을 마련한다.

10 · 공허감

10
아무런 **문제도 없는데**
공허한 이유는 뭘까?

공허감은 복잡한 감정 상태에 대한 주관적 묘사다.
상담심리사를 찾아온 사람들 대부분은
개인의 유형과 상관없이 공허감을 느낀다.
내담자가 묘사하는 공허감은
대개 내적 감정의 '빈곤'과 일맥상통한다.

공허감을 쉽게 느끼는 사람은 누구일까?
공허감은 어디서 비롯되며 또 어떤 작용을 할까?

부정적인 정서에는 여러 가지가 있다. 분노, 슬픔, 좌절, 두려움, 가책, 부끄러움 ……. 그런데 명백히 부정적이지만 뭐라 표현하기도, 다루기도 어려운 정서가 있는데, 바로 공허감이다. 다른 감정에 비해 공허, 헛헛함, 무의미함 등의 감정은 그다지 주목을 끌지 못한다. 그러나 오랫동안 공허감에 시달려본 사람은 그것이 얼마나 고통스러운지 알고 있다. 다만 좀처럼 말로 설명하기가 어려울 뿐이다.

사람들이 결코 바람직하다 할 수 없는 행동을 자꾸 하는 것도 공허감에서 도망치기 위해서다. 극단적인 예로 자해를 하는 사람은 아픔을 느낄 때만 자신이 '존재한다'는 실감을 느끼기에 스스로에게 계속 상처를 낸다. 가벼운 연애를 전전하는 것도, 중독이라 할 만큼 일에 빠지는 것도, 혹은 온갖 충동적인 행동을 자행하는 것까지도 긍정적이든 부정적이든 전부 생생한 감정을 일으켜 어떻게든 공허감을 지우려는 몸부림이라 할 수 있다.

상담심리사를 찾아온 사람들은 대부분 공허감과 무의미하다는 느낌을 호소한다. 상담을 받게 된 원인은 외로움, 자아도취, 우울증 등 다양하지만 개인의 유형과 상관없이 공허감을 느낀다는 점에서는 모두가 같다.

남들에 비해 더 쉽게 공허감을 느끼는 사람은 누구일까? 공허감은 어디서 비롯되며 또 어떤 작용을 할까?

시달려본 사람만이 아는 감정, 공허감

공허감은 복잡한 감정 상태에 대한 주관적 묘사다. 따라서 구체적으로 어떤 모양의 감정을 공허감이라고 하는지, 공허감을 어떤 의미로 받아들이는지는 개인마다 차이가 있다. 그나마 전형적인 사례를 들면, 심리 치료에서 내담자가 묘사하는 공허감은 대개 내적 감정의 '빈곤'과 일맥상통한다. 좋은 감정이든 나쁜 감정이든, 사랑이든 고통이든 감정 자체가 말라죽었거나 사라진 기분이 드는 것이다.

공허감에 시달리는 사람은 자신이 외부 자극에 충분히 반응하지 못하거나 기계적으로 반응할 뿐이라고 말한다. 또한 '신념, 열정, 타인과의 친밀감'은 '생기 없음, 무료함, 겉도는 느낌'으로 대체되었다. 이들은 종종 자신이 다른 사람과 동떨어졌다고 느끼며 미래에 행복해지리라는 희망도 없었다. 뿐만 아니라 타인을 사랑할 수도, 타인에게 사랑받을 수도 없다는 깊은 체념에 빠져 있었다.

어떤 사람에게 공허감은 잠시 스쳐 지나가고, 어떤 사람에게는 주기적으로 찾아온다. 하지만 일부에게는, 특히 경계성 성격장애이나 자기애성 성격장애를 가진 사람에게 공허감은 매우 뿌리 깊은 감정이다. 심지어 자아 경험에서 가장 밑바탕에 놓인 주관적 경험이 공허감인 경우도 적지 않다. 이들은 자신이 공허감에 지배받고 있다고 느낀다.

우울, 분노, 짜증 등 다른 감정과 공허감을 함께 느끼는 사람도 있다. 공허감이 장기화되면 자아상에도 영향을 미쳐서, 그들은 자신을 어딘가 '고장' 났거나 무가치한 존재로 여기기도 한다.

공허감이 의미 있는 존재로 다가올 때

절대적으로 좋거나 절대적으로 나쁘기만 한 감정은 없다. 모든 감정에는 나름의 독특한 가치와 역할이 있기 마련이다. 분노나 불안 같은 부정적 감정도 그렇고, 공허감 역시 나름의 존재 의미가 있다.

금지된 소원을 잊게 만들다　　　공허감의 기능 중 가장 두드러지는 것은 방어 기능이다. 미국의 심리학자이자 정신분석가 랠프 그린슨Ralph Greenson은 무력감과 공허감의 핵심 특징으로 '금지된 소원 억압'을 꼽았다. 사회적, 윤리적, 개인적으로 허락되지 않는 소원이 생기면 사람은 보통 그것을 꾹꾹 억누르며 외면한다. 그렇게 억누르다 보면 어느새 자신에게 그런 소원이 있다는 사실조차 잊게 된다. 소원을 이룰 수 없다는 결핍감은 상실감을 불러일으키며 이러한 주관적 상실감에 휩싸일 때 사람은 '공허하다'고 느낀다.

공허감의 방어 기능은 그렇지 않다고 부인_{否認}하는 것보다 강하다. 단순히 부인만 할 때는 부인의 대상이 되는 감정이나 소원을 무의식적으로 계속 억누르기 때문에 알게 모르게 특정 방향으로 에너지가 소모된다. 그러나 공허감은 금지된 소원을 감추는 데 그치지 않고 모든 감정과 소원을 아예 지워버린다. 작은 공백을 더 큰 공백으로 덮어버리는 것이다. 결과적으로는 맨 처음에 덮으려고 했던 것이 무엇인지조차 알 수 없게 만든다.

공허감은 이루지 못할 소원이 초래하는 고통을 잊기 위해 우리를 아득한 무無로 인도한다. 사랑하고 싶지만 사랑해선 안 될 사람, 영원히 채워지지 않을 기대, 굳이 시도해보지 않아도 실패할 것이 자명한 바람 등은 그렇게 막막한 공허감에 덮인 채 무의식의 어두운 동굴 속에 봉인된다.

공격적인 감정으로부터 도망치다   객관적인 상실이든, 주관적인 상실이든 사랑하는 대상을 잃었을 때 개인의 자기가치감은 심각한 손상을 입는다. 상실 뒤에 분노와 우울함이 따라오는 것도 바로 이 때문이다.

특히 잃은 상대가 자신에게 중요할수록 더욱 격렬한 감정을 느낀다. 그토록 중요했던 존재가 자신을 상처 입혔다는 사실에 분노하고, 똑같이 상처 입히고 싶다는 복수심이 불타오르면서 자신도 몰랐던 공격성이 고개를 든다. 적대감과 질투가 속을 어지럽히는 동시에 절망과 좌절, 고통스러운 우울감에 휩싸여 한없이 나락으로 떨어져버린다.

그러나 어떤 사람에게는 공허감이 이 모든 고통의 만병통치약이 되기도 한다. 1934년 오스트리아 정신분석가 오토 페니켈Otto Fenichel은 경계성 성격장애와 자기애성 성격장애를 가진 사람들의 공허감을 연구한 뒤 이렇게 결론지었다.

"이들은 공격 욕구나 우울감으로 인한 고통이 참을 수 없을 만큼 심할 때는 하나의 방편으로 공허감을 느낀다. 무의식적으로 고통을 다른 감정으로 분산시키거나 무의미한 정신 상태로 도피한 것이다."

간접적 만족을 얻는 수단으로 이용하다 　　　미국의 심리학자이자 정신분석가 로이 셰이퍼Roy Schafer에 따르면 때로는 방어적 행동이 간접적 만족감을 얻는 수단으로 이용되기도 한다. 예를 들어 상담심리사가 스스로의 감정을 적극적으로 느끼고 관찰해보라고 해도, 몇몇 내담자는 공허감 외에는 아무것도 느낄 수 없다고 버티면서 감정 체험의 가능성을 타진하는 것조차 거부한다. 이러한 내담자의 태도는 종종 상담심리사를 '화나게' 하거나 '불쾌하게' 만든다. 그런데 상담심리사가 불쾌한 감정을 드러내면 내담자는 그 모습을 보면서 대리만족을 느낀다. 자신의 내면 깊숙이 숨겨져 있던 적대감과 분노, 공격성을 상담심리사가 대신 표현하고 발산해주는 것 같기 때문이다. 자신의 감정을 상담심리사에게 전이하는 셈이다. 즉 일부러 공허한 상태를 고집하면서 내면의 침투적인 감정을 일정 부분 해소한다고 볼 수 있다.

그 밖에 사랑에 대한 통제력을 갖기 위해 공허감을 이용하는 사람도 있다. 이 경우 공허감은 대개 '나는 사랑할 능력이 없다'는 것으로 나타나는 데, 여기에는 2가지 측면이 있다.

첫째, 사랑이나 친밀 관계가 초래할 수 있는 고통스러운 감정에 미리 대항하는 것이다. 스스로 사랑과 친밀한 관계에서 수반되는 수많은 감정을 감당할 수 없다고 느낄 때 이런 모습이 나타난다. 특히 거절과 관련된 모든 암시, 신호는 그 자체만으로 이들에게 견딜 수 없는 고통과 두려움을 안긴다.

둘째, 지배욕과 착취욕을 채우려는 목적이다. 이런 사람은 '나는 사랑할 줄 모르기에 항상 더 냉정한 쪽이 될 수밖에 없다'는 논리를 내세우며 사랑에 대한 통제권을 은근히 손에 넣는다. 또는 자신이 더 많이 사랑하는 쪽이 돼서 고통받는 것을 피하겠다는 의도도 있다. 전자는 이들에게 강자가 된 느낌을 주지만 후자는 한없이 나약하고 무력한 느낌이 들게 한다.

예를 들어 사랑을 베풀지 않는 부모 밑에서 자란 아이들은 자신이 애정을 아무리 바라고 기대해도 소용없으며, 평생 어떤 응답도 받지 못할 것이라고 느낀다. 그러다 어느 순간부터 이 관계에서 모종의 주도성과 통제력을 얻기 위해 공허감을 이용한다. 즉 자신은 사랑할 능력이 없는 사람이라는 가면을 쓰는 것이다.

따라서 공허감을 극복하려면 먼저 자신이 공허감을 이용해 어떤 만족을 추구한다는 사실을 깨달아야 한다. 겉으로는 공허감에서 벗어나고 싶다고 하면서 속으로는 남몰래 주도적으로 공허감을 찾는 자신을 인정하라는 것이다.

참을 수 없는 공허감의 위험한 유혹

참된 자아를 발전시킨 아이는 스스로의 존재를 충분히 느끼지만 그릇된 자아를 발전시킨 아이는 그러지 못한다. 참된 자아와 그릇된 자아는 영국의 아동정신분석가 도널드 위니컷Donald Winnicott이 제시한 개념이다.

참된 자아는 어떻게 생기는 걸까? 도널드 위니컷에 따르면 갓 태어난 아기는 외부 세계에 대한 개념이 전혀 없다. 그런데 이때 좋은 양육자가 곁에 있으면 아기는 자신이 외부 세계의 창조자이며 전능하다는 환상을 갖게 된다. 주변 환경이 자신의 필요에 의해 나타났다 사라지기를 반복하기 때문이다.

예를 들어 아기가 배고파하면 양육자는 아기에게 먹을 것을 준다. 그러면 아기는 자신이 배가 고프기 때문에 먹을 것이 나타났다고 느낀다. 또 자신이 배가 부르면 먹을 것이 사라진다. 아기의 입장에서 보면 모든 것이 자신의 욕구에 따라 움직이는 셈이다.

스스로 전능하다는 환상을 갖는 것이 지나친 과대망상 같지만 아기가 외부 세계를 안전하다고 느끼는 데 큰 역할을 한다. 바로 이 단계에서 참된 자아가 발달한다. 아기는 자신이 전능하다는 환상 속에서 자연스레 몇몇 모습을 보이게 되고, 이러한 모습을 통해 잠재되어 있던 참된 자아가 구체적으로 표현된다. 이때 양육자가 긍정적인 반응을 해주면 아기는 양육자의 반응에서 안정감과 힘을 얻고 전능한 자아를 유지하며 점차 참된 자아를 단단히 구축해나간다.

참된 자아를 가진 아이는 '자신의 감정'과도 좋은 관계를 맺는다. 이들은 필요, 욕구, 공포, 분노 등의 감정을 자연스럽게 느끼고 받아들일 뿐만 아니라 언어, 행동 등의 적절한 방식으로 이러한 감정을 능숙하게 표현하고 전달한다. 이들은 자신의 존재를 생생하게 느끼며 진실한 자신을 있는 그대로 인정할 뿐만 아니라 자신이 어떤 미래를 바라고 어디에 열정을 느끼는지를 비교적 자연스레 깨닫고 발견해나간다.

그러나 양육자가 아이 자신의 전능자 환상을 만족시켜주지 못하는 경우도 있다. 예를 들어 양육자가 아기의 욕구를 제대로 식별하지 못하고 자신의 판단대로 아기를 다룬다든가, 아기가 자연스럽게 보인 모습과 손짓을 놓치고 자신의 표현법으로 대체한다든가 하면 아기 자신의 전능자 환상이 좌절된다. 이런 경험이 계속될수록 아기는 자신이 세상의 창조자가 아니며 외부 세계에 의지해 살아갈 수밖에 없는 존재라는 사실을 점차 깨닫게 된다.

만약 그 좌절이 적절했다면 아기는 좌절을 겪으며 무엇이 '나我'이고 무엇이 '나 이외의 모든 것非我'인지 인식하고 점차 개인의 경계를 만들면서 외부 세계와 연결되어간다. 그러나 좌절이 과도할 경우, 아기는 외부 세계가 위험하다고 느끼고 스스로 나약하다고 여기게 된다. 따라서 생존하려면 양육자에게 의지하고 복종해야 한다는 인식이 생기면서 점차 그릇된 자아가 발전된다.

그릇된 자아를 가진 아이는 자신의 진실한 감정을 어색하게 느낀다. 자기 내면의 감정에 솔직한 것보다는 양육자의 감정에 맞추는 편이 생존에 훨씬 유리하다는 인식이 있기 때문이다. 그래서 자신에 대한 외부 세계, 즉 양육자의 기대에 갈수록 민감해지는 반면, 자신이 무엇을 원하고 필요로 하며 어떻게 느끼는지에 대해서는 갈수록 둔감해진다.

　다시 말하면 자신이 원하는 것을 찾기보다 양육자가 원하는 것에만 맞추려고 한다. 결국 그러다 보면 자기 자신을 잘 알지 못하니 타인과 진실하게 연결되는 일도 없다. 이들은 자신의 존재를 생생하게 느끼지 못하고, 삶에 대한 열망이 부족하며, 미래의 자신에게도 별 기대를 갖지 않는다. 그리고 마침내 스스로의 내면에서 자신을 향한 사회와 타인의 기대 외에는 아무것도 찾지 못하는 공허한 상태에 빠진다.

공허감에서 벗어나 참된 자아를 찾는 방법

미국의 정신병리학자 스티븐 레비Steven Levy에 따르면 공허감은 내면이 정지된 상태가 아니라 내면의 움직임이 평형을 이룬 상태에 더 가깝다. 여러 가지 생각, 감정, 바람, 충동 등이 서로 팽팽하게 힘겨루기를 하는 중이다. 비록 겉보기엔 모든 것이 상실되고 아무것도 존재하지 않는 상태 같지만 사실 공허감 아래에는 수많은 환상과 소원, 충돌이 숨겨져 있다. 이러한 것들을 발굴해낼 수만 있다면 공허감에 가려진 정신의 실제적인 활동을 활성화하고 더 나아가 내면 깊은 곳에 자리한 갈등을 해결함으로써 공허감을 사라지게 만들 수 있다. 따라서 팽팽한 힘겨루기가 사라지면 공허감도 자연히 사라지기 마련이다.

다음은 스티븐 레비가 밝힌 구체적인 상담 사례다.

미모의 여성 A는 오랫동안 공허감에 시달렸다. 어찌 해도 삶의 의미를 찾을 수 없고 진실한 감정을 느끼지 못하는 상태가 계속되면서 자살 충동도 여러 번 느꼈다. 마침내 더 이상 견딜 수 없게 된 A는 상담심리사를 찾았다.

그녀는 이미 오래 전부터 공허감 외에는 아무 감정도 느껴지지 않는다고 털어놨다. 또 가끔은 공허감을 채우고 싶다는 갈망이 생기기도 하지만 가끔은 정반대로 아무것도 하고 싶지 않고 필요하지 않은 상태가 되기도 한다고 말했다.

A의 아버지는 자기애가 강한 사람이었다. 그녀는 아버지에게 관심과 사랑을 받아본 기억이 전혀 없었다. 반대로 어머니는 A에게 지나치게 의존했다. 자신의 완벽하지 못한 결혼 생활을 자녀에게 보상받으려 한 것이다. 그러던 중 그녀가 네 살 때 어머니는 심각한 병에 걸렸고, 아버지는 모녀를 두고 떠났다.

어머니가 병원에 있는 동안 A는 엄마를 잃을지도 모른다는 엄청난 공포에 시달렸다. 엄마를 잃지 않기 위해 어린 그녀가 생각해낸 방법은 '종교적' 행동이었다. 화장실 앞에서 무릎 꿇고 기도했고, 일부러 음식을 먹지 않았다. 그녀는 자신의 어떤 면 때문에 가족에게 불행이 닥쳤다는 착각에 빠졌고, 그로 인한 알 수 없는 책임감까지 느꼈다. 예를 들어 자신조차 통제할 수 없는 끔찍한 상상 때문에 어머니가 아프다고 생각했다.

그래서 그녀는 최대한 자기 자신을 지워버리려 애썼다. 자기가 '텅 빈 상태'가 되면 엄마가 건강하게 돌아오리라 생각한 것이다. 자신을 지워버리고 싶다는 생각은 곧 그녀의 삶 전반을 지배했다.

아버지에게 버림받고 어머니의 죽음 위기를 경험하면서 A는 갈등과 분노, 실망 같은 부정적 감정을 마주할 수조차 없게 된 것이다. 이런 감정이 들면 들수록 괴로웠던 과거의 기억이 연이어 떠오르면서 엄청난 고통이 엄습했기 때문이다. 그래서 그녀는 아예 아무 감정도 느끼지 않는 것, 즉 '공허'를 무기 삼아 스스로 안정을 유지했다.

어머니가 퇴원한 후부터 지금까지 두 모녀는 함께 살면서 표면적으로 일상적인 관계를 유지하고 있다. 하지만 어머니는 A에게서 명백한 이상 증상을 발견하고도 모른 척했고, 그녀 역시 어머니에게 진짜 중요한 이야기는 하지 않았다. 두 사람 모두 서로 어느 정도 거리를 두고 함께 지내는 것에 큰 불만을 느끼지 않았다. 속은 텅 비었지만 어쨌든 안전한 관계였기 때문이다.

A는 공허감을 이용해 이러한 가짜 화목함을 유지했다. 심리 치료를 할 때도 그녀는 똑같이 공허한 침묵을 이용해 아무런 갈등도 없는 가짜 평화를 유지하려는 경향을 보였다.

치료를 받으면서 그녀는 조금씩 공허감에 가려진 여러 가지 감정을 발견하고 느끼고 묘사하기 시작했다. 또한 공허한 감정을 각기 다른 기억과 연결 지을 수 있게 되었다.

일례로 그녀는 자신이 사라지기를 바라는 이유 중 일부가 어린 시절 친척 집에서 살았던 경험이라는 사실을 깨달았다. 당시 친척 집에 머무는 것이 너무나 불편해서 친척의 눈에 자신이 안 보이기를 간절히 바랐던 것이다.

또한 그녀는 공허감이 엄습할 때 시간이 더 천천히 흐르는 것처럼 느껴지는 이유도 알았다. 두려움에 휩싸여 어머니의 퇴원만을 기다렸던 어린 시절의 기억 탓이었다. 당시 그녀에게 그 시간은 영원히 끝나지 않을 것만

같이 느껴졌다.

공허감과 구체적인 기억을 연결하면서 그녀는 공허감에 더 많은 의미를 부여할 수 있었다. 그리고 조금씩 더 많은 감정을 느끼고, 어떤 것이 자신의 공허감을 자극하는지 식별할 수 있게 되었다. 특히 엄마와 떨어지려 시도할 때마다 강렬한 공허감이 닥친다는 것을 깨달았다. 평소 엄마에게 아무 애착이 없다고 주장했기 때문에 그녀 자신도 이러한 깨달음에 놀랄 수밖에 없었다.

수많은 감정을 느끼기 시작하면서 A는 치료 과정 중에 울고 화내고 심지어 상담심리사를 공격하기도 했다. 그동안 공허감에 가려져왔던 울분과 적대감, 공격성이 적극적으로 드러나기 시작한 것이다. 치료의 최종 단계에서 A는 어머니에게서 독립해 자신의 가정을 꾸렸다.

물론 치료가 끝난 후에도 공허감이 완전히 사라지지는 않았다. 공허감을 완전히 없앤다는 것은 사실 불가능하다. 다른 부정적 감정과 마찬가지로 공허감도 살면서 일상적으로 겪는 감정에 속하기 때문이다. 공허감의 강도와 빈도가 일상생활을 저해할 정도만 아니라면, 공허감은 지극히 정상적인 정서 반응이다.

공허감을 이겨내려면 자신의 부정적인 생각을 정면으로 마주하고 내면의 갈등과 적의를 두려움 없이 표현하며 자신의 욕망을 두려워하지 않을 수 있어야 한다.

위의 사례가 바로 그 증거라 할 수 있다.

욕망과 마주하다

공허감은 강도와 빈도가 일상생활을 저해하지
않는다면, 지극히 정상적인 정서다.

공허감은 내면이 정지된 상태가 아니라
내면의 움직임이 평형을 이룬 상태다.
여러 가지 생각, 감정, 바람, 충동이 서로 팽팽하게
힘겨루기를 하는 중이다. 겉보기엔 모든 것이
상실되고 아무것도 없는 상태 같지만
그 아래에는 수많은 환상과 소원이 숨어 있다.

자신의 부정적인 생각을 정면으로 마주하고
내면의 갈등과 적의를 두려움 없이 표현하고
자신의 욕망을 두려워하지 않아야 한다.

11 · 성격

11

맘에 안 드는 성격을
바꿀 수 있다면?

어느 설문조사에 따르면 응답자의 87퍼센트가
성실성, 우호성, 외향성, 개방성, 신경증으로
분석한 자신의 성격 중 최소한 한 가지 이상을
바꾸고 싶다고 답했다. 특히 내향성 점수가
높은 사람일수록 외향적으로 바꾸고 싶어 했다.

성격은 바꿀 수 있는 것일까?
가능하다면 성격을 바꾸는 방법은 무엇일까?

자기 성격에 백 퍼센트 만족하는 사람은 이 세상에 없을 것이다. 살다 보면 적어도 한 번쯤은 성격을 바꾸고 싶은 순간이 온다. 예를 들어 좋아하는 사람에게 서로 성격이 안 맞는다는 이유로 거절당했을 때가 그렇다. 특히 상대가 내가 아닌 다른 사람을 좋아한다는 사실을 알게 되면 자기도 모르게 상대가 좋아하는 사람처럼 변할 수 있을지 심각한 고민에 빠진다.

혹은 반대로 이런 의문이 들 때도 있다.

"그는 내게 변하겠다고, 고치겠다고 장담하지만 과연 성격이 그리 쉽게 바꿀 수 있는 것일까?"

한 설문조사에 따르면 응답자의 87퍼센트가 빅파이브Big5로 분석한 자신의 성격 중 최소한 한 가지 이상을 바꾸고 싶다고 답했다. 특히 내향성 점수가 높은 사람일수록 외향적으로 변하고 싶어 했다. 여기서 빅파이브는 성실성, 우호성, 외향성, 개방성, 신경증이다.

성격은 바꿀 수 있는 것일까? 그것이 가능하다면 성격을 바꾸는 방법은 무엇일까?

'강한 나'와 '진실한 나' 중 선택한다면?

앞에는 사람들이 전부 자기 성격을 바꾸고 싶어 하는 것처럼 썼지만, 미국의 심리학자 제이슨 리스Jason Riis와 연구팀에 따르면 실제로 자기 자신을 근본적으로 바꾸고 싶어 하는 사람은 없다. 이들이 바꾸고 싶다는 성격도 알고 보면 자아정체감과 상관없는 아주 사소한 것이 대부분이다.

제이슨 리스와 연구팀은 피실험자 357명에게 19가지 성격 특성을 보여주고 자아정체감과 관련된 정도에 따라 점수를 매기게 했다. 그리고 피실험자가 매긴 점수를 바탕으로 자아정체감과 관련성이 높은 성격 특성 10가지와 관련성이 낮은 9가지를 정했다.

자아정체감과 관련성이 높은 성격의 대표적인 특성은 우호성, 공감력, 자신감, 동기, 정서 회복력, 자기 통제력, 창의력 등이며, 관련성이 낮은 성격의 대표적인 특성은 암기력, 집중력, 일화적 기억 등이다.

그런 뒤 연구팀은 피실험자에게 '아무 부작용 없이 대뇌의 기능을 변화시켜 특정한 성격 특성을 강화할 수 있는 약물이 있다'는 내용의 보도자료를 보여주고, 약물을 써서 바꾸고 싶은 순서대로 19가지 성격 특성을 나열하게 했다.

그 결과, 자아정체감과 관련성이 낮은 성격이 대부분 상위권을 차지했다. 반면에 자아정체감과 관련성이 높은 10가지를 바꾸고자 하는 사람은 극소수였고, 그들이 왜 자아정체감과 관련된 낮은 성격 특성을 바꾸고 싶지 않은지를 묻는 문항에는 피실험자 중 가장 많은 수(41퍼센트)가 '근본적으로 나 자신이 아니게 될까 봐'라는 보기를 골랐다.

다른 실험에서는 18세에서 45세의 성인 500명을 A, B 두 조로 나눈 뒤 젤터라는 가상의 약물 광고를 보여주었다. A조가 본 것은 젤터가 성격 특성을 '강화'함으로써 자신을 더욱 자신답게 만들어준다는 내용이었고, B조는 젤터가 진짜 성격을 '깨움'으로써 훨씬 자연스러운 자신이 될 수 있게 해준다는 내용이었다. 광고 문구도 서로 달라서 A조는 '지금의 나보다 더욱 강한 내가 되세요'였고 B조는 '진실한 자신이 되세요'였다.

약물이 현재 성격 특성을 강화한다고 했을 때, 피실험자 대부분이 '집중력'처럼 자아정체감과 관련성이 낮은 성격 특성을 강화하고 싶다고 답했다. 오히려 '대인관계 적응 정도'같이 자아정체감과 관련성이 높은 성격 특성을 바꾸고 싶어 하는 사람은 많지 않았다. 반면에 약물이 진짜 성격을 깨운다고 한 경우에는 자아정체감과 관련성이 높은 성격 특성을 깨우는 데 약물을 사용하고 싶다고 응답했다.

위의 두 실험으로 볼 때 공통점은 자아정체감과 관련된 성격 특성을 바꾸려는 사람이 많지 않다는 사실이다. 즉, 사람은 근본적으로 바뀌고 싶어 하지 않는다는 걸 보여주었다.

심리 전문가가 바라보는 좋은 성격의 조건

근본적으로 변하지 않아도 일부 성격을 바꾸면, 즉 '성격이 개선'되면 더 큰 행복을 느낄 수 있다. 심리 전문가들은 좋은 성격의 조건으로 외향성과 우호성이 높고 책임감이 강하고 정서가 안정될수록(= 낮은 신경증) 건강하다고 보았다. 그리고 성격 개선이란 건강한 성격에 가까워지도록 성격을 바꾸는 것이라고 말한다.

호주 심리학자 크리스토퍼 마지Christopher Magee와 연구팀은 18세에서 79세까지의 성인 1만여 명을 대상으로 빅파이브(외향성, 성실성, 우호성, 신경증, 개방성) 성격 조사를 한 뒤, 사 년 뒤 빅파이브 점수 변화와 행복감 간의 연관성을 조사했다. 그 결과 개방성을 제외하고 나머지 4개에 큰 변화가 있었다. 사 년 전에 비해 신경증 점수가 떨어지고 외향성, 성실성, 우호성 점수가 높아진 사람은 행복감과 삶의 만족도 역시 상승했다. 또한 부정적 감정보다 긍정적 감정을 느끼는 비율이 더 높았다.

다음은 빅파이브 중 점수 변화가 큰 요인이 개인에게 미치는 영향을 정리한 것이다.

빅파이브의 변화가 개인에게 미치는 영향

• 외향성 점수가 높아지면(↑) 대인관계가 개선되어 자신감과 자기 확신이 강해진다.

• 성실성 점수가 높아지면(↑) 업무 효율과 성과가 개선되어 일과 삶이

균형을 이룬다.

- 우호성 점수가 높아지면(↑) 인간관계의 갈등과 스트레스가 줄고 양질의 우정을 구축하게 된다.
- 신경증 점수가 낮아지면(↓) 전체적으로 정서가 안정되며 불안과 우울, 강박 등이 줄어든다.

사실 성격을 바꾼다는 것은 결코 쉬운 일이 아니다. 성격은 대개 어린 시절에 형성되며 한번 자리 잡으면 좀처럼 변하지 않는다. 게다가 앞서 언급했듯이 성격 특성 중 일부는 태어나는 순간 이미 결정된다('02• 인격은 타고나는 걸까, 내가 만드는 걸까?' 참고). 기분을 조절하는 신경전달물질 세로토닌의 운반체인 5-HTT 유전자를 가진 사람은 공격성이 강하고, 스트레스 호르몬인 코르티솔Cortisol이 활발한 사람은 스트레스를 더 잘 견딘다는 식으로 말이다.

어떤 특징적 성격은 환경이나 경험에 따라 변하지 않고 끝까지 남는다. 좀처럼 바꿀 수 없는 것도 바로 이런 성격의 특징들이다. 그러나 성격에는 항상 유지되는 부분뿐만 아니라 계속 변하는 부분도 있다. 그렇기에 주관적인 노력으로도 얼마든지 성격 개선이 가능하다.

건강한 성격으로 변하게 하는 것들

태어나서 죽을 때까지 변하지 않는 사람은 없다. 스스로 자신은 절대 변하지 않을 것이라고 생각하는 사람도 결국은 시간과 경험에 따라 조금씩 변해간다.

성격도 마찬가지다. 의식하지 않아도 저절로 변하는 부분이 있다. 나이가 들면서 자연스레 성숙해지는 것도 성격의 변화이고, 외부 세계의 영향을 받아 이전과 다른 사고방식을 갖게 되는 것도 일종의 성격 변화다.

나이 듦에 따른 자연스러운 성숙　　　나이가 들수록 개인은 자신의 행동을 조정하고 환경에 적응해가며 심리학에서 말하는 '성숙한 상태'에 점차 가까워진다. 10세에서 65세의 피실험군을 조사한 연구에 따르면 초기성인기Emerging Adulthood, 대략 18~25세를 제외한 모든 연령 단계에서 성실성, 우호성, 개방성이 지속적으로 높아졌으며 신경증 수준은 낮아졌다. 다시 말해 자기통제력과 자기 규율을 갖추고, 타인을 이해하고 받아들이며, 더욱 열린 마음가짐을 지닌 개인으로 성숙해졌다는 것이다.

그에 비해 초기성인기에는 우호성이 떨어지고 신경증이 높아지는 경향이 두드러졌다. 이는 이때가 인생에서 가능성과 불확실성이 가장 높은 시기이기 때문이다. 그 탓에 초기성인기에는 정서적인 불안이 상승하며 타인에 대한 신뢰와 감정 이입, 포용도가 떨어진다.

빅파이브(외향성, 성실성, 우호성, 신경증, 개방성) 중에서 연령 증가와 함께 가장 크게 변화하는 요인은 성실성과 우호성이다. 한 연구에서 65세의 대표표본과 초기성인기 표본을 비교분석했다. 여기서 대표표본은 모집단을 정확하게 반영하는 표본으로서 연령 구조, 계급 구조, 교육 배경 등에서 같은 속성을 갖는다.

그 결과 65세 대표표본은 초기성인기 표본의 85퍼센트보다 자기 규율 능력이 높게 나타났으며, 우호성은 초기성인기 표본의 75퍼센트보다 높았다.

그에 비해 외향성은 변화가 가장 적었다. 유년기부터 청소년기에 걸쳐 급격히 하락하는 것을 제외하고는 평생 안정된 수준으로 유지되었다. 이는 내향적/외향적 성격 특성이 가장 변하지 않으며, 가장 안정적이라는 뜻이다.

그러나 문화적 환경이 다르면 연령 증가에 따른 성격의 변화가 다르게 나타난다. 한 홍콩 심리학자가 '낙관성'이라는 성격 특성을 주제로 탈문화 연구를 진행한 결과, 미국의 표본은 나이가 들수록 더욱 낙관적으로 변한 반면, 홍콩의 표본은 오히려 낙관성이 떨어지는 경향을 보였다.

부모가 됐을 때의 책임감　　　　미국의 심리학자 제니퍼 로디스미스 Jennifer Lodi-smith는 사회적 투자 Social Investment 의 증가 혹은 감소에 따라 성격이 변할 수 있다고 주장했다. 여기서 사회적 투자란 성인이 자신의 사회적 역할을 감당하기 위해 하는 투자와 약속을 의미한다. 직장에서 승진하는 것, 결혼해서 한 가정의 가장이 되는 것, 자녀를 낳아 부모가 되는 것 모두 사회적 투자가 증가한 경우다.

사회적 투자의 핵심은 바로 약속이다. 새 직위로 승진해도 그렇고 부모가 되어도 그렇고, 반드시 그에 상응하는 책임을 지겠다는 약속이 뒤따른다. 미국 심리학자 네이션 허드슨Nathan Hudson은 동일한 사람을 기간을 두고 계속해서 조사하는 방법인 종단적 연구를 통해, 개인이 직장에서 중요한 직책을 맡게 되면 업무 참여도와 투자도가 상승해 결과적으로 성실성이 높아진다는 사실을 밝혀냈다.

또한 부모가 되면 우호성과 성실성이 높아지며, 새로운 친밀 관계를 맺으면 신경증이 낮아지고 정서가 더욱 안정되는 모습을 보였다. 새로운 일, 생활의 변화, 자녀의 존재 등이 성격 개선의 기회가 되는 것이다.

행복감이 높아진 삶의 만족도　　　　　성격이 변하면 당연히 삶의 만족도도 변한다. 그런데 반대로 삶의 만족도가 변함으로써 성격이 변하기도 한다. 불행한 사건을 연달아 겪거나 오랫동안 슬럼프에서 빠져나오지 못하면, 혹은 경제적으로 문제가 생기면 정서안정성이 확실히 떨어진다. 또한 극심한 트라우마는 성격을 부정적으로 바꿔놓기도 한다. 이와 반대로 삶의 만족도가 높아지면 우호성과 성실성 역시 높아지며 신경증 수준은 낮아진다.

이런 현상은 횡적 비교(같은 시기에 다른 개체들을 비교)뿐만 아니라 종적 비교(다른 시기, 즉 시간의 흐름에 따라 같은 개체들을 비교)에서도 동일하게 나타났다. 즉 더 행복한 사람이 더 건강한 성격 특성을 갖고, 과거에 비해 현재 행복감이 높을수록 성격도 끊임없이 개선되었다.

처방

원하는 성격으로 바꾸는 방법

외부 세계의 영향 말고도 스스로 노력해서 성격을 바꿀 수도 있다. 허드슨은 16주에 걸친 실험을 통해 자신의 노력으로 얼마든지 성격을 바꿀 수 있다는 사실을 증명해냈다. 그는 먼저 성격을 바꾸기 원하는 대학생을 모집한 뒤 이들을 실험군과 대조군으로 나눴다. 그리고 실험군에게 자신이 바꾸고 싶은 성격 특성을 명시하고, 성격 개선을 위한 구체적인 목표와 실천 계획을 세우게 했다. 참가자들은 '목요일 오후 아무개와 커피 마시기', '친구의 말에 기분이 상하면 그 자리에서 솔직하게 말하기' 등의 과제를 스스로 설정했고, 전문적인 연구자의 감독과 도움을 받으며 과제를 완수했다. 그 결과 실험군에 속한 학생 모두가 명백한 성격의 변화를 실감했으며, 실제 성격 테스트 결과에서도 이들이 바라던 대로 특정한 성격의 점수가 오르거나 떨어졌다.

단, 변하고자 하는 강한 열망이 있어도 이를 막연한 목표로 두고 구체적인 실천과 실행 계획을 세우지 않으면 삶의 만족도가 오히려 떨어졌다. 따라서 스스로 노력할 생각이 없다면 더 나은 사람이 되겠다는 환상을 버리고 지금의 자신을 있는 그대로 받아들이는 편이 더 낫다.

그러나 자신을 바꾸고 싶고, 그 열망을 기꺼이 실천에 옮길 열의도 있다면 다음 7단계 조언을 하나하나 실천해보자.

1단계: 스스로 낙인찍은 내 성격 지우기

스스로에게 '부끄럼이 많다'거나 '사람 사귈 줄 모른다'는 낙인을 찍고 이를 절대 바꿀 수 없는 상태로 인정(고착화)해버리면 변화의 계기조차 만들 수 없다. 그러니 바뀌기로 결심했다면 먼저 스스로 찍은 낙인을 지워버리자.

성격 변화의 첫 번째 단계는 자기 자신을 얼마든지 발전할 수 있고 성격을 얼마든지 다시 빚을 수 있는 가능성의 존재로 인지하는 것이다.

2단계: 바꾸고 싶은 성격 구체화하기

먼저 자신의 어느 면을 바꾸고 싶은지, 궁극적으로 어떤 사람이 되고 싶은지 생각해본다. '아무개 같은 사람이 되고 싶어'라는 두루뭉술한 느낌만 있다면 구체적으로 그 사람의 어떤 점을 닮고 싶은지 스스로에게 물어본다. 그 사람의 행동인가? 습관이나 말하는 방식인가? 그도 아닌 또 다른 어떤 것인가? 그런 점을 바꾸는 것이 스스로에게 얼마나 큰 의미가 있는가?

스스로 이런 질문을 묻고 답하다 보면 진짜 자신이 추구해야 할 목표를 구체화할 수 있다. 실제로 목표를 구체적으로 설정하다 보면 자기가 변해야 한다고 생각했던 점과 실제 변해야 하는 점 사이에 상당한 간극이 있다는 사실을 깨닫게 된다.

3단계: 계획은 세세하게 설정하기

계획은 아래 권장 계획처럼 구체적이고 자세할수록 좋다.

- 일반 계획 : 이번 달에 새 친구 여섯 명 만들기
- 권장 계획 : 이번 달은 최소 두 번 이상 모임에 참석해서 최소 세 사람 이상 새로운 친구 사귀기

계획에 착수하기 전에는 무엇보다 마음의 준비를 해야 한다. 실천하는 과정은 생각보다 무척 힘들 수 있다. 도중에 나가떨어지지 않으려면 스스로에게 정기적으로 상을 주는 시스템을 마련해야 한다. 크든 작든 어떤 것이든 상관없다. 끝까지 변화의 동기를 잃지 않도록 적절한 시간 간격을 두고 보상을 책정하는 것이 중요하다.

가상의 본보기를 세우는 것도 좋은 방법이다. 자신이 궁극적으로 원하는 성격을 가진 사람을 설정하고, 그가 매일 어떻게 말하고 행동하며 이런저런 상황에 어떻게 대처하는지를 세세하게 상상해본다. 그리고 일상생활에서 수시로 그를 떠올리며 따르려고 노력한다.

4단계: 일단 바뀐 '척'해보기

자기 성격이 지나치게 내향적이고 또 단시일 내에 바뀔 것 같지 않다면, 친하지 않은 사람과 대화를 시도하고 친구에게 먼저 연락해 약속을 잡는 등 평소의 자신이라면 하지 않았을 행동을 해본다. 행동이 생각의 변화를 이끌 수도 있기 때문이다. 실제로 머릿속으로 생각할 때는 어렵고 무섭기만 했던 일도 막상 행동으로 옮겨보면 생각만큼 어렵지 않을 때가 더 많다.

5단계: 자신에게 '무너지는 시간' 허락하기   실천 초기에는 구체적인 계획을 세우고 실행하며 새로운 행동 습관을 익히는 일이 어렵게만 느껴진다. 스스로 바뀌고자 마음먹기는 했어도 한순간 원래의 자신과 완전히 다른 사람이 될 수는 없기 때문이다. 그래서 때때로 '무너지는 시간'이 필요하다. 이 시간만큼은 이래야 한다, 저래야 한다는 논리의 구속에서 벗어나 원래 자기 모습대로 생각하고 말하고 행동해도 좋다. 하지만 이 시간 외에는 반드시 새로운 행동 습관과 규칙을 준수한다.

6단계: 낯선 사람을 만나고 낯선 활동 하기   새로운 사물은 변화에 언제나 도움이 된다. 만약 기존의 익숙한 환경에서는 어찌해도 변할 수 없을 것 같다면 완전히 새롭고 낯선 환경(동호회나 사교 모임 등)에 뛰어들어가 보자. 낯선 사람을 만나고 낯선 일을 겪고 낯설고 새로운 활동을 하다 보면 자신도 몰랐던 모습을 발견하게 된다.

7단계: 가끔씩이라도 일기 쓰기   매일이 아니더라도 일기를 쓴다. 일기를 쓰다 보면 자신을 돌아보면서 스스로의 발자취를 따라가게 되고, 그러다 보면 자아 인식을 심화할 수 있다. 특히 성격 개선 과정에서 느낀 점을 쓰고 정리하다 보면 나 자신을 더욱 명확하고 객관적으로 보게 되면서 철저한 자기반성을 하게 된다.

성격을 바꾸다

성격은 스스로 노력하면 바꿀 수 있다.
하지만 스스로 노력할 생각이 없다면
더 나은 사람이 되겠다는 환상을 버리고
지금의 자신을 있는 그대로 받아들인다.

자신을 기꺼이 바꾸겠다면, 아래 7단계를 실천한다.
1단계. 스스로 낙인찍은 내 성격 지우기
2단계. 바꾸고 싶은 성격 구체화하기
3단계. 계획은 세세하게 설정하기
4단계. 일단 바뀐 '척'해보기
5단계. 자신에게 '무너지는 시간' 허락하기
6단계. 낯선 사람을 만나고 낯선 활동 하기
7단계. 가끔씩이라도 일기 쓰기

12 · 가능한 자기

12
실패한 흔적을
지우는가, 기억하는가?

개인은 성장의 단계마다 크고 작은 목표를 세운다.

목표가 있을 때 삶에 더 큰 만족을 느낀다.

어떤 목표는 실현되고, 어떤 목표는

실현 불가능해지며, 어떤 목표는 버려진다.

인생의 중요한 목표를 의인화한 것이 '가능한 자기'다.

만약 '잃어버린 가능한 자기'를 글로 서술한다면

지금 어떤 감정이 떠오르는가?

잘못과 실패, 비현실적인 기대라는 뼈아픈 경험들은 아쉬움과 후회, 실망, 심지어 수치심까지 불러일으킨다. 그렇기에 이런 경험을 떠올리며 돌아보는 것은 결코 유쾌하지 않다. 하지만 시각을 달리하면 매우 유익한 일이기도 하다. 왜냐하면 이를 통해 한층 성장하고 발전된 인격을 가질 수 있기 때문이다.

미국의 심리학자 로라 킹Laura King과 조슈아 힉스Joshua Hicks는 아쉬움과 후회의 경험이 개인의 인격 성숙에 미치는 영향을 다년간 연구했다. 개인은 성인이 된 후 끊임없이 목표의 변화를 겪는다. 목표가 변화하는 과정은 곧 개인의 발전사이기도 하다.

로라 킹과 조슈아 힉스는 그중에서도 실패한 목표, 특히 다시는 실현할 수 없는 목표에 주목하고, 이를 '잃어버린 가능한 자기Lost Possible Self'라고 명명했다. 그리고 스스로 '잃어버린 가능한 자기'를 어떻게 대하느냐에 따라 행복감과 자기복잡성, 성숙도가 달라진다고 주장했다.

이번 편에서는 인생을 살다 보면 누구나 겪는 잘못과 실패, 즉 우리가 잃어버린 '가능한 자기Possible Self'에 관한 내용을 다루었다.

인생의 중요한 목표 = 가능한 자기

개인은 성장의 단계마다 때론 능동적으로, 때론 수동적으로 크고 작은 목표를 세운다. 로라 킹과 조슈아 힉스에 따르면 사람은 목표가 있을 때 삶에 더 큰 만족을 느낀다. 하지만 목표가 있다는 것은 곧 필연적으로 실패할 운명을 지게 된다는 뜻이기도 하다. 왜냐하면 자신이 세운 목표를 전부 이룰 수 있는 사람은 없기 때문이다. 어떤 목표는 결국 실패할 수밖에 없으며, 필연적으로 아쉬움과 후회를 남긴다. 게다가 이 목표를 좇느라 놓쳐버린 다른 목표들 역시 일종의 아쉬운 기회로 마음에 남게 된다.

살다 보면 실현 가능성이 완전히 사라져서 목표를 포기해야 하는 경우도 있다. 하지만 자신에게 무엇보다도 소중했던 목표를 단숨에 버리기란 결코 쉬운 일이 아니다. 독일의 요아킴 브룬슈타인Joachim Brunstein과 페터 골위처Peter Gollwitzer의 연구에 따르면 사람들은 실현 가능성이 거의 없다는 사실을 깨달아도 목표를 포기하지 않고 오히려 몇 배로 더 노력하는 경향을 보였다. '집념'의 존재가 과학적으로 증명된 셈이다.

개인은 목표가 꺾일 때마다 자신의 능력과 현재 처한 상황을 새롭게 정의한다. 그런데 대부분 부정적인 방향이다. '자신이 바라는 미래는 결코 오지 않을 것'이라는 실망에 빠진다. 하나의 목표를 포기할 때마다 그 목표를 실현하기 위해 투자했던 모든 가치가 물거품이 된다. 게다가 자신의 기대가 비현실적이었음을 뼈저리게 인정하고, 세상에서 자신의 위치가 생각했던 것과 다르다는 사실을 받아들인다.

그렇다고 미련이나 아쉬움 때문에 이미 불가능해져버린 목표를 붙들고 있으면 새로운 기회를 찾을 수가 없다. 나중에 더 크게 후회하고 싶지 않다면 불가능해진 목표에 대한 미련은 과감히 끊어내야 한다. '그것은 더 이상 나의 목표가 아니다'라고 스스로에게 선포해야 한다.

'가능한 자기'를 실현할 때와 잃어버릴 때 개인이 발전함에 따라 어떤 목표는 실현되고, 어떤 목표는 실현 불가능해지며, 어떤 목표는 버려진다. 앞에서 얘기했듯이 그런 의미에서 목표의 변천사는 곧 개인의 발전사이기도 하다. '가능한 자기 이론Possible Self Theory'은 바로 이러한 목표 변화와 인격 발전의 상관관계에 기반을 두고 있다.

'가능한 자기'란 인생의 중요한 목표를 의인화한 것이다. 현재 추구 중인 목표뿐만 아니라 그 목표와 관련해서 기대하는 미래까지 '가능한 자기'에 포함된다. 이는 성인이 된 후 인지 발달을 자극하는 원천이기도 하다.

'가능한 자기'는 동시에 여러 가지가 있을 수 있다. 로라 킹과 조슈아 힉스는 '가능한 자기'의 중요도를 가늠하는 기준으로 출현 빈도를 제시했다. 여러 개의 '가능한 자기' 중 어떤 것은 자아 개념 속에 장기간 지속적으로 자주 출현한다. 이처럼 출현 빈도가 가장 높은 '가능한 자기'가 바로 개인을 움직이는 동력의 근원이다. 예를 들어 한 의과생이 장래에 중국의 화타 같은 명의가 되겠다는 목표를 세웠다고 하자. 만약 이 목표를 오랫동안 거의 매일 떠올린다면, '화타 같은 명의'가 그에게는 출현 빈도가 가장 높은 '가능한 자기'다.

가능한 자기 이론에서는 수많은 경험을 자신의 인지적 틀에 흡수하고 조정하는 과정 자체를 성장이라고 본다. 사람은 누구나 세상과 자신에 대한 이해를 넓혀가며 나름의 인지적 틀을 만든다. 만약 어떤 경험이 기존의 인지적 틀에 잘 부합하면 우리는 그것을 편안하고 순조롭게 받아들이는데, 이 과정이 바로 '흡수'다.

그런데 경험이 기존의 인지 도식Cognition Schema, 즉 머릿속에 이미 자리 잡은 지식과 경험, 생각의 틀에 맞지 않거나 심지어 초월할 때도 있다. 분명히 할 수 있다고 생각했던 일을 실패하거나, 스스로 어떤 것을 좋아한다고 생각했는데 알고 보니 전혀 그렇지 않은 경우가 그렇다. 이런 새로운 경험을 해석하려면 기존의 인지 도식 체계를 조정해야 한다. 조정의 과정을 거치고 나면 삶은 다시금 이해할 수 있는 것으로 변한다.

흡수는 머릿속에 있던 기존의 '가능한 자기'가 실현되는 과정이지만, 조정은 '가능한 자기'를 잃어버리는 과정이다. 그리고 로라 킹은 가능한 자기를 잃어버리는 바로 이 순간을 '가장 배우기 좋은 때Teachable Moment'라고 칭했다. 이 시점에 이르면 자신도 모르게 멈춰 서서 스스로에게 이런 질문을 던지게 되기 때문이다.

"내가 어떻게 여기까지 왔지?"

"이제 어디로 가야 하지?"

이런 시점이야말로 우리가 더욱 복잡하고 고등하며 훨씬 설명력 있는 인지 체계를 획득할 기회다.

자신의 '가능한 자기'를 이야기로 기록한다면

로라 킹과 조슈아 힉스는 인생의 중대한 변화를 겪은 성인에게 자신의 '가능한 자기'를 이야기 식으로 기록하게 한 뒤, 그들의 기록과 성숙도의 관련성을 연구했다. 실험 참가자 중에는 다운 증후군 아이의 부모, 결혼 생활 이십 년 만에 이혼한 중년 여성, 동성애자 등이 포함되어 있었다. 실험에 앞서 로라 킹과 조슈아 힉스는 '가능한 자기'를 현재 소망하는 '최고의 가능한 자기Best Possible Self'와, 한때 소중하게 여겼으나 더 이상 실현할 수 없게 된 '잃어버린 가능한 자기'로 분류했다.

'가능한 자기' 기록과 성숙도 실험　　　　로라 킹과 조슈아 힉스는 실험 참가자들에게 다음의 두 문항에 자세히 답해줄 것을 요청했다.

'최고의 가능한 자기' 묘사하기

- 현재와 미래의 생활을 떠올리고 상상해보십시오. 어떤 일들이 일어나기를 바랍니까? 혹은 간절히 소원하는 일은 무엇입니까?

- 지금 당장 꿈꾸던 인생을 살 수 있게 되었다고 상상해보십시오. 열심히 노력해서 마침내 목표를 이룬 것입니다. 그것은 어떤 인생입니까?
- 자신이 생각하는 최고의 삶은 무엇입니까? 자신이 생각하는 최고로 행복한 삶은 무엇입니까?

'잃어버린 가능한 자기' 묘사하기

- 과거에 꿈꿨던 미래를 떠올리고, 몇몇 실패와 잘못이 벌어지지 않았다고 가정해보십시오. 어떤 일들이 일어나기를 바랍니까? 혹은 간절히 소원하는 일은 무엇입니까?
- 바라던 일이 실현됐다는 가정하에 자신이 생각할 수 있는 최고로 행복한 삶은 무엇입니까?

일례로 다운 증후군 자녀를 둔 부모 몇몇은 이 부분에서 자신의 아이가 아프지 않은 삶을 묘사하고, 몇몇 동성애자는 자신이 이성애자인 삶을 묘사했다.

이어서 연구팀은 '주관적 삶의 만족도'와 '주관적 복잡성'을 기준으로 실험 참가자의 인격 성숙도를 평가했다. 주관적 삶의 만족도를 측정하기 위해서는 자기 보고 형식의 설문조사라는 비교적 간단한 방식을 채택했다. 그에 비해 주관적 복잡성을 측정하기 위해서는 자아발달수준 테스트를 이용했다.

자아발달수준이란 자신과 세상에 대한 개인의 체험 수준과 이해 정도를 말한다. 연구팀은 경험과 체험을 제어하고 통합하며 이해하려고 노력하는 것이 자아의 본질이라고 전제했다.

따라서 자아발달수준이 높을수록 개인의 인지적 틀이 더욱 복잡해진다. 예를 들어 자아발달수준이 낮은 개인은 인생에 대한 이해도가 낮고 비교적 단순하다. 한 가지 문제에는 한 가지 답밖에 없다는 식이다. 그러나 자아발달수준이 높은 개인은 인생의 복잡함과 심오함을 이해하며, 때로는 한 가지 문제에 정답이 여러 개 존재할 수도 있다는 사실을 잘 안다.

'가능한 자기' 기록과 성숙도 실험 결과　　　로라 킹과 조슈아 힉스의 '가능한 자기' 기록과 성숙도의 관련성 실험 결과, 피실험자가 서술한 '가능한 자기'는 삶의 굴곡에 따라 명백하게 변했다. 그런데 서술 과정에서

- '최고의 가능한 자기'에 집중한 경우,

  현재와 미래에 '최고의 자기'를 실현할 가능성에 주목한 사람은 주관적 삶의 만족도 점수가 훨씬 높았다.

- 이에 비해 '잃어버린 가능한 자기'에 집중한 경우,

  이루지 못한 목표를 아직도 떨쳐내지 못한 사람은 주관적 삶의 만족도 점수가 낮았다. 전자에 비교하면 행복하지 못한 셈이다. 그러나 주관적 복잡성에서는 결과가 정반대였다. '잃어버린 가능한 자기' 항목을 상세히 서술할수록 자아발달수준 점수가 높았던 것이다. 이들은 훨씬 복잡한 인지적 틀을 갖고 있으며 세상을 이해하는 정도도 훨씬 깊었다. 또한 자아발달수준이 높고 성숙했으며 '상실'을 편안하게 받아들였다. 연구팀은 과거의 아쉬움과 대면하는 과정 자체가 개

인의 성숙을 돕는 측면이 있다고 부연했다.

한편 주관적 삶의 만족도는 '잃어버린 가능한 자기'를 다루는 방식과 연관된다. 연구팀은 이렇게 설명한다.

- 주관적 삶의 만족도가 낮고 자아발달수준이 높은 사람은 과거의 '잃어버린 가능한 자기'를 상세하게 묘사하면서 주로 부정적 단어를 사용했다. 이들은 고통을 감내하면서까지 상실과 직면할 만큼 성숙하지만 자기자비가 결여된 탓에 이 과정에서 부정적인 감정을 느꼈다.

- 그에 비해 주관적 삶의 만족도와 자아발달수준이 모두 높은 사람은 '잃어버린 가능한 자기'에게서 오히려 감사를 느낀다. 예를 들어 다운증후군 아이의 부모는 '내 눈에 이 아이는 완벽하다', '이 아이는 건강한 아이 못지않게, 심지어 그보다 더 많은 것을 내게 주었다' 등 긍정적 정서가 충만한 표현과 단어를 사용했다. '잃어버린 가능한 자기'의 경험을 통해 복잡한 인생의 지혜를 깨닫고 평안함을 얻은 뒤, 오히려 자신이 겪은 어려움에 감사하는 마음을 갖게 된 것이다.

주관적 삶의 만족도와 자아발달수준을 변화시키는 것은 쉬운 일이 아니다. 먼저 '잃어버린 가능한 자기'를 설명하는 방식을 부정적인 단어에서 긍정적인 단어로 바꾸는 일부터 시도해보자. 다르게 묘사하는 것만으로도 성숙한 자신에 한 걸음 더 다가갈 수 있다.

처방

'가능한 자기'를 탐색할 때 주의 사항

정체성 이론의 창시자 에릭 에릭슨 Erik Erikson 은 자신의 자아를 부단히 탐색하는 과정에서 자아정체성이 형성된다고 보았다. 사람들은 자아정체성이 청소년기나 초기성인기에 대부분 완성된다고 생각한다. 그러나 성인이 된 후에도 인생의 중요한 목표, 즉 '가능한 자기'를 탐색하는 과정을 통해 자아는 끊임없이 변하고 발전한다.

지금까지의 인생을 이야기 식으로 서술하다 보면 자신의 인생 목표가 외부 환경과 내적 경험에 따라 어떻게 변해왔는지가 새롭게 보인다. 과거의 나를 만든 '가능한 자기'가 어떤 것들이며, 현재와 미래의 나를 만들어갈 '가능한 자기'는 또 어떤 것들이 있는지 확인할 수 있다. 이 과정을 통해 우리는 과거의 자신을 인정하고 다시금 현재에 집중할 수 있다.

'가능한 자기'를 탐색하려면 먼저 마음의 준비를 단단히 해야 한다. 그래야 '잃어버린 가능한 자기'와 대면했을 때 후회와 아쉬움에 짓눌리지 않을 수 있다. 물론 '가능한 자기'를 잃고 아픔을 통해 성숙해지기 전의 나 자신이 얼마나 어리석고 나약했는지를 되돌아보는 것은 뼈아픈 일이다. 그래서 로라 킹과 조슈아 힉스는 '가능한 자기'를 탐색하려면 먼저 몇 가지 마음의 준비를 해야 한다고 지적했다.

다음은 '가능한 자기'를 탐색할 때 주의할 사항이다.

과거에 겪은 어려움과 대면하기　　미국의 심리학자 제롬 브루너 Jerome S. Bruner는 '혼란과 무질서야말로 인생이라는 이야기의 주요 줄거리'라고 말했다. 개인은 때로 고난과 고통을 겪으며, 때로 도전적인 일에 자극을 받아 인생의 전환을 이룬다. 따라서 '가능한 자기'를 탐색하는 과정에서 우리는 반드시 과거에 겪은 어려움을 떠올리고 대면해야 한다. 이는 비록 유쾌하지 않지만 반드시 거쳐야 하는 과정이다.

뜻밖의 일도 받아들이기　　불확실성과 예측 불가성은 언제나 불안함을 안긴다. 그러나 개인은 기존의 틀을 깨고 나와 미지와 조우하면서 성장한다. 심지어 불확실하고 예측 불가한 '뜻밖의 일'들이야말로 진짜 성장의 원동력이라고 주장하는 전문가도 많다. 수많은 '뜻밖의 일'을 겪으며 몇몇 '가능한 자기'를 잃어버리기도 하지만, 현재의 '가능한 자기'를 갖게 된 것 역시 '뜻밖의 일' 덕분임을 기억하자.

오만함을 버리고 겸손해지기　　'뜻밖의 일'을 인정하고 받아들이면 더 이상 자기 인생을 손바닥 보듯 잘 안다고 생각하지 않게 된다. 또 무슨 일이든 할 수 있다는 오만함에서 벗어나게 된다. 즉 인생에 대해 겸손한 태도를 갖게 되는 것이다. 그리고 이런 겸손한 태도를 가질 때 비로소 자신이 얻은 것을 당연하게 여기지 않고, 잃은 것에 연연해하지 않을 수 있다.

'잃어버린 것'에 의미 부여하기　　　과거를 돌아보다 보면 필연적으로 예전의 어리석은 자신과 만나게 된다. 이는 결코 유쾌하지 않으며, 고통스럽기까지 한 일이다. 그래서 자아 탐색에는 무엇보다 용기가 필요하다. 특히 과거의 '잃어버린 가능한 자기'를 돌이켜보려 애쓸 때, 후회와 좌절감이 엄습하더라도 이에 짓눌리지 않고 '잃어버린 것', 즉 실패한 목표에 의미를 부여할 수 있는 용기가 필요하다.

'성장이란 가능성이 무너지는 과정'이라는 말이 있다. 우리는 수많은 '가능한 자기'를 잃어버리며 현재의 자신에 도달했다. 따라서 성장은 획득의 과정인 동시에 수많은 상실과 애통을 처리하는 과정이다. 과거의 꿈과 작별하고, 더 이상 시도조차 해볼 수 없는 가능성에 안녕을 고하는 과정이다.

어쩌면 목표는 계속 무너져야 하는 것인지도 모른다. 목표가 무너질 때마다 진정한 '나'의 이미지가 더욱 선명히 드러나기 때문이다. 나 자신에 대한 이해가 깊어질수록 넓고 얕았던 목표는 사라지고 좁고 깊은 목표가 발견된다. 이와 동시에 불확실한 고통은 사라지고 새로운 목표를 찾는다는 기쁨만이 남는다. 자기 자아의 한 부분을 확인한 뒤 '가능한 자기', 즉 목표를 찾아 나서는 것은 불안이 아닌 희망으로 가득한 모험이다. 그리고 자아의 한 부분을 얻으려면 반드시 '잃어버린 가능한 자기'들을 놓아버려야 한다.

지금의 삶에서 더욱 행복해지려면 과거 대신 현재와 미래에 집중해야 한다. 현재와 미래에 '가능한 자기'에게 집중하고, 그 '가능한 자기'를 위해 어떠한 태도로 어떻게 살아갈 것인지를 상상해보자. 이러한 상상이 스스로 지속적으로 성장할 힘을 줄 것이다.

현재와 미래를 탐색하다

지금까지의 인생을 서술해보면 인생 목표가
외부 환경과 내적 경험에 따라 어떻게 변해왔는지
새롭게 보인다. 과거의 나를 만든 '가능한 자기', 즉 목표가
어떤 것이며, 현재와 미래의 나를 만들어갈
'가능한 자기'는 또 어떤 것인지 확인할 수 있다.
'가능한 자기'를 탐색하는 과정을 통해
자아는 끊임없이 변하고 발전한다.

'가능한 자기'를 탐색할 때 주의할 사항이다.
과거에 겪은 어려움과 대면하기
뜻밖의 일도 받아들이기
오만함을 버리고 겸손해지기
'잃어버린 것'에 의미 부여하기

13 · 자기 발전

13

일하는 나의 스타일은?
일하는 목적은?

인생을 효율적으로 살려면 어떻게 해야 할까?

어떻게 해야 인생의 효율을 높일 수 있을까?

당신은 미래에 어떤 사람이 되고 싶은가?

또 어떤 삶을 살고 싶은가?

가장 먼저 목표를 찾고

목표를 향해 즐기면서 가는 길을 찾아야 한다.

그 길은 어떻게 찾아야 할까?

"자기 발전을 이루려면 어떻게 해야 하나요?"

"하고 싶은 일은 많은데 현실은 소파족Couchsurfer이에요. 어쩌면 좋죠?"

질문은 다르지만 궁금해하는 것은 한 가지다. 바로 '어떻게 해야 인생의 효율을 높일 수 있는가'다.

효율적인 인생이란 무엇일까?

대개 목표를 효과적으로 달성하는 인생을 효율적인 인생이라 한다.

그렇다면 인생을 더욱 효율적이고 효과적으로 살려면 어떻게 해야 할까?

나의 '생산성 스타일' 찾기

경영 컨설팅 전문가 카슨 테이트Carson Tate는 수년간 '개인생산효율 Personal Productivity'을 연구한 뒤, '생산성 스타일'이라는 개념을 창안했다. 카슨 테이트에 따르면 평소 몸에 밴 업무 처리 스타일은 사람마다 제각각이다. 그렇기에 모든 사람에게 일괄적으로 적용 가능한 효율적인 업무 처리 비결은 애초에 존재하지 않는다. 따라서 가장 먼저 자신과 타인의 생산성 스타일을 이해해야 한다. 그래야 비로소 자신에게 맞는 효율적 업무 방식과 효과적 협업 방식을 찾을 수 있다.

카슨 테이트는 생산성 스타일을 우선순위 설정형, 계획형, 협상형, 상상력 등 총 4가지로 분류했다. 경우에 따라 한 사람이 한 가지 스타일을 보이기도 하고, 여러 가지 스타일이 혼재되어 나타나기도 한다.

시간을 똑똑하게 쓰는 '우선순위 설정형'　　우선순위 설정형 Prioritizer은 목표 지향적이며 논리, 분석, 실증, 데이터 근거를 중시하는 사고방식의 소유자다. 이들은 효율적인 시간 운용에 가치를 두기 때문에 해야 할 일에 우선순위를 매기고 그중 가장 순위가 높은 임무에 에너지를 집중하는 방식으로 업무를 처리한다.

이들은 사실에 근거한 열렬한 토론과 비판적 분석을 좋아하며 시간을 똑똑하고 효과적으로 쓸 줄 안다. 반대로 의미 없는 한담, 사적 정보의 과도한 공유, 부정확하거나 잘못된 정보와 지시, 시간 낭비 등을 극도로 싫어한다. 대화 스타일은 매우 명확하고 논리적이며 전문 용어와 준말을 즐겨 사용한다. 자신의 의견을 뒷받침할 근거를 꼼꼼히 마련하며 직접적으로 묻고 즉시 소통하는 것을 선호한다. 이메일도 단순명료하게 핵심만 담아 전달한다.

우선순위 설정형은 가장 근본적인 목표를 염두에 두고 업무를 진행한다. 특히 데이터 처리, 복잡한 문제 해결, 우선순위 설정, 예산 관리 등에 강점을 보인다. 그러나 정서적인 소통이나 타인의 감정을 읽고 마음을 헤아리는 부분은 약하다.

실수를 극도로 싫어하는 '계획형'　　　　우선순위 설정형이 임무의 목표를 중시한다면 계획형Planner은 임무를 집행하는 과정에 중점을 둔다. 계획형은 세부 사항과 디테일을 중요하게 생각하여 조직의 규칙과 기준을 엄격하게 따르고 절대 미루는 일 없이 질서정연하게 임무를 완수한다. 일을 착수하기 전에 항상 상세한 실행 계획을 짜고, 어느 하나 기한을 넘기지 않도록 정확하고 촘촘하게 일정을 분배한다.

이들은 계획을 완벽하게 실행하기 위해 진행 사항을 확인할 수 있는 도구를 따로 사용하기도 한다. 또한 시간표가 흐트러지는 것, 정확하지 않은 언어 표현과 오탈자, 기타 사소한 오류 등을 싫어하며 품질이나 디테일에 관한 걱정과 의구심이 많은 편이다. 대화할 때는 완전한 문장을 구사하며 정확하고 신중한 표현을 사용한다. 이는 남에게 피드백을 줄 때도 마찬가지다.

계획형은 질서를 잡고 임무 완수까지의 진행 과정을 계획하는 데 능하다. 또한 다른 사람은 놓치기 쉬운 오류나 잘못을 잘 찾아낸다. 그러나 사고방식이 지나치게 분석적인 탓에 융통성이 떨어지고 더 넓은 시각으로 전체 상황을 파악하지 못한다는 약점이 있다.

능숙하게 대화를 이끄는 '협상형' 협상형~Arranger~을 움직이는 원동력은 정서적인 힘이다. 이들은 열정이 넘치며, 동료들과 서로 지지하고 힘을 북돋아 주며 임무를 완수하는 데 가치를 둔다. 상대의 입장에서 헤아릴 줄 알고, 대인관계와 설득에 능하며, 직관에 의존해서 결정을 내리는 성향이 강하다.

협상형은 다른 사람과 소통하는 일을 열정적으로 반긴다. 타인에게 긍정적 평가와 칭찬을 아끼지 않으며 남의 문제를 자기 일처럼 생각하며 함께 의논한다. 아무리 일로 만난 사이라도 어느 정도는 '사람 냄새가 나는 관계'가 되어야 한다고 생각하며, 인적 요소를 고려하지 않고 오로지 데이터와 사실에 근거하여 결정하는 것을 싫어한다.

또한 언제나 능숙하게 대화를 이끌고 여러 가지 구체적 사례와 심지어 개인적인 일까지 즐거운 소통을 위한 재료로 삼는다. 그래서 협상형 중에는 달변가와 이야기꾼이 많다.

그리고 팀의 분위기 메이커가 많다. 답답하고 경직된 분위기에서도 주눅 들지 않고 조화로운 대화를 이끌어낸다. 여러 사람 사이에서 갈등을 중재하는 조정자 역할뿐만 아니라 영업이나 설득도 잘한다.

그러나 이성적 분석과 논리적 사고가 부족하다는 단점이 있으며, 모든 사람의 감정을 고려한 해결 방법을 찾다가 정작 가장 중요한 요소를 간과하는 일이 빈번하다.

평소 대화 스타일이 추상적인 '상상형'　　상상형Visualizer은 미래의 가능성에 중점을 둔다. 그래서 현재가 아닌, 미래와 일할 때가 더 많다. 상상형은 창의 지향적이다. 개방되고 종합적인 사고방식을 선호하며, 항상 더 큰 그림을 상상하고, 새로운 기회와 도전을 좋아한다. 멀티태스킹을 잘하고 각기 다른 생각을 연결해서 새로운 아이디어를 고안해내며, 필요에 따라 신속하게 방향을 전환할 줄도 안다.

이들은 같은 일을 반복하거나 진행이 늘어지는 것을 싫어하고, 융통성 없고 고도로 조직화된 계획을 싫어한다. 세부 사항과 수치를 지나치게 따지는 것도, '그렇게 하면 안 된다', '원래 이렇게 해왔다'는 식의 말도 싫어한다. 평소 대화 스타일이 추상적이고 개념적인 이야기를 자주 하며, '상상', '예상', '기대' 같은 단어를 자주 사용한다. 비유도 많이 하는 편이다. 또한 종종 임무에서 혁신할 점을 찾고 묻는다.

상상형은 창의와 혁신에 강하며, 미래의 청사진을 세워 전체 프로젝트가 더욱 빠르고 더욱 다양하게 진행될 수 있도록 이끈다. 그러나 구체적이고 복잡한 임무를 잘 수행하지 못하고 세세한 부분을 잘 놓친다는 단점이 있다.

업무 지원 프로그램 등을 제공하는 'Teamwork' 사이트에서 트위터를 기반으로 조사한 결과 가장 흔한 생산성 스타일은 우선순위 설정형으로 전체의 41퍼센트를 차지했다. 계획형은 29퍼센트, 상상형은 18퍼센트, 가장 비율이 낮은 협상형은 12퍼센트였다. 목표 달성이라는 측면에서 봤을 때는 여러 가지 생산성 스타일이 섞여서 나타나기도 한다.

자신의 업무 방식이 위에 소개된 정도까지는 아니라 해도 어느 정도 비슷한 부분이 있다면 그것이 자신의 생산성 스타일이라고 봐도 무방하다.

경영 컨설팅 전문가 카슨 테이트에 따르면 자신의 생산성 스타일을 알면 자신은 왜 남들과 전혀 다른 목표를 세우는지, 혹은 같은 목표를 추구하면서도 전혀 다른 길을 선택하는지 이해할 수 있다. 또한 생산성 스타일에 근거해서 자신의 장단점을 분석하면 어떻게 효율을 높일 것인지, 그동안 간과했던 부분은 무엇인지 깨닫게 된다. 뿐만 아니라 타인의 생산성 스타일을 이해함으로써 서로 조화롭게 협조하고 협력하는 길을 발견할 수도 있다.

목표 달성을 위한 필수 요건

목표 달성의 효율성을 높이려면 먼저 목표를 과학적으로 설정하고 완수해야 한다. 이는 모든 생산성 스타일에 해당하는 이야기다. 다음은 일반적으로 두루 사용되는 목표 설정과 실현 방법이다.

목표를 세울 때는 명확하게 　　　미국의 심리학자 에드윈 로크$_{Edwin}$ $_{A.\ Locke}$는 자신의 목표 설정 이론에서 효과적인 임무 완성의 핵심은 제대로 된 목표 설정이라고 밝혔다. 그는 명확하고 도전적인 목표에 즉각적인 평가와 피드백이 수반된 집행 과정이 더해지면 업무 효율을 극대화할 수 있다고 역설했다.

다음은 목표를 명확하게 설정하는 기준 5가지다.

목표를 명확하게 설정하는 기준 5가지

- 첫째, 구체성$_{Specific}$

  목표는 명확하고 분명하며, 모호하지 않다.
- 둘째, 측정 가능성$_{Measurable}$

  임무 완수나 수행 정도를 가늠할 수 있는 기준이 있다.
- 셋째, 실행 가능성$_{Action-Oriented}$

  큰 목표를 세분화해서 구체적으로 실행할 수 있다.
- 넷째, 현실성$_{Realistic}$

여러 가지 요소를 고려하여 현실적인 목표를 세운다.
- 다섯째, 기한 설정Time-Bound
  목표에는 정해진 기한이 있다.

예를 들어 직업적인 인맥을 넓히고 싶다고 가정해보자. '직업적 인맥 쌓기'라는 모호한 목표만으로는 원하는 바를 이루기 어렵다. 먼저 어떤 분야에서 인맥을 쌓고 싶은지 정하고, 목표 달성 여부를 측정할 기준을 세운다. 예를 들면, 6개월 안에 두 명 사귀기 등. 그런 후에 목표 달성을 위한 구체적인 방법을 생각한다. 예를 들면, 관련 분야 모임에 매달 서너 차례 이상 참석하여 모임마다 최소 두 사람 이상 사귀기 등.

목표를 성공적으로 실행하려면　　　　제대로 된 목표를 세웠다면 이제 실행할 차례다. 에드윈 로크는 실행의 성공을 좌우하는 요소로 다음 3가지를 제시했다.

실행의 성공을 좌우하는 요소 3가지
- 첫째, 목표 달성의 중요도
  목표가 중요할수록, 결과에 대한 기대가 클수록 실행을 성공할 가능성이 높다.
- 둘째, 자기효능감Self-Efficacy
  스스로 목표를 달성할 수 있다는 신념이 얼마나 강하느냐에 따라 성공 여부가 갈릴 수도 있다. 한 연구에 따르면 미래의 자신을 신뢰할 수록 임무 수행 과정에서의 성과도 높아진다.

- 셋째, 목표 달성에 대한 약속

  자기 자신에게만 아니라 타인에게도 목표를 달성하겠다고 약속한다. '이번 임무를 달성하지 못하면 아무개에게 한 달 동안 밥을 산다'는 식의 조건을 정하는 것도 좋은 방법이다.

목표 달성을 성공적으로 실행하는 방법

다음은 성공적인 목표 달성에 도움이 될 만한 기상천외한 팁 3가지를 정리한 것이다.

수시로 원하는 미래의 내 모습 떠올리기　　　　2016년 신경과학 분야에서 흥미로운 사실이 밝혀졌다. 서로 전혀 상관없어 보이는 자기 절제와 공감 능력이 실은 같은 영역, 바로 우측 측두두정접합right Temporoparietal Junction, rTPJ의 주관을 받는다는 것이다. 이는 자기 절제와 공감 능력의 발생 기전이 같다는 의미이기도 하다. 공감 능력이 자기 자신의 이익을 넘어 타인의 시각에서 타인을 이해하고 공감하는 능력이라면, 자기 절제는 '현재 자신'의 이익을 넘어 가상의 또 다른 자신이나 미래의 나의 시각에서 스스로를 대하는 능력을 말한다. 2가지 모두 본질적으로 '타인의 감정을 미루어 짐작하고 타인의 정신 상태를 이해하는 능력'인 셈이다.

따라서 목표 실행 과정에서 자신을 더욱 잘 관리하고 싶다면 수시로 '현재의 나'에서 뛰쳐나와 '미래의 나'의 입장에 서서 생각할 필요가 있다.

노벨상을 수상한 이스라엘계 미국 심리학자 대니얼 카너먼Daniel

Kahneman은 혹시 모를 실패를 상상하는 것도 효과적인 목표 달성에 많은 도움이 된다고 주장했다. 일명 '사전 테스트' 전략으로, 목표 달성에 실패할 경우를 상정하고 실패할 만한 요인과 이유를 미리 생각해보는 것이다. '무조건 실패할 것'이라 생각하고 비관적이 되라는 말이 아니다. 최악의 가능성도 여러 가능성 중 하나로 보고, 더욱 철저히 준비하라는 것이다. 실패를 상상하다 보면 역설적으로 근거 있는 낙관을 갖게 된다. 실패를 야기할 수 있는 요인을 파악하고 미리 대비할 수 있기 때문이다. 결과적으로 성공 가능성과 자신감도 높아진다.

보상을 주는 긍정 행동에 중독되기　　　'중독'은 부정적인 단어로, 어떤 행위나 사물을 오랜 기간 반복해서 강박적으로 추구하는 것을 의미한다. 보통은 자신에게 해로운 대상에 중독되는 경우가 대부분이다.

그러나 미국의 정신병리학자 윌리엄 글래서William Glasser는 자신에게 이로운 대상에 중독될 수도 있다며 '긍정적 중독'이라는 개념을 제시했다. 긍정적 중독은 부정적 중독과 달리 목표 달성에 매우 효과적이다.

부정적 중독과 마찬가지로 긍정적 중독도 특정 행동에 따라오는 보상이나 쾌감, 만족감으로 인해 생긴다. 다른 점이라면 중독이라고 해도 자신을 통제하지 못하거나 생활이 안 될 정도로 빠지지 않는다는 것이다.

사람은 조건반사 원리를 이용해 긍정적 행동에 중독될 수 있다. 자신의 목표를 실현하기 위해 반드시 해야 하는 행동에 보상을 걸고, 그 행동을 할 때마다 스스로에게 보상을 준다. 머릿속에서 특정 행동과 쾌감을 자꾸 연결하는 것이다. 이것이 반복될수록 그 행동을 더욱 하고 싶은 욕망을 느끼게 된다. 다이어트를 위해 시작한 운동을 하루도 거르지 않고 하거나 모종의 목적을 가지고 시작된 독서가 어느새 일상적인 취미가 되는 것 등이 바로 긍정적 중독의 대표적 사례다.

결과와 노력하는 과정 모두 누리기   목표를 실현하려면 끊임없는 추진 동력이 필요하다. 동기 측면에서 봤을 때 추진 동력은 크게 '결과'와 '과정'으로 나눌 수 있다. 결과 지향적인 사람은 목표를 이루는 것 자체가 가장 큰 동기다. 이들은 목표에 한 걸음씩 더 가까워질수록 투지가 불타오른다.

그에 비해 과정 지향적인 사람은 목표를 향해 가는 여정 자체에서 성취감을 얻는다. 창의성을 발휘해 난관을 극복하고, 주어진 임무를 하나하나 해결하는 과정을 즐긴다. 이들에게 최종적 목표 달성은 과정의 부산물일 뿐이다.

그러나 가장 이상적인 동기 부여 전략은 결과와 과정 모두를 추진 동력으로 삼는 것이다. 즉 미래의 더 나은 자신을 기대하는 동시에 노력하는 과정을 충분히 누릴 수 있어야 한다.

특히 인생 계획 혹은 인생에 의미 있는 목표라면 더더욱 결과 지향성과 과정 지향성을 모두 갖추어야 한다. 왜냐하면 인생과 관련된 목표에는 뚜렷한 종점이 없기 때문이다.

예를 들어 훌륭한 작가가 되는 것이 인생의 목표라고 하자. 물론 좋은 작품을 써야 하겠지만, 이는 도중에 지나는 기착지에 불과하다. 이 목표를 이루고 나면 또 다른 목표를 추구해야 한다. 그리고 목표와 목표 사이에는 매일 쉬지 않고 써야 한다는 과정이 놓여 있다. 만약 그 과정을 즐기지 못하면 기뻐하는 시간보다 공허감을 느끼는 시간이 더 많아진다. 즉, 목표를 달성한 뒤 광적인 기쁨을 느끼는 짧은 순간을 제외한 나머지 시간은 늘 공허할 수밖에 없다.

따라서 목표를 찾고, 나아갈 방향을 찾아야 한다. 그리고 진심으로 즐기면서 목표를 향해 나아갈 수 있는 길을 찾아야 한다. 그러면 인생의 의미와 즐거움이 저절로 뒤따라올 것이다.

당신이 미래에 어떤 사람이 되고 싶은지, 또 어떤 삶을 살고 있는지 상상한다. 그런 뒤 자신에게 어떤 목표가 중요한지 생각하고 우선순위를 정한다. 목표를 세세하게 분해하고 구체적인 임무를 설정하는 등 계획을 세우고, 최선을 다해 실행한다.

이와 동시에 주변인과 우호적인 관계를 유지하여 이 길을 가는 동안 언제나 곁에 동행자가 있도록 한다. 이러한 상태야말로 효과적으로 목표를 달성하고 효율적인 인생을 달성할 수 있는 가장 이상적인 상태다. 부디 건투를 빈다.

인생의 목표를 실행하다

목표를 세세하게 분해하고 우선순위를 정한다.
구체적인 임무를 설정한 후, 최선을 다해 실행한다.
동시에 언제나 곁에 우호적인 동행자를 둔다.

목표를 설정하는 기준이다.
명확하고 분명하며 모호하지 않기
측정 가능하기, 실행 가능하기,
현실성 갖추기, 기한 정하기

목표 실행에 도움이 되는 방법이다.
수시로 원하는 미래의 내 모습 떠올리기
보상을 주는 긍정 행동에 중독되기
성공과 노력하는 과정 모두 누리기

14 · 자기주장성

14

부탁을 잘 들어주는가, 거절을 잘하는가?

부탁을 잘 거절하지 못하는가?
내 생각이 있지만 체면이나 부끄러움 때문에
말하지 못하는가? 꼭 중요한 순간에
말을 버벅거리는가? 불편한 말을 잘 못 해서
관계가 불편해지는가?

이런 상황에 제대로 대처하지 못하는 것은
대부분 자기주장성이 부족해서다.

- [상황1] 다른 사람의 부탁을 도무지 거절할 수가 없어서, 할 필요가 없고 하고 싶지도 않은데도 일을 또 하게 됐다.
- [상황2] 나도 나름대로 분명한 생각이 있는데 체면이나 부끄러움 때문에 입 밖에 내지 못할 때가 많다. 다른 이야기는 잘하면서 정작 내 생각을 말하려고 하면 입이 잘 떨어지지 않는지, 이유가 궁금하다.
- [상황3] 싸울 때는 버벅거리다가 나중에서야 '이렇게 말할걸, 저렇게 받아칠걸'이라며 뒤늦게 후회한다. 또는 내 생각을 차분히 말하지 못하고 냉소로 일관하다가 냉전에 빠지기 일쑤다.

얼핏 전혀 상관없어 보이는 위의 상황들은 모두 한 가지 특성과 관련되어 있다. 바로 자기주장성Assertiveness이다. 우리가 이런 상황에 제대로 대처하지 못하는 것은 대부분 자기주장성이 부족하기 때문이다.

심리

현명하게 자신을 지키는 힘, 자기주장성

위키피디아 영어판에서는 자기주장성을 '공격성이 없는 자기 확신과 자신감'이라고 정의한다.

자기주장성을 가장 먼저 연구한 사람은 미국의 심리학자 앤드루 솔터 Andrew Salter다. 1940~1960년대 자기주장성의 초기 연구는 주로 우울증이나 여타 정신질환의 치료 맥락에서 진행됐으나 1960년대부터는 흑인을 주축으로 하는 인권 운동과 여권 신장 운동의 영향을 받아 개인의 권리 쟁취 측면까지 범위가 확대되었다. 1980~1990년대에는 자아 발달과 자아실현을 이루는 주요 방법으로 연구되었고 21세기에 들어와서는 단순한 소통 기술이나 행동 습관, 대인관계 전략이 아닌 중요한 개인 품성의 하나로 다뤄지고 있다. 이러한 추세를 감안하여 자기주장성에 새롭고 완전한 정의를 내린다면 다음과 같다.

"자기주장성은 자기 자신을 위해 모종의 주장을 펴는 능력으로 중요한 개인 품성의 하나다. 자기주장성을 가진 사람은 타인의 권리를 해치지 않는 범위 내에서 자신의 입장을 옹호하며 목표 달성과 고난 극복을 위해 자신의 주장을 끝까지 고수하되, 공격성이나 충동성을 보이지 않는다."

자기주장성을 가진 사람은 어떻게 행동할까? 만약 다음의 특징이 나타난다면 자기주장성이 높다고 볼 수 있다.

자기주장성 높은 사람들의 특징

- 자신의 권리를 충분히 이해하고 있다.
- 자신의 느낌, 생각, 필요를 자유롭게 표현하며 타인의 정당한 요구를 존중한다.
- 반대 의사를 확실히 밝히며, 잘못을 인정하고 사과할 줄 안다.
- 시작부터 진행, 마무리까지 능숙하게 대화를 이끌어간다.
- 언쟁을 벌이는 와중에도 상대의 생각과 의견에 귀를 기울이며 적절히 반응한다.
- 자신과 타인을 항상 동등한 위치에 두고 우호적인 대인관계를 유지한다.
- 필요하다면 불공정하고 의미 없는 규칙에 의문을 제기할 줄 안다.
- 자신의 감정을 무조건 억누르지 않고 적절히 통제하며 관리한다.

자기주장성은 일종의 행동 습관이자 품성이기 때문에 언어뿐 아니라 말투나 눈빛, 제스처 등 비언어적 요소에서도 드러난다. 일반적으로 자기주장성이 있는 사람은 말이든 태도든 편안하고 객관적이며 여유가 넘친다.

자기주장성 없는 사람들이 보이는 행동   자기주장성은 수동(수

용)과 능동(공격) 어느 쪽에도 치우치지 않는 평형한 상태를 가리킨다. 자기주장성에 반대되는 행동 습관과 품성으로는 수동적 수용성과 능동적 공격성을 들 수 있다. 자기주장성과 달리 이 2가지에는 평등의식과 타인의 경계에 대한 존중이 결여되어 있다.

수동적 수용성을 가진 사람은 자신의 경계를 지키지 못한다. 이들은 타인이 자신의 경계를 침범해도 거부하지 못하고, 자신을 조종해도 순응한다. 심지어 자신이 상대와 평등하다고 생각하지 않기 때문에 '감히' 자기 의견을 제시할 엄두조차 내지 않는다. 남의 부탁을 거절하지 못하며, 남을 기쁘게 하려고 원치 않는 일을 하기도 한다.

능동적 공격성을 가진 사람은 타인의 경계를 존중하지 않는다. 이들은 남이 자신을 위해 어떤 일을 하는 것을 매우 당연하게 여기며, 남에게 영향을 미치고자 하는 욕구가 과도하다. 또한 남에게 상처를 주고도 모르거나 알더라도 별일 아니라고 생각한다.

식별하기 어려운 능동적 공격성도 있다. 미묘하게 사람을 부추긴다든가, 항상 요구하는 듯한 말투를 사용한다든가, 일부러 특정인을 무시하거나 다른 사람의 기분을 무시하는 등의 태도는 능동적 공격성에 해당하지만 분명히 알아차리기가 쉽지 않다.

수동적 수용성과 능동적 공격성을 가진 사람은 친밀한 관계에 있는 상대의 성향도 변하게 만든다. 상호작용을 하면서 상대방도 수동적 혹은 능동적 대응 방식을 발달시키게 되기 때문이다.

이와 달리 자기주장성을 가진 사람은 자신과 타인이 평등하다고 생각하기 때문에 타인의 경계를 침범하지도, 타인이 자신의 경계를 침범하도록 허락하지도 않는다. 이들은 자신의 경계를 지키고 타인의 경계를 존중하는 범위 안에서 자기 생각과 주장을 막힘없이 펼친다.

자기주장성이 꼭 있어야 하는 이유

타인이 자신을 침범하지 않도록 하려면 자신을 지키는 힘인 자기주장성이 필요하다. 이는 자기주장성에 있는 다음 몇 가지 긍정적 역할 때문이다.

거절도 자연스럽게 잘하다　　　어떤 사람은 '잘 거절할 줄' 몰라서 어려움을 겪는다. 상대의 요구가 불합리하고 자신도 원하지 않는데 단지 거절하는 방법을 몰라서 곤란한 상황에 처하는 것이다. 이처럼 자기주장성이 없는 사람은 자신이 원하든 원하지 않든 항상 남에게 끌려다니며 남 좋은 일만 한다. 또한 이러한 성향 탓에 상대에게 조종 혹은 착취당하는 건강하지 못한 관계에 빠질 위험이 크다.

이에 비해 자기주장성을 가진 사람은 남의 부탁을 들어주기에 앞서 자신의 입장을 먼저 생각한다. 아무리 친한 사람, 심지어 연인이나 배우자라고 해도 자신이 들어줄 수 없거나 원치 않는 요구를 하면 거절할 줄 안다. 물론 사랑하는 사람의 부탁을 거절하는 것은 결코 쉬운 일이 아니다. 그러나 상대에게 좋은 감정이 있는 것과 부탁을 들어주는 것은 별개이며, 상대의 요구를 거절한다고 해서 그 사람 자체를 거절하는 것은 아니다. 자기주장성을 가진 사람은 이 사실을 잘 알기에 감정 앞에 흔들리지 않고 이성적으로 판단한다. 그리고 자신이 이러저러한 합리적 이유에서 거절했다는 사실을 상대가 이해할 때까지 설명한다.

이들은 자신의 입장을 고수하는 동시에 타인의 입장을 존중한다. 심지어 부탁을 거절하는 순간에도 상대의 말에 끝까지 귀를 기울이며 이해와 존중을 표한다. 또한 상대가 이해할 때까지 자신의 입장을 충분히 설명한다. 이 같은 특성 덕분에 자기주장성을 가진 사람은 거절을 하고도 상대에게 분노나 원망을 사지 않는다.

갈등도 지혜롭게 대처하다　　　　자기주장성이 없는 사람은 잘못을 지적받는 것도, 지적하는 것도 모두 불편해한다. 정면충돌이나 갈등이 생기면 상황 자체를 감정적으로 받아들이며 분노에 차서 공격하거나, 반대로 무조건 회피하며 참는다.

자기주장성이 있는 사람은 자기 입장이 확실하며 자신의 장단점을 잘 안다. 때문에 누군가 자신의 잘못을 지적하면 이를 객관적으로 듣고 수용할 만한 부분은 수용한다. 다른 사람의 잘못을 지적할 때도 인신공격이 아니라 객관적인 사실만을 지적하며, 상황에 흔들리지 않는다. 자기주장성이 있는 사람은 충돌과 갈등에도 현명하게 대처한다. 상대를 공격하거나 소극적으로 회피하지 않고, 자신의 입장과 생각을 옹호하면서 상대가 이해하고 받아들일 수 있도록 충분히 설명하고 피력한다.

자기주장성이 있는 사람은 자기 자신을 존중하는 만큼 타인의 권리와 입장도 존중한다. 그렇기 때문에 남들도 이들의 의견은 비교적 수월하고 순탄하게 받아들이는 편이다.

종합적으로 봤을 때 자기주장성이 있으면 자존감과 자신감이 높아질 뿐만 아니라 대인관계도 훨씬 원활하다. 정신건강과 행복 증진에도 상당한 도움이 된다. 미국 심리학자 마셜 로젠버그Marshall B. Rosenburg가 만든 대표적인 자존감 테스트를 통해 청소년 1,023명의 정신건강을 조사한 결과, 자기주장성이 비교적 높은 청소년은 우울감과 불안도가 낮고 자존감이 높았다. 높은 자기주장성이 우울과 불안을 낮추고 자존감을 향상시킨다는 점이 증명된 것이다.

나도 모르게 자기주장성을 잃어버리는 경우

사람은 누구나 가끔씩 자기주장성을 잃는다. 특히 스트레스나 불안감이 높은 상황에서는 무엇도 제대로 해낼 수 없을 것 같은 통제력 상실을 느낀다. 바로 이런 때에 수동적 수용 혹은 능동적 공격 행동이 나타날 확률이 높다.

개인 자질 외에 자기주장성에 영향을 미치는 요소로는 사회적 역할, 업무적 역할, 성 역할 등을 들 수 있다. 예를 들어 사회적 위치가 낮고 수입이 적은 여성은 자기주장성이 부족한 경우가 많고, 평소 자기주장성에 아무런 문제가 없던 사람도 상사와 함께 있는 상황에서는 자기주장성이 낮게 나타난다.

자기주장성이 남보다 훨씬 더 취약한 사람도 있다. 대개는 과거의 가정환경이나 업무 환경, 일상생활에서 시종일관 억눌린 데다 보고 배울 본보기가 없었던 탓에 자기주장성 대신 능동적 공격성이나 수동적 수용성이 발달한 경우다.

그중 수동적 수용성은 자존감이 낮고 자신감이 부족한 사람에게 주로 나타난다. 이들은 자신의 경계를 지키지 못하기 때문에 대인관계에서 약자로 전락하기 쉽다.

또한 수동적 수용성을 가진 사람은 자기주장성을 기르기가 더욱 어렵다. 자기 의견과 생각을 내세우는 것 자체에 죄책감을 느끼기 때문이다. 이들은 선량하고 착한 사람이라면 마땅히 자기 목소리를 낮춰야 한다고 생각하며, 자신의 인내와 '도움'이 실제로는 상대에게 더 큰 해를 입힐 수도 있다는 사실을 꿈에도 알지 못한다.

처방

자기주장성을 강하게 만드는 훈련

자기주장성은 훈련을 통해 얻을 수 있다. 심리학자 앤드루 솔터가 창안한 자기주장성 훈련은 이후 행동치료 창시자 조셉 울페Joseph Wolpe 의 보완을 거쳐 널리 보급됐다.

다음은 자기주장성을 연습하고 강화하기 위한 기술이다.

말할 때 '나'로 시작하기 '나'로 시작하는 문장 말하기는 자신의 입장에서 말하고 표현하며 스스로의 감정과 생각에 책임을 지게 함으로써 자기 주권을 강화하는 효과가 있다. '나'를 주어로 해서 어떻게 표현할 것인가를 고민하다 보면 스스로의 감정과 생각이 더욱 명확해진다.

'나'로 시작하는 문장은 '너'로 시작하는 문장에 비해 공격성이 적으며, 주관적 감정을 객관적 사실로 표현할 수 있게 해준다. 예를 들면 다음과 같이 말을 바꿔서 해본다.

- 너로 시작한 말 : "너는 원래 나한테 관심이 없었어. 넌 정말 이기적이야."
- 나로 시작한 말 : "나는 지금 정말 지쳤어. 나는 아이들을 양육할 때

네게 좀 더 많은 도움을 받고 싶어."

앞 문장에 비해 뒤 문장은 공격성이 사라지고 자신의 바람도 좀 더 사실적으로 드러남을 알 수 있다.

먼저 인사하고, 먼저 말 걸기　대화를 시작하는 일은 작고 사소해 보이지만 자기주장성을 기르는 데 매우 효과적이다. 자기 자신에게 단계적인 임무를 부여해보자. 구체적인 예로 '하루에 두 번, 낯선 사람에게 먼저 인사하기', '일주일에 세 번, 평소 어색했던 동료에게 먼저 말 걸기', '회의에서 첫 번째로 발언하기' 등이 있다.

요구 사항은 구체적으로 말하기　자신이 무엇을 문제라고 생각하는지, 진짜 문제는 무엇인지, 어떤 변화를 이루고 싶은지 구체적으로 묘사해본다. 무엇보다 실제로 존재하는 문제를 객관적으로 보고 구체적으로 표현할 수 있어야 한다. 원망만 해서는 아무것도 바뀌지 않는다. 만약 상대가 담배 피우는 것이 싫다면 '넌 구질구질해', '넌 문제가 많아'라고 하는 대신 자신은 무엇이 싫은지, 상대가 어떻게 변해주기를 바라는지 구체적으로 표현한다. '너는 늘 이 모양이야'보다는 '나는 네가 이렇게 해주면 좋겠어'라고 말하는 편이 언제나 훨씬 낫다.

상대에게 구체적인 설명 요구하기　자신에게 하듯 타인에게도 그들의 생각과 바람, 기분을 구체적으로 설명해달라고 부탁한다. '너 왜 그런 식으로 말해?'라고 몰아세우기보다는 '내가 (어떤 부분에 대해) 이해할 수 있게 좀 더 설명해주겠어?'라고 말해보자.

거절할 때 직접적인 단어 쓰기　　　반대나 거절을 표현할 때 좀 더 직접적이고 구체적인 단어를 쓰도록 노력한다. 무엇보다도 'No'라는 단어를 직접 사용하는 연습을 한다. 사실 사람들은 'No'라는 단어를 생각보다 쉽게 받아들인다. 따라서 '나는 못 해'나 '하지 말았어야 했어'보다는 '나는 하지 않을 거야'나 '하지 않기로 했어' 등의 말을 쓰도록 한다.

거절하기 전에 먼저 자신의 생각과 입장을 명료하게 정리한다. 그래야 상대에게 휘말리지 않고 거절 의사를 확실히 밝힐 수 있다. 또 한 가지, 자신이 거절하거나 반대하는 대상은 어떤 일이나 부탁의 대상이지, 사람 자체가 아니라는 사실을 명심하자.

상대의 눈을 2초 이상 바라보기　　　말만 확실하게 한다고 자기주장성이 생기는 것은 아니다. 태도, 눈빛, 행동 등도 말과 결이 같아야 한다. 자기주장성이 있는 사람은 굳건하고 차분하며 침착하다. 이러한 면이 비언어적 부분에서 드러나야 한다. 무엇보다 중요한 것은 눈맞춤이다. 상대의 눈을 2초 이상 바라보는 것으로 시작해서 점차 시간을 늘려보자. 물론 죽일 듯 노려보라는 뜻은 아니다. 편안하고 자연스러워질 때까지 연습을 거듭한다.

공격적인 신체 언어 사용하지 않기　　　상대에게 손가락질을 하거나 주먹을 쥐어 보이는 것, 고개를 빳빳이 들고 쏘아보는 것 등은 반드시 지양해야 할 태도다. 상대를 곁눈질로 보거나 고개를 숙이거나 과하게 고개를 끄덕이는 등의 수동적 신체 언어도 주의한다.

갈등이 생길까 두렵고 망설여지고 거절하기 힘든 순간이 닥칠 때마다 위의 조언을 떠올리며 실천해보자. 부단한 연습을 통해 자기주장성을 기르면 타인의 간섭을 받지 않으면서 훨씬 안정되고 편안하게 자신의 '본심'이 원하는 만족감을 얻을 수 있다.

어떤 사람은 유독 부모에게만 자신의 진짜 생각을 밝히기를 꺼린다. 부모가 이해해줄 리 없고 들어주지도 않을 것이라고 지레짐작하기 때문이다. 실제로 자식이 의견을 내보일 때마다 무시하고 억누르며 자신의 생각을 강요하는 부모도 많다. 이런 상황이 반복되면 개인은 가족에게조차 존중과 이해를 받지 못한다는 좌절감을 느낀다. 그리고 결국 더 이상 자기 자신을 주장하지 않고, 회피와 가짜 순종을 선택하게 된다.

그러나 무조건 피하기만 해서는 가족과 자신이 진짜 바라는 관계를 맺을 수 없다. 고통과 갈등을 겪으며 기존의 틀을 깨야 비로소 새롭고 더 나은 관계가 만들어진다. 이 과정을 흔들림 없이 관철할 수 있게 해주는 원동력이 바로 자기주장성이다.

무엇보다도 먼저 자기주장성을 가진 사람 혹은 자녀가 부모에게 어떻게 소통하고 어떻게 문제를 다루는지 보여주어야 한다. 자신의 생각과 의견을 피력하는 동시에 부모의 말에도 귀를 기울이며, 부모에게도 자신의 말을 경청해달라고 요구하자. 이 과정을 통해 자신이 이미 독립한 어른이며 동등한 개인임을 부모가 깨닫도록 해야 한다. 물론 생각보다 시간이 더 오래 걸릴 수도 있다. 그러나 끝까지 포기하지 않고 반복해서 시도하면 언젠가 반드시 진전이 있을 것이다.

정면 대응보다는 도망치는 편이 항상 더 쉽다. 그러나 정면 대응하지 않으면 아무것도 변하지 않는다는 사실을 기억하자.

자기주장성을 강화하다

자기주장성을 가진 사람은 자신의 경계를 지키고
타인의 경계를 존중하는 범위 안에서
자기 생각과 주장을 막힘없이 펼친다.

자기주장성을 강화하는 방법이다.
말할 때 '나'로 시작하기
먼저 인사하고, 먼저 말 걸기
요구 사항은 구체적으로 말하기
상대에게 구체적인 설명 요구하기
거절할 때 직접적인 단어 쓰기
상대의 눈을 2초 이상 바라보기
공격적인 신체 언어 사용하지 않기

15 · 베풂

15

베풂은 좋은 것인데,
왜 문제가 될까?

남이 하는 일은 항상 눈에 차지 않고,
허점과 실수만 보이는가? 내 손길이 닿지 않으면
반드시 어디선가 탈이 나고, 내가 관심을 쏟아야만
이상적인 결과가 나오는가? 그래서
소방관처럼 이리저리 급한 불 끄느라 항상 바쁜가?

이 중에 다수가 해당한다면 당신은
지나친 베풂의 함정에 빠져 있다.

이런 생각을 해본 적이 있는가?

'내가 잘되는 것보다 남이 잘되도록 돕는 게 좋아.'

'(자녀가 있는 경우) 이 아이는 내 소망이자 전부야. 이 아이를 위해서라면 뭐든 할 수 있어. 언젠가는 이 아이가 내 꿈을 이뤄줄 거야.'

여기서 공통점은 다른 사람이 꿈을 이루도록 돕는 과정에서 자신 역시 성취감과 행복을 얻는다는 점이다.

또는 이런 의문이 든 적 있는가?

'왜 일을 제대로 하는 사람이 없지?'

남이 하는 일은 항상 눈에 차지 않고, 허점과 실수만 보인다. 내 손길이 닿지 않으면 반드시 어디선가 탈이 나고, 내가 관심을 쏟지 않으면 이상적인 결과가 나오지 않는다. 그 탓에 나는 항상 소방관처럼 이리저리 다니면서 급한 불을 끄기 바쁘다.

혹은 이런 기분이 들기도 한다. 무어라 말할 수 없는 헛헛함, 어찌해도 사라지지 않는 부채감, 이유를 알 수 없는 죄책감까지. 이런 감정들은 시시각각 나를 조여오며, 더 많이 베풀고 더 많이 희생하고 더 많이 헌신하라고 몰아붙인다.

만약 위의 상황들이 낯설지 않다면, 주의하라. 당신은 이미 지나친 베풂 Overgiving 의 함정에 빠져 있는지도 모른다.

심리

지나친 베풂의 함정에 빠졌는지 알아보는 법

2011년《캘리포니아 심리학California Psychics》지에 베스트셀러 작가 크리스틴 아릴로Christine Arylo를 비롯한 몇몇 전문가가 지나친 베풂을 주제로 토론한 내용이 실렸다. 이 토론에 따르면 다음의 몇 가지 질문을 통해 바람직한 베풂과 지나친 베풂을 구분할 수 있다.

상대방보다 내 생각에 맞춰 베푸는가?　　　일반적으로는 다른 사람이 필요로 할 때, 그 필요에 맞는 도움을 베푸는 것이 가장 바람직하다. 그러나 때와 장소를 가리지 않고 무조건 상대를 도와야 한다는 생각이 든다면 지나친 베풂에 해당한다. 당사자의 의사는 묻지도 않고 독신 남녀에게 맞선을 주선한다든가, 상대는 원치도 않는 선물을 자꾸 사다 안긴다든가 하는 것을 예로 들 수 있다.

베풂을 상대방이 거절해도 괜찮은가?　　　바람직한 베풂에서 가장 중요한 전제 조건은 상대방의 뜻을 존중하는 것이다. 단순히 상대가 언제 어떤 도움을 원하는지를 존중하는 데 그치지 않고, 상대에게 나의 친절을 거절할 권리도 있다는 사실을 존중해야 한다. 그러나 지나치게 베푸는 사람은 상대가 자신의 친절을 온전히 받아들이지 않거나 거절하면 되레 화를 내고, '남의 호의를 무시한다'며 상대를 비난한다.

베풂을 제3자가 비판해도 괜찮은가?　　　지나치게 베푸는 사람은 남이 자신의 베풂에 이의를 제기하는 것을 받아들이지 못한다. 자신은 오로지 선의로, 혹은 먼저 인생을 살아본 경험자의 지혜로 마땅한 충고를 할 뿐이라고 믿기 때문이다. 따라서 이들은 자신이 의견을 내놓았을 때 상대가 비판 없이 받아들이기를 바란다. 이에 비해 바람직하게 베푸는 사람은 상대와 함께 의논하고 의견을 나누며 적절한 해결책을 찾으려 애쓴다.

또한 지나치게 베푸는 사람은 언제나 남의 경력 계획이나 인생 계획을 돕지 못해 안달이다. 그러다 상대가 자신과 다른 의견을 내놓으면 '내가 너보다 잘 알아, 내 말 들어서 손해 볼 것 없어'라며 묵살하고, 무조건 자기 의견을 받아들이라고 강요한다.

상대방의 성공이 자신의 베풂 때문인가?　　　다른 사람이 혼자 힘으로 어떤 성취를 거두었을 때, 지나치게 베푸는 사람은 이를 대단치 않게 치부하며 '내 도움을 받았으면 더 큰 일을 이루었을 것'이라고 생각한다. 그에 비해 바람직한 호의를 베푸는 사람은 상대의 성취를 진심으로 기뻐하며 혼자만의 노력으로 목표를 달성한 자주성을 높이 평가한다.

지나치게 베푸는 사람은 상대가 자신의 도움을 필요로 하며, 그렇기에 자신의 존재는 대체 불가능하다고 여긴다. 그래서 상대가 독립적으로 성취를 이루면 존재가 부정당한 듯한 느낌에 사로잡힌다.

또 이들은 자신이 나서서 돕지 않으면 제대로 굴러가는 일이 하나도 없다고 믿는다. 자기가 손대지 않았는데도 일이 잘 굴러가면 그럴 리가 없다며 끊임없이 의심하고, 잘못된 부분을 찾기 위해 눈에 불을 켠다. 그렇다보니 지나치게 친절을 베푸는 만큼 까다롭게 굴기도 한다.

베풂의 만족감이 상대방보다 자신이 큰가? 바람직하게 베푸는 사람은 베푸는 것 자체에서 기쁨을 얻는다. 그러나 지나치게 베푸는 사람은 언제나 자신이 베푼 것에 상응하는 대가를 바란다. 대가는 물질이 될 수도 있고 정신적인 피드백이 될 수도 있다. 이들은 상대의 고맙다는 인사, 타인의 칭찬과 인정, 소소한 감사 선물 같은 것을 바라며, 이런 보답이 돌아오지 않으면 마땅한 대가를 받지 못했다는 생각에 상처받거나 분통을 터뜨린다. 심지어 '나는 항상 이용만 당한다'며 실망과 우울함을 느낀다.

자신의 능력 범위 안에서 베푸는가? 바람직한 베풂이라면 시간이든 금전이든 에너지든 자신의 능력 범위 안에서만 베풀어야 한다. 하지만 지나치게 베푸는 사람은 단지 베풀기 위해 자신의 욕구와 이익을 희생한다. 심지어 평소 생활에도 습관적으로 자신의 욕구를 무시하는 모습을 보인다.

살다 보면 이런 사람을 종종 만나게 된다. 자신이 해야 할 일도 다 마치지 못한 상황에서 남의 일을 도와주는 사람, 자신도 빚을 내는 처지이면서 남의 빚을 갚아주는 사람, 친구의 가정사를 돌보느라 정작 자기 가족에게는 시간을 내지 못하는 사람 ……. 그야말로 수영 못하는 사람이 물에 빠진 사람 건져내겠다고 뛰어드는 형국이다.

위에 나열한 특징에서도 알 수 있듯이 지나치게 베푸는 사람은 정말 친절하거나 남을 배려해서가 아니라 단지 자기 충동을 못 이겨서 베푸는 것처럼 보인다. 그래서 이들의 행동은 '강박적 도움Compulsive Helping'이나 '구조 중독Rescuing Addiction'으로 불리기도 한다.

지나친 베풂의 함정에 빠지기 쉬운 사람

자존감과 자기가치감이 낮다　　　　자존감과 자기가치감이 낮은 사람은 자기 존재 가치를 평가절하하거나 아예 부정하며, 자신은 더 나은 대우를 받을 자격이 없다고 생각한다. 이들은 타인을 돕는 행위로 외부의 칭찬과 인정을 받아 자기 내면의 불안과 초조를 잠재우려 한다. 도움을 베푼 이후에 상대의 반응과 피드백을 중요시하는 것도 바로 이 때문이다. 이들의 특징을 보자면 다음과 같다.

자존감이 낮은 사람이 지나친 베풂의 함정에 빠지면

- 남이 도와달라고 하지 않아도 먼저 나서서 도와준다. 상대가 고마움을 표현하지 않으면 내심 상처를 받는다.
- '모든 사람을 도와줄 필요는 없어'라는 말을 들으면 불안하고 초조해진다.
- 종종 '왜 항상 나만 베풀어야 해'라는 원망이 들면서 스트레스를 받는다.

이들에게 베풂은 타인에게 인정과 칭찬을 받기 위한 방법이며, 자기가치감을 찾는 중요한 수단이다. 즉, 자신의 존재를 긍정적으로 확인하기 위해 끊임없이 남을 돕고 베푸는 셈이다.

한편 이들은 자신의 능력을 신뢰하지 못한다. 그래서 직접적인 성취를 추구하기보다는 타인의 성공과 성취를 도와주면서 내면의 성취감을 얻으려 한다. 예술가이자 베스트셀러 작가 줄리아 카메론Julia Cameron은 기꺼이 그늘에 숨어서 타인의 성공을 돕는다는 의미로 이들을 '그림자 예술가Shadow Artists'라 지칭했다.

'그림자 예술가'는 상대의 꿈을 이룰 수만 있다면 자신의 꿈을 포기하는 일도 서슴지 않는다. '내가 사랑하는 사람을 위해 무슨 일이든 할 수 있다'는 것이 이들이 내세우는 이유다. 그러나 막상 자신의 꿈을 실현할 수 있는 기회가 오면 오히려 극심한 공포를 느낀다. 자기 능력이 모자랄까 봐 두렵고, 그 모자람이 드러날까 봐 두렵다. 이들은 그럴 바에는 차라리 남의 성공을 돕는 편이 낫다고 생각한다.

속으로는 누구보다 성공을 갈망하지만, 차마 자신의 능력이 부족해서 실패하는 상황을 감당할 용기가 없다. 그래서 남이 성공하도록 도움으로써 성공을 향한 내면의 욕구를 만족시키려고 한다. 이들이 과도하게 베푸는 것은 결국 남을 위해서가 아니라 스스로 성취를 갈망해서다.

구세주 콤플렉스가 있다　　　구세주 콤플렉스가 있는 사람은 '내가 나서지 않으면 되는 일이 하나도 없다'고 생각한다. 이들은 자신이 타인보다 우월하다고 여기며 존경과 숭배를 받기 원하는 자기애적 특징을 보인다. 또한 자신이 더 뛰어난 것처럼 보이기 위해 다른 사람을 무시하며 서슴없이 깎아내린다. 이들의 행동 특징을 꼽자면 다음과 같다.

구세주 콤플렉스가 있는 사람이 지나친 베풂의 함정에 빠지면

- 일을 '제대로' 할 수 있는 사람은 자신밖에 없다고 생각한다.
- 항상 바쁘고 스스로도 할 일이 너무 많다고 말하지만 그중에 정작 자신과 관련된 일은 별로 없다.
- 능력이 부족하거나 어려움에 처한 수많은 사람이 자신의 도움을 받지 못한다는 생각에 괴로워한다.

이들이 도움과 호의를 과도하게 베푸는 것은 대개 우월감과 명예, 사회적 인정을 얻기 위함이다.

상대방을 통제하고자 하다　　　　어떤 사람은 자신이 원하는 대로 상대를 통제하고 이끌기 위해 끊임없이 지나치게 베푼다. 쉽게 말해 상대에게 '마음의 빚'을 지우는 것이다. '내가 너를 위해 이만큼 희생하는데 내 말을 듣지 않을 수 있겠느냐'는 논리다. 이들이 지나치게 베푸는 것은 상대를 통제하려는 치밀한 계산에서 비롯된 행동이다.

이타적 문화에 영향을 받다　　　　이타적 헌신을 강조하는 사회 문화도 사람들을 지나친 베풂의 함정에 빠지게 한다. 특히 중국과 한국에서는 '베풂' 자체에 긍정적 의미를 상당히 많이 부여한다. 사심 없이 남을 돕고, 자신을 희생하면서까지 타인을 이롭게 하는 것을 가장 고귀한 행동으로 칭송하기도 한다. 또한 얼마나 베풀었느냐를 개인의 사회적 책임과 도덕심을 가늠하는 잣대로 삼고, 타인을 돕기 위한 목적이었다고 하면 어느 정도의 잘못과 위법 행위도 눈감아 준다.

　이러한 문화의 영향을 받은 사람들은 도덕적인 우월함을 위해 지나친 베풂에 빠지기 쉬우며, 지나치게 베풀면서도 무엇이 문제인지 모르는 경우가 많다.

지나친 베풂이 안 좋은 타당한 이유

바람직한 베풂은 타인과 사회, 자기 자신에게 긍정적으로 작용하지만 지나친 베풂은 받는 상대에게도, 베푸는 자신에게도 긍정보다는 부정적인 영향이 훨씬 많다.

베풂을 받는 '상대'가 받는 악영향 3가지　　　첫째, '나'의 지나친 베풂은 오히려 상대에게 무시당한다는 느낌을 안겨줄 수 있다. 상대가 도와달라고 하지 않았는데도 도와주는 데는 상대가 자신만 못하거나 부족하다는 심리가 깔려 있기 때문이다. 상대는 당연히 모욕적이고 불쾌할 수밖에 없다. 이는 지나친 베풂이 상대의 감사를 받지 못하고, 둘 사이의 우호적 감정을 증진하는 데 아무 도움이 되지 않는 이유이기도 하다.

둘째, 지나친 베풂은 '나'에 대한 상대의 의존을 부추길 수 있다. 지나친 호의와 도움을 계속 베풀면 상대는 '나'를 자신의 문제 해결사 또는 유일한 해결책으로 여기게 된다. 이는 상대의 의존성과 무기력이 심해지게 하며, 더 나아가 상대에게서 자아 성장의 기회를 박탈하는 결과로 이어진다. 결국 상대가 나 없이는 아무 문제도 해결하지 못하는 '공동 의존 관계Co-dependent Relationship'가 될 수 있다.

상대에게 과도하게 베푸는 심리를 자세히 살펴보면 사실 상대를 전혀 신뢰하지 못하는 경우가 많다. 상대가 지금 당장만이 아니라 나중에도 작은 문제 하나라도 해결하지 못할 것이라고 생각한다. 미래의 발전 가능성까지 믿지 않는 셈이다. 이런 '불신임'은 상대에게 묘한 불편함과 껄끄러움을 안기고, 심지어 분노를 유발한다. 결국 상대는 자신이 신뢰받지 못한다는 사실을 명확히 알지 못해도 도움을 베푸는 쪽의 태도 때문에 언젠가는 기분이 상하게 된다.

셋째, 지나친 베풂은 상대에게 더 큰 부담을 안긴다. 지나치게 베푸는 사람은 상대가 자신의 호의를 거절하지 않고 동시에 자신에게 적절히 보답을 해주기를 기대한다. 의도하든 의도하지 않았든 상대에게 엄청난 부담을 주는 것이다. 특히 베푸는 쪽의 호의가 받는 쪽이 보답할 수 있는 범위를 넘어서면 이런 부채감은 더욱 커진다.

지나치게 베푸는 '내'가 받는 악영향 3가지 첫째, 항상 베푸는 쪽이기 때문에 관계가 불평등하다고 생각하며, 늘 자신의 욕구를 포기하는 탓에 분노와 불만을 느낀다. 또한 끊임없는 경제적, 신체적, 정서적인 피로와 고갈에 시달린다.

둘째, 어떤 사정이나 개인의 문제 때문에 여태껏 해왔듯이 상대를 도와줄 수가 없게 되면 불필요한 죄책감이 생긴다. 객관적으로 봤을 때 상대를 도와야 할 하등의 의무나 이유가 없을 때도 마찬가지다.

셋째, 지나치게 베푸는 것이 타인의 인정을 얻기 위해서인 경우, 자기가치를 타인의 평가와 과도하게 연결한다. 그래서 상대가 자신의 호의를 거부하거나 부정적으로 평가하면 자기가치감에 직접적인 상처를 입고 자존감까지 떨어진다.

처방

베풀기 전에 꼭 알아야 할 것

작가 크리스틴 아릴로는 지나친 베풂의 부정적 영향을 깨닫는 것이 습관적으로 과도한 호의를 베푸는 자신에게 제동을 거는 첫걸음이라고 말했다. 먼저 깨닫고, 그런 뒤에 인식하고 감정의 변화를 시도해야 한다.

먼저 자신의 인식에 도전해야 한다. 평소 '내가 이렇게 하는 것은 모두 상대방을 위한 것'이라고 생각했다면, 호의든 도움이든 베풀기 전에 스스로에게 이렇게 물어보자.

"아무런 보답도 받지 못하고 상대 역시 내게 전혀 고마워하지 않는다고 해도 여전히 이렇게 하고 싶을까?"

자신이 계속 베풀기만 하는 상황에 지친 것 같다면, 그 상황을 감정으로 표현해보자. 때로는 감정 표현이 변화의 동력이 될 수 있다. 다음 문장의 빈칸을 채워서 말해본다.

"_____를 돕는 일은 피곤해. 더 이상 그에게 지나치게 베풀지 않는다면 나는 더 많은 시간을 _____ 하는 데 쓸 수 있을 거야."

하지만 무엇보다도 바람직한 베풂이 어떤 것인지 알아야 한다. 다음은 바람직한 베풂을 위한 필수 조건이다.

바람직하게 베푸는 방법

- 상대가 명확히 요구했을 때만 그에 상응하는 도움을 베푼다. 자신이 도와줄 수 있겠다는 생각이 들어도 억지로 강요하지 않는다.
- 상대의 감사 인사나 보답을 바라고 베풀지 않는다.
- 상대가 도움을 거절해도 개의치 않는다.
- 다른 사람이 자신의 호의를 평가하는 것을 귀담아듣는다.
- 상대는 독립된 개체이며 상대와 자신은 누가 누구를 구해주는 것이 아닌, 완벽히 평등한 관계라는 사실을 잊지 않는다.

지나치게 베푸는 사람은 내심 스스로에게 동정심을 느낀다. 또한 자신보다는 상대가 훨씬 많은 이득을 본다고 생각한다. 그러나 사실 진정한 수혜자는 바로 베푸는 쪽이다. 지나친 베풂이라는 독특한 방식을 통해 상대의 의존, 타인의 좋은 평가, 자기가치감 만족 등의 이득을 취하기 때문이다. 게다가 상대는 홀로서기를 배울 기회를 빼앗기는 것이나 다름없기 때문에 장기적으로 봤을 때 이런 관계가 결코 도움이 되지 않는다.

만약 자신이 지나친 베풂을 받는 상황이라면, 그러니까 '모두 널 위한 것'이라고 말하는 부모나 배우자가 있다면 현재 상황이 모두에게 결코 좋지 않다는 사실을 상대에게 분명히 주지시킬 필요가 있다.

또한 상대가 주도면밀하게 계획한 통제 속으로 들어가지 않도록 주의해야 한다. 죄책감이나 부채감을 느낄 필요는 없다. 때로는 홀로 서고 싶지 않아서, 자기 인생에 책임을 질 용기가 없어서 누군가에게 계속 기댈 수도 있다. 그러나 인생에서 진정한 안정감을 얻는 유일한 길은 홀로서기뿐이라는 사실을 잊지 말자.

바람직하게 베풀다

바람직하게 베푸는 사람은 베푸는 것 자체에서
기쁨을 얻는다. 지나치게 베푸는 사람은 언제나
자신이 베푼 것에 상응하는 대가를 바란다.
베풀 때는 시간이든 금전이든 에너지든
자신의 능력 범위 안에서 한다.

바람직한 베풂을 위한 조건이다.
상대가 요구했을 때만 그에 상응하는 도움 주기
상대의 감사 인사나 보답을 바라지 않기
상대가 도움을 거절해도 개의치 않기
타인이 자신의 호의를 평가하는 것을 귀담아듣기
상대와 자신은 평등한 관계임을 잊지 않기

16 · 취약함

16
취약함은 인간관계에서
반드시 필요하다고?

신뢰하는 사람에게는 나의 약한 모습도,

두려움이나 부끄러움도 감출 필요가 전혀 없다.

그럼, 아직 신뢰가 부족한 사람에게는 어떻게 해야 할까?

위험을 무릅쓰고 연약한 모습을 보여도 괜찮은 것일까?

취약함이란 무엇일까?

인간관계에서 취약함이 반드시 필요할까?

필요하다면, 그 이유는 무엇일까?

아 이 였 을 때 는 어른이 되면 더 이상 연약하지 않을 수 있으리라 믿었
다. 그러나 어른이 된다는 것은 곧 내 안의 연약함을 받아들이는 과정이
었다. 삶은 본질적으로 연약한 것이었다.

— 매들린 렝글Madeleine L'Engle, 미국 작가

취약함Vulnerability이란 무엇일까? 인간관계에서 취약함이 반드시 필요하
다고 하는 이유는 무엇일까?

취약함의 덫에 걸린 사람들의 공통점

취약함은 불확실성이나 위험에 맞닥뜨리거나 정서적 몰입이 필요한 순간에 생기기 쉬운 감정 상태다. 대부분 사람들은 그 어떤 감정보다 취약한 감정을 견디기 힘들어한다. 그래서 연약해진 기분이 들면 즉시 자기방어기제를 발동해서 다른 감정으로 대체하려고 한다. 대체하는 감정이 어떤 것인지는 방어하는 사람마다 다르다. 그중에서도 가장 많이 나타나는 대체 감정은 두려움과 부끄러움이다.

어떤 사람은 스스로 연약해졌다고 느낄 때, '빼앗기거나' '해를 입거나' '혼자가 될지도' 모른다는 두려움으로 연약한 감정을 덮는다. 이들은 자신이 베푼 만큼 받지 못할까 봐, 상대가 자신을 냉대하고 인정하지 않을까 봐 두려워한다. 그래서 연약해진 느낌이 들면 이들은 자신을 도와주고 사랑해주며, 최소한 단순한 위로라도 건네줄 사람을 찾아 헤맨다. 다른 사람의 관심과 위로를 통해 연약해진 느낌에서 벗어나고자 하는 것이다.

또 어떤 사람은 스스로 연약해진 것 같으면 부끄러움을 느낀다. 이들의 가장 큰 특징은 자기가치에 대해 의구심을 갖는다는 점이다. 스스로 아예 다른 사람의 관심을 받을 만한 자격이 없다고 여긴다.

두려움을 느끼는 사람과 달리 이들은 타인의 관심을 구하지 않으며, 단순히 자기 속마음을 털어놓는 일도 어려워한다. 그래서 연약해진 기분이 들면 아무와도 연락하지 않고 혼자 틀어박힌다. 그러다 자기가치가 인정되고 회복될 만한 일이 생기면 그제야 겨우 연약하다는 느낌에서 벗어난다.

주의할 것은 두려움과 부끄러움이 'A 아니면 B' 식의 양자택일로 나타나지 않는다는 점이다. 감정은 무 자르듯 딱 잘라 구분할 수 없다. 상대적으로 주요하고 핵심적인 감정이 있을 뿐이다. 때로는 두 감정이 서로 꼬리를 물기도 한다. 예를 들어 두려움을 잘 느끼는 사람은 두려움을 피하기 위해 저자세로 애원하기 등과 같은 부끄러운 일도 마다하지 않는다. 반면에 부끄러움을 잘 느끼는 사람은 상대에게 직접 나에 대한 감정을 물어서 더욱 부끄러워지느니, 차라리 두려움에 떠는 쪽을 선택한다.

한편, 취약함의 덫에 걸린 사람들이 공통으로 보이는 행동이 있다. 자신이 그러면 상대도 그럴 거라고 믿는, 바로 '투사'다. 친밀한 관계에서 자신의 진심이 보답받지 못할 것을 두려워하는 사람은 감정을 다 쏟지 않고 남겨둔다. 그러면서 정작 자신은 상대가 매 순간 진심을 다하지 않는다며 원망한다. 자신의 취약함을 상대에게 투사하기 때문에 이런 모순적인 모습이 나타난다.

인간관계에 취약함이 필요한 이유

내가 전적으로 신뢰하는 사람에게는 나의 약한 모습도, 두려움이나 부끄러움도 감출 필요가 전혀 없다. 물론 두려움보다 부끄러움을 드러내기가 조금 더 어렵긴 하다. 그렇다면 가까워지고 싶긴 하지만 아직 신뢰가 부족한 사람에게는 어떻게 해야 할까? 위험을 무릅쓰고 연약한 모습을 보여도 괜찮은 것일까? 과연 그럴 만한 가치가 있을까? 심리학의 답은 바로 '그렇다'이다.

다음은 자신이 상대에게 연약한 모습을 보여야 하는 이유다.

훨씬 쉽게 신뢰를 얻다　　　사람은 본능적으로 꾸민 것보다 진실한 것을 좋아한다. 그래서 자신의 취약함을 숨기지 않고 강한 척 꾸미지 않는 사람에게 호감을 느낀다. 자신의 취약함을 인정하는 사람은 진실하고 겸손하며 누구와도 잘 어울린다. 또 강한 척할 이유가 없기 때문에 긴장하지 않고 여유가 있다. 이런 사람 앞에서는 혹시나 트집 잡힐까, 실수할까, 평가당할까 걱정할 필요가 전혀 없다. 자신의 연약함을 인정하는 만큼 타인의 연약함도 당연한 것으로 받아들이기 때문이다. 그래서 이들은 언제나 남에게 편안함을 준다. 또한 진실한 만큼 훨씬 쉽게 신뢰를 얻는다.

진실한 소통의 열쇠다　　　취약함은 타인과 진실한 소통을 가능하게 할 뿐만 아니라 더욱 깊이 연결되도록 도와준다.

미국의 심리학자 아서 아론Arthur Aron은 서로 초면인 실험 참가자들을 임의로 둘씩 짝 지은 후 사십오 분간 정해진 질문을 묻고 답하게 했다. 그중 절반에게는 '제일 좋아하는 TV 프로그램은 무엇입니까', '가장 좋아하는 연휴는 언제입니까'와 같은 비교적 가벼운 주제의 질문을, 나머지 절반에게는 '당신에게 사랑이란 어떤 의미입니까', '최근 인간관계에서 겪은 가장 힘든 일은 무엇입니까'처럼 심도 있는 주제의 질문을 제공했다. 모든 질문과 대답이 끝난 후에는 실험 파트너 간의 친밀도를 검사했다.

실험 결과, 가벼운 질문을 주고받은 참가자보다 심도 있는 주제의 질문을 묻고 답한 참가자 간의 친밀도가 훨씬 높은 것으로 나타났다. 심지어 일부는 친한 친구보다 그날 처음 만난 실험 파트너에게 더 친밀감을 느꼈다. 재미있는 사실은 심도 있는 질문을 주고받은 참가자의 상당수가 실제 친구가 됐으며 몇몇은 연인으로까지 발전했다는 점이다.

《메디컬 뉴스 투데이Medical News Today》지의 조사에서도 취약함을 감추지 않는 솔직한 상호 소통이 대인관계 개선에 크게 기여하는 것으로 나타났다. 또한 미국의 심리학자 브린 브라운Brené Brown은 수천 명을 상담한 경험을 취합한 뒤, 취약성이야말로 사람과 사람 간 소통의 핵심이라고 단언했다.

강인한 척할수록 불편하다　　미국의 심리학자 제임스 그로스 James Gross의 연구에 따르면 상대가 자신의 감정을 숨기고 가짜 모습을 보일 경우, 사람들은 그 사실을 생각보다 쉽게 알아차린다. 또한 비록 대놓고 불쾌감을 표현하지 않아도 혈압이 높아지는 등의 생리적 반응이 나타났다. 이러한 생리적 반응은 우리가 위선적인 사람을 상대할 때 왜 불편함을 느끼는지를 설명해준다. 적어도 인간관계에서는 완벽하고 강인한 척할수록 역효과가 나는 셈이다.

한편 억눌린 취약함은 완전히 사라지지 않고 다른 감정의 가면을 쓰고 표출된다. 예를 들어 친밀한 관계에서 취약함을 숨기고 싶어 하는 사람은 연약해진 느낌이 들면 자신을 두렵게 혹은 부끄럽게 만든 사람에게 분노를 터뜨린다. 문제는 이런 감정이 사건이 아닌 사람을 향하기 때문에 도리어 더 큰 불화나 갈등을 초래할 수 있다는 점이다.

취약함에 대해 흔히 오해하는 것들

취약함은 지극히 정상적이고 보편적인 감정 상태다. 하지만 많은 사람이 취약함을 이런저런 식으로 오해한다. 다음은 그중에서도 가장 흔한 오해들이다.

마음만 먹으면 약해지지 않는다　　　　사람은 사랑할 때만 연약해지지 않는다. 언제 어느 순간이든 연약해질 수 있다. 직장에서도, 가정에서도, 친구 사이에서도 약해지는 순간이 온다. 또 인간관계가 아니라 상황과 경험 때문에 연약해지기도 한다. 혼자 외출한다든가, 새롭게 도전적인 일을 시도할 때가 그렇다. 어쩌면 취약한 느낌은 일상적인 것인지도 모른다.

마음만 굳게 먹으면 약해지지 않을 수 있다는 생각은 착각에 불과하다. 취약함은 선택할 수 있는 것이 아니다. 내 안의 취약함을 억누를지, 아니면 직시할지를 선택할 수 있을 뿐이다. 한편 연구 결과에 따르면 취약함을 직시하고 인정하는 사람이 오히려 고난에 더 강하며 자신감도 훨씬 빨리 회복한다.

취약함은 나약함이다   사람들은 취약함을 인정하게 되면 나약해질 것이라 생각하지만 이 역시 오해다. 자신의 취약함을 인정하는 사람은 남에게 먼저 다가가 웃으며 인사를 건네고, 새로운 친구를 사귈 줄 안다. 성공을 확신하지 못해도 기꺼이 도전에 응하며, 한 번도 해보지 않은 일을 시도한다. 이는 모두 나약함과는 거리가 먼 행동들이다. 사실 자신의 취약함을 인정한다는 것은 그 자체로 이미 용기와 힘이 있다는 증거다.

스스로 약점을 폭로하는 셈이다   어떤 사람은 취약한 자신을 인정하면 자신의 비밀과 약점이 백일하에 드러난다고 생각한다. 그러나 이는 취약함을 인정하는 데도 경계와 정도가 있다는 사실을 모르기에 하는 오해다. 모든 인간관계에서 자신의 취약함을 인정하고 드러낼 필요는 없다. 자신과 상대의 관계, 거리, 친밀도에 따라 취약함을 얼마나 인정하고 드러낼 것인지 결정해야 하며 진행 과정도 점진적으로 해야 한다. 나의 취약함을 마음껏 드러내도 괜찮은 사람은 내가 진심으로 신뢰하는 사람이어야 한다. 전혀 신뢰하지 않는 사람에게 자신의 취약함을 무조건 드러내는 것은 결코 성숙한 행동이 아니다.

두려움 없이 취약함을 드러내는 방법

자신의 취약함을 인정하려면 가장 먼저 습관이 되어버린 자기방어기제를 내려놓아야 한다. 그러려면 자기가치 확인Self-Affirmation과 자기위안Self-Soothing이 필요하다.

다음은 현명하게 취약함을 드러내는 방법이다.

자기가치와 실패는 구분하기　　　자기가치 확인이란 실패와 과오, 행동의 결과를 기준으로 삼아 자신을 부정하거나 자기가치를 낮게 평가하지 않는 것을 말한다. 물론 자신이 한 일을 무조건 옹호하거나 도덕과 양심을 무시한 채 하고 싶은 대로 하라는 뜻은 전혀 아니다.

자기가치 확인은 '내가 실패한 일'과 '나'를 분리하는 과정이다. 실패는 단순히 내가 내린 결정과 선택의 결과일 뿐이다. 따라서 어떤 일에 실패했다고 해서 나의 가치가 낮아지지는 않는다. 실패를 자아와 연결하지 않고 단순한 행위와 사건으로 이해하면 자신을 방어하기 위해 핑계를 찾을 필요도, 끝없는 자기부정에 빠질 필요도 없게 된다.

부정적 감정은 겉으로 표현하기　　　부정적인 감정이 생기면 소리 내어 이렇게 말해보자.

"내가 지금 ＿＿＿＿한 기분이 드는 것은 ＿＿＿＿ 때문이다."

감정을 소리 내어 표현하면, 비록 듣는 사람이 자신뿐이라 해도 지금 내가 어떤 감정을 겪고 있는지 객관적으로 인지할 수 있다. 또한 이런 감정이 들 수밖에 없는 합리적 이유를 발견하고 스스로를 위로하면서 자신의 감정을 통제하고 있다는 감각을 다시금 얻을 수 있다.

취약함 노출은 점진적으로 하기　　　앞서 언급했듯이 자신의 취약함을 인정하고 상대에게 드러내는 일에도 경계와 정도가 있다. 특히 서로를 이해하기 시작한 단계에서는 더욱 주의해야 한다. 진실함과 지나친 자기노출Self-Disclosure은 종이 한 장 차이다. 자신의 연약함을 드러내야 한다고 해서 이제 막 감정이 깊어지기 시작한 상대에게 모든 것을 보여줘야 하는 것은 아니다. 오히려 상대를 부담스럽게 만들 수도 있고, 스스로 상처를 입을 수도 있다.

미국의 사회심리학자 스탠 트레거Stan Treger의 연구에서 증명됐듯이, 관계가 건강하게 발전하기를 바란다면 상대에게 자신을 솔직히 보여주는 일도 점진적이고 단계적으로 진행해야 한다.

사랑한다면 진실한 모습으로 대하기　　　친밀한 관계에서 서로를 알아가기 시작할 때, 우리는 상대에게 되도록 완벽하게 보이려고 애쓴다.

하지만 아무리 애써도 함께하는 시간이 쌓이다 보면 언젠가는 진짜 나 자신이 드러나기 마련이다. 오랫동안 완벽한 모습을 유지하면 할수록 문제가 커진다. 결국은 자신이 지쳐서 나가떨어질 공산이 크기 때문이다.

단순히 잠깐 즐기기만 할 생각이라면 처음의 완벽한 인상을 유지하는 편이 훨씬 좋을 수 있다. 그래야 쉽게 원하는 바를 얻을 수 있다. 그러나 오래도록 함께할 사랑하는 배우자가 되기를 바란다면 처음부터 가장 진실한 모습, 솔직한 삶을 보여주어야 한다.

내 안의 취약함을 인정하고 드러내면 곤경에 빠지거나 상처를 입을 수도 있다. 그러나 더 나은 인간관계와 더 성숙하고 발전된 인격을 위해서는 자신의 취약함을 인정할 줄 알아야 한다.

취약한 자신을 인정할 때, 우리는 숨겨진 잠재력을 발견할 수 있을 뿐만 아니라 끊임없이 미지의 것을 배우며 더 큰 도전에 응하고자 하는 열망을 갖게 된다.

취약함을 드러내다

사람은 본능적으로 꾸민 것보다 진실함을 좋아한다.
자신의 취약함을 인정하는 사람은
진실하고 겸손하며 누구와도 잘 어울린다.
취약함을 드러내면 곤경에 빠지거나
상처를 입을 수도 있지만, 성숙한 인격을 위해서는
취약함도 인정할 줄 알아야 한다.

현명하게 취약함을 드러내는 방법이다.
자기가치와 실패 구분하기
부정적 감정은 겉으로 표현하기
취약함 노출은 점진적으로 하기
사랑한다면 진실한 모습으로 대하기

17 · 피터팬 증후군

17

의외로 **흔한 피터팬 증후군,**
왜 생기는 걸까?

피터팬이 사랑받는 것은 누구나 마음속에
영원히 자라지 않는 환상을 가져서다.
그런데 몸은 어른이지만 마음은 여전히
아이이고 싶은 사람이 있다. 피터팬 증후군!

피터팬은 어른 되기를 왜 거부하는 걸까?
피터팬 증후군 사람이 보이는 행동은?
네버랜드에서 피터팬을 구해줄 사람은 누구일까?

"모든 아이는 어른이 된다, 단 한 명만 빼고."

스코틀랜드 작가 제임스 배리_{James Barrie}가 1911년에 발표한 소설 《피터 팬》의 첫 번째 문장이다. 그가 창조해낸, 하늘을 날며 영원히 자라지 않는 남자아이의 이미지는 백여 년이 지난 지금까지도 수많은 이의 꿈과 상상을 자극하고 있다.

피터팬이 사랑받는 것은 누구나 마음속에 영원히 자라지 않는 것에 대한 환상을 가지고 있기 때문이다. 하지만 아무리 아이로 남고 싶더라도, 대부분은 성숙한 어른이 되어 마땅한 책임을 진다. 현실에 발붙이고 사는 이상 어른으로 자라는 것이 온당한 수순이기 때문이다.

그런데 어떤 사람은 여전히 젊음의 환상에 사로잡힌 채 어른의 세계에 들어가기를 거부한다. 이들은 나이가 들수록 현실과 이상의 간극에 고통을 느끼고, 또 주변인에게 고통을 준다.

몸은 어른이지만 마음은 여전히 아이이고 싶은 사람, 바로 '피터팬 증후군'이다.

피터팬 증후군은 성인인 자신이 책임져야 할 현실에서 도피하고자 스스로 어른임을 인정하지 않은 채 부모나 타인에게 의존하고 싶어 하는 어린아이 같은 심리를 뜻한다. 주로 부정denial과 퇴행regression의 방어기제로 사용한다. 부정은 힘든 현실을 인정하지 않으려는 마음이고, 퇴행은 스트레스를 받을 때마다 마치 아이처럼 유치한 행동을 하는 것을 말한다.

심리

쉽게 파악하기 힘든 피터팬 증후군의 실체

피터팬 증후군이란 개념을 제일 먼저 제시한 사람은 미국의 임상심리학자 댄 카일리Dan Kiley다. 그는 피터팬 증후군을 '정서적으로 성숙하지 못한 어른의 심리 상태'로 정의했다. 초기에는 남성만을 대상으로 했으나 후속 연구를 통해 남녀 모두에게 나타나는 것으로 밝혀졌다(단, 남성의 비율이 좀 더 높다). 정확히 말하면 피터팬 증후군은 정신질환이 아니라 늘어나는 사회 현상을 가리키는 심리학 용어다.

피터팬 증후군의 특징을 한마디로 설명할 수 있는 단어는 '어른 아이'다. 어른 아이란 몸은 어른이지만 정신이 어른의 세계에 걸맞지 않은 사람을 말한다. 이들은 성인이라면 마땅히 감당해야 할 책임을 회피하며 타인에게 끝없이 의존한다. 또한 타인이 자신을 아끼고 사랑하는 것은 당연하게 여기면서 그에 상응하는 사랑과 관심을 돌려줄 줄은 모른다. 물론 이런 정서적 미성숙함을 대놓고 드러내는 사람은 없다. 소위 피터팬 증후군 '사람'은 단순히 자기애가 강한 것처럼 보이기도 하고, 사회적 지위와 명망을 갖춘 경우도 적지 않기 때문에 진짜 친밀한 관계가 되기 전까지는 그 실체를 파악하기가 쉽지 않다.

피터팬 증후군의 가장 두드러진 특징은 어린 시절을 이상화하고 어른의 세계를 거부하는 것이다. 피터팬 증후군을 겪는 사람은 어른의 세계를 문제투성이로 여기며 거부하고, 영원히 어린 시절에 남아 어린이 혹은 청소년의 특권을 누리고 싶어 한다. 타인에게 보호와 돌봄을 받고 아무 책임도 지지 않으며 온갖 감정적 행동을 해도 이해받는 그런 특권 말이다.

피터팬 증후군과 비슷한 단어로는 키덜트Kidult를 들 수 있으며, 가장 대표적인 사례로는 마이클 잭슨이 있다. 실제로 그는 살아생전에 자신이 '자라고 싶지 않은 병'에 걸렸노라고 고백했다.

왜 어른이 되지 않기를 바라는 걸까? 피터팬 증후군은 대개 청소년기부터 증세가 나타난다. 이들이 '어른이 되지 않기를 바라는' 이유는 가정환경과 밀접한 관련이 있다. 임상심리학자 댄 카일리가 제시한 피터팬 증후군 환자의 전형적인 가정환경은 다음과 같다.

피터팬 증후군 환자가 자란 가정환경

- 중산층/상류층에서 태어났다.
- 부모에게 물질적 지원은 비교적 풍족하게 받았지만 그에 상응하는 정서적 지지를 받지 못했다.
- 가정에서 엄격한 가르침이나 단속을 받은 적 없다.
- 부모 사이는 겉으로는 좋아 보여도 실제로는 소원할 가능성이 높다.
- 특히 어머니가 아이를 위해 희생하는 역할을 맡는 경우가 많다.

피터팬 증후군이 보이는 행동

　임상심리학자 댄 카일리는 피터팬 증후군의 특징으로 총 6가지를 제시했다. 이 증후군을 겪는 사람은 그중 한두 가지 특징을 보일 수도, 또는 6가지 특징을 모두 가지고 있을 수도 있다. 기본 특징인 책임감 결여, 불안함, 외로움, 성 역할 갈등은 대개 12세에서 18세에 이미 나타나며, 나머지 특징인 자기애와 쇼비니즘Chauvinism, 맹목적인 남녀 차별 사상은 18세에서 22세에 드러나기 시작한다.

　책임감이 결여되어 있다　　　피터팬 증후군 환자는 어른 세계의 책임을 감당하지 못한다. 이는 어린 시절에 규율 없는 가정환경에서 책임지는 법을 적절히 배우지 못한 탓이다. 댄 카일리는 미국 사회에서 가장의 권위가 떨어지고 자녀에게 더 많은 자유가 주어진 동시에 가정 내의 규율과 단속이 사라진 것을 피터팬 증후군의 발생 원인으로 꼽았다.

　이런 환경에서 자란 아이들은 규율과 단속, 훈육을 받은 경험이 드물었고 이를 무조건 부정적으로 인식했다. 그 결과 자기반성의 습관과 행위규범을 배울 최적의 시기를 놓쳤고, 결국 책임을 회피하는 어른으로 자라났다.

　책임감이 결여된 사람은 자기 방 하나도 스스로 치우지 못할 만큼 자기관리 능력이 떨어진다. 또한 남을 존중하지 않으며 말을 함부로 하는 등, 대인관계의 기본적인 예의범절을 무시하기 일쑤다.

이들은 자신을 돌봐주고 품어줄 수 있는 배우자를 찾고, 문제가 생기면 모든 책임을 남에게 돌린다. 일에서든 일상생활에서든 좌절과 비판을 좀처럼 받아들이지 못하며, 실패할 것 같으면 아예 미리 포기해버리는 경향이 강하다.

친밀 관계를 제대로 맺지 못하다　　　댄 카일리의 상담 사례를 보면 높은 긴장도와 불안함, 안정감 결핍을 느끼는 아동의 상당수가 가정환경의 영향을 받은 것으로 나타난다. 이러한 아동의 부모는 결혼 생활에 만족하지 못하면서도 겉으로는 행복한 척 꾸미고, 현실을 외면한 채 도식화된 생활을 영위하며 '화목한 가정'이라는 환상을 유지하는 데 급급했다. 부모 사이에 아무런 감정 교류가 없는 모습을 보고 서로에 대해 부정적으로 말하는 것을 듣고 자란 아이는 부모의 관계가 가짜라고 느끼기는 했지만 구체적으로 무엇이 잘못되었는지 알지 못했다. 그 때문에 엄청난 불안을 느꼈다.

아버지 혹은 어머니에게서 일방적인 정보를 들을 때 아이들의 불안감은 더욱 커졌다. 그중 가장 전형적인 상황은 아이를 위해 자신이 희생하고 있다고 생각하는 부모(대개 어머니)가 다음처럼 말하는 상황이다.

"너희 아빠/엄마는 다른 사람 기분을 이해할 줄 몰라."

"너희 아빠/엄마는 언제나 가족보다 일이 먼저야."

"너 하는 짓이 꼭 아빠/엄마 같구나."

가정에 대한 불안감을 안고 자란 아이는 성인이 되어서도 친밀한 관계를 제대로 맺지 못했다. 이들은 배우자와 갈등이 생기면 피하기 바빴고, 어쩌다 문제를 마주해도 자기 잘못을 전혀 반성하지 않고 무조건 상대를 탓하고 원망했다. 혹은 골치 아픈 일을 모른 체하거나 그런 일이 아예 없는 것처럼 굴었다. 이는 모두 문제가 생겼을 때 회피가 아닌 다른 해결 방법을 배우지 못했기 때문이다.

항상 외로움을 느끼다 피터팬 증후군 환자는 항상 외로움을 느낀다. 가정환경으로 보면 부모가 물질적 지원만 해주고 정서적 지지를 소홀히 한 것이 외로움의 원인이다. 그러나 무조건 부모 탓만 할 수도 없는 것이, 애초에 부모 자신이 제대로 된 친밀 관계를 맺을 줄 모르는 사람인 경우가 대부분이기 때문이다.

부모의 사랑을 충분히 받지 못해 외로움을 느끼는 이들은 누군가가 항상 자기 곁에 머물며 자신의 욕구에 응답해주기를 바란다. 또한 고독감을 잊기 위해 광적으로 사교 활동에 참여하거나 끊임없이 어딘가에 소속되고 싶어 한다.

일부러 마초처럼 굴다 주로 남성에게 나타나는 특징이다. 남자아이는 커갈수록 독립적이고 강인한 '남자다운 모습'을 보여야 한다는 사회적 기대에 직면한다. 이와 반대로 나약하고 감정적이며 민감한 모습을 보였다가는 무시당하기 일쑤다. 그렇기에 모든 남자아이는 성장 과정 중에 성 역할을 놓고 갈등하는 시기를 겪는다. 이때 아이는 성숙한 남성의 역할이 무엇인지 아직 명확히 알지 못하기 때문에 무엇보다도 가정의 완충 지대 역할이 중요하다.

아이에게 가정은 자신이 어떤 모습을 보이더라도 충분한 응원과 지지를 받을 수 있는 곳으로 신뢰를 주어야 한다. 가정이라는 완충 지대 안에서 남자아이는 사회적 기대에 맞지 않는 행동을 해도 괜찮다는 사실을 피부로 느끼며, 적어도 가족에게는 울거나 나약한 모습을 보여도 질책받지 않는다는 확신을 가질 수 있어야 한다. 또한 부모는 아이에게 사회적 기대에 부담을 느끼는 것은 매우 당연한 일이며 남자라고 반드시 강하거나 독립적인 모습만 보여야 하는 것은 아니라는 사실을 알려주어야 한다.

가정에서 이러한 응원과 지지를 받지 못한 남자아이는 성 역할 갈등 시기를 제대로 통과하지 못하고 어른이 된다는 사실에 두려움과 거부감을 느낀다. 특히나 사회적 기대에 맞지 않는 성향이나 성적 취향을 가졌다면 고통은 배가된다. 바로 이러한 고통과 두려움이 피터팬 증후군을 초래하는 것이다.

성 역할 갈등은 올바른 성 역할 인식을 갖는 데도 악영향을 미친다. 잘못된 성 역할 인식을 가진 남성은 자신의 실체를 숨기고 진짜 감정을 느끼기를 거부하며 일부러 더 마초처럼 굴거나 심할 경우 남성우월주의 성향까지 보인다. 그러나 반대로 친밀한 관계에서는 매우 감정적이며 취약한 면이 극대화되어 나타난다.

자기애로 중무장하고 있다　　피터팬 증후군 환자는 자신감과 자기자비가 부족하며, 외로움을 잘 느끼고, 감정을 적절히 처리하는 법과 성역할 갈등에 대처하는 법을 제대로 배우지 못했을 공산이 크다. 흥미로운 것은 이러한 부정적 요인의 영향으로 도리어 자기애가 발달한다는 점이다. 이들에게 자기애란 스스로를 지키기 위해 구축한 일종의 방어 시스템이라 할 수 있다.

자기애로 무장한 피터팬 증후군 환자는 자신의 외형과 행복에만 집착할 뿐, 타인을 전혀 고려하지 않는다. 습관적으로 남을 깎아내리고 책임을 전가하면서 정작 자신에게는 끝없이 베풀며 너그럽게 대해주기를 바란다. 이들은 자신의 환상 속에 살기 때문에 다른 사람과 의미 있는 관계를 맺지도, 더욱 깊게 발전시키지도 못한다.

여성을 존중하지 않는다　　　　자기애와 동시에 발전하는 것이 바로 쇼비니즘이다. 주로 남성에게 나타나는 성향으로 남성우월주의와 비슷하다. 이 경우 가정환경을 살펴보면 어머니가 희생하고 봉사하는 역할을 맡았을 가능성이 높다. 이들은 어머니에게 '나는 아무것도 바라지 않는다, 너만 잘되면 된다'는 말을 듣고 어머니가 희생하는 모습만 보며 자랐기에 여자는 마땅히 순종하고 희생해야 한다고 생각한다. 따라서 여성을 존중할 줄도, 평등한 친밀 관계를 맺을 줄도 모르며 심지어 친밀 관계에 있는 여성을 신체적 혹은 정서적으로 학대할 위험이 크다.

그 밖에 피터팬 증후군 환자는 30대가 넘어가면 의욕 상실 경향이 두드러지게 나타난다. 자신에게 문제가 있다는 사실을 알지만 좀처럼 고칠 수가 없는 탓에 의욕 상실증이 나타나는 것이다. 이 중 일부는 결혼하고 자녀를 낳는 등 어른의 역할을 감당하기도 하지만 갈수록 심한 외로움과 불안감에 시달리는 모습을 보인다.

피터팬을 떠나지 못하는 웬디 증후군

피터팬 증후군 현상을 살피다 보면 곁에서 증상을 더욱 심화하는 존재가 종종 발견된다. 댄 카일리는 이들을 '웬디'라 일컫고, '웬디 증후군'이라는 개념을 제시했다. 웬디 증후군이란 '피터팬'의 곁에 머물며 과도한 희생을 하고 불평등한 관계를 유지하는 것을 말한다. 여기서 웬디는 배우자일 수도 있고, 부모일 수도 있다.

'웬디'의 핵심적 특징은 상대가 자신에게 의존해주기를 바란다는 점이다. 이들은 대체로 자아정체감이 취약하며 타인이 자신에게 의지하는 데서 안정감과 자기가치를 얻는다. 또한 개인적 주관이나 호불호와 상관없이 무조건 남들 눈에 '좋아 보이는' 자신이 되려고 애쓴다. 어떤 면에서 보면 자녀를 과도하게 보호하는 어머니와 매우 비슷할 때도 있다.

'웬디'는 관계에 지나치게 빠진 나머지 상대의 미성숙함을 깨닫지 못하며, 어쩌다 이상함을 느껴도 모든 것이 정상이라고 스스로를 속이기 일쑤다.

웬디 증후군은 구체적으로 다음과 같은 특징을 보인다.

웬디 증후군이 보이는 행동

- 문제가 있다는 사실을 부정한다.
- 상대가 자신을 절대 떠날 수 없다고 믿는다.
- '피터팬'에게 극도로 의지하며 엄청난 소유욕을 보인다.
- 스스로 과도하게 베풀고 희생하면서도 상대를 자주 원망하고 비난한다.
- '웬디'의 희생에 '피터팬'이 자책감을 느끼기도 한다.
  이런 자책감 때문에 '피터팬'은 '웬디'의 요구를 무조건 따르지만 실질적으로는 아무것도 변하지 않아서 '웬디'를 계속 실망시킨다.
- '웬디'의 행동은 희생과 징벌 사이를 오락가락한다.
  때로는 모든 것을 조용히 감내하다가도 때로는 오로지 징벌을 위한 징벌로서 흥청망청 물건을 사들이거나 잠자리를 거부하거나 외도를 하는 등 극단적인 행동을 한다.

'웬디'는 '피터팬'이 언젠가 자라서 어른이 될 것이라고 굳게 믿는다. 그래서 철저하게 절망하기 전까지는 '피터팬'을 떠나지 못한다. 소설에서 웬디는 결국 피터팬을 떠나 자기 세상으로 돌아가 어른이 되고, 결혼해서 자식을 낳고 하루하루 늙어갔다. 피터팬은 여전히 웬디를 가장 소중하게 생각했지만 차마 네버랜드를 떠나지는 못했다. 그리고 여전히 어린아이인 채로 해마다 한 번 웬디를 찾아오는 것으로 이야기는 끝이 난다.

피터팬에게 필요한 사람은 웬디? 팅커벨?

피터팬에게 진짜 필요한 사람은 웬디일까? 혹 요정 팅커벨은 아닐까?

만약 자신이 '웬디'라는 생각이 든다면 다음의 과정을 순서대로 실천하여, 웬디 증후군에서 벗어나려 노력해보자.

웬디 증후군에서 벗어나려면

- 먼저 문제가 있다는 사실을 인정한다.

  상대의 미성숙함이 정상은 아니라는 사실을 깨닫는다.

- 자신에게 '웬디'의 특징이 있는지 살핀다.

  예를 들어 상대가 내게 잔인하게 굴 때, '저 사람이 변할 때까지 참고 견뎌야 해'라며 스스로를 설득한 적이 있는가? 상대가 나를 막 대하고 심지어 잠자리까지 냉랭한 상황에서도 '그래도 저 사람은 나를 사랑해'라며 자신을 붙든 적이 있는가? 그렇다면 당신은 '웬디'가 틀림없다.

- '웬디'가 아닌 '팅커벨'이 되려고 노력한다.

  물론 '피터팬'은 달가워하지 않겠지만 이런 변화는 두 사람 모두에게 좋은 일이다. 상대를 위해서만이 아니라 자기 자신의 독립과 성숙, 성장을 위해서도 변화는 필수적이다.

소설 속에는 웬디 말고도 피터팬과 특별한 관계인 여성이 또 있다. 바로 날개 달린 작은 요정, 팅커벨이다. 팅커벨 같은 사람은 건강한 관계가 무엇인지 알고 있으며 상대의 미성숙함도 금방 눈치챈다. 그럼에도 이들이 피터팬 곁에 머무는 것은 상대의 재미난 성격과 캐릭터, 생활 방식이나 태도에 매력을 느끼기 때문이다.

팅커벨도 웬디처럼 피터팬이 자라서 성숙해지길 바란다. 그러나 자신의 소망이 이루어질 수 없다는 것을 아는 순간, 웬디와 달리 희망과 환상에서 벗어나 망설임 없이 관계를 끝낸다.

댄 카일리는 여전히 '네버랜드'에 머무는 피터팬이라면 웬디에게 기댈 수밖에 없다고 지적했다. 그러나 자라지 않는 세계를 떠나 현실에 발을 딛는 순간, 피터팬이 인생을 함께하고 싶은 사람은 아마도 웬디가 아니라 팅커벨일 것이다.

변하기로 마음먹었다면 먼저 스스로에게 말하자. 이 세상에 절대로 떠날 수 없는 사람은 없고, 무조건 참고 희생해야 하는 인생도 없다고. 그런 뒤 자신의 감정과 생각에 집중하며 그것을 표현하고, 건전한 자아정체감을 세우며, 두 사람의 관계를 객관적이고 이성적인 눈으로 보려고 노력해야 한다.

네버랜드를 벗어나 진짜 어른이 되려면

먼저 명확히 깨달아야 할 사실이 있다. 일단 어른이 되어야 하는 시점이 오면 더 이상 '네버랜드'로 날아갈 수 없다는 점이다. 이 세상에 언제든 날아가 숨을 수 있는 네버랜드 같은 곳은 존재하지 않는다. 도망친다고 해서 문제가 사라지지도 않는다.

어른의 세계는 상상처럼 무섭거나 문제로 가득하지 않다. 또 아이가 절대 알 수 없는 기쁨과 행복이 가득하다. 경제적인 독립과 자유를 실현하고 나만의 공간을 가지며 자기 일은 자기가 결정하고 사랑하는 사람과 함께 가정을 꾸려 자녀를 낳는 등, 모두 어른이 되지 않으면 절대 알 수 없는 행복이다. 네버랜드를 벗어나 현실 세계로 뛰어든 사람만이 이런 행복을 맛볼 수 있다.

배우자에게 자신의 문제를 솔직히 털어놓고 도움을 구하는 것도 좋은 방법이다. 댄 카일리는 자신도 피터팬 증후군을 겪었다고 고백했다. 그는 몇 번이나 결혼하고 이혼했으며, 항상 젊은 여성을 쫓아다녔다. 말년에는 《결혼해도 고독하다Living together feeling alone, 하서출판사, 1996》라는 책을 쓰기도 했다. 그러나 54세라는 이른 나이로 사망하기 몇 년 전, 팅커벨 같은 여인을 마지막 부인으로 맞이한 덕에 그는 네버랜드에서 벗어나 진짜 어른이 되는 기쁨을 누릴 수 있었다.

동화에서 피터팬이 영원히 즐거운 아이로 남고 싶다고 하자 웬디는 이렇게 말한다.
"네가 그렇다면 그런 거겠지. 하지만 내 생각에 그건 네가 쓸 수 있는 제일 큰 가면 같아."

네버랜드를 떠나다

이 세상에 네버랜드는 존재하지 않는다.
도망친다고 해서 문제가 사라지지 않는다.
어른의 세계는 상상처럼 무섭지 않다.
아이는 절대 알 수 없는 기쁨과 행복이 가득하다.

피터팬이나 웬디 증후군에서 벗어나려면
미성숙함은 정상이 아니라는 사실을 깨닫는다.
자신에게 '피터팬' 혹은 '웬디'의 특징이 있는지 살핀다.
'피터팬'이라면 배우자에게 도움을 구한다.
'웬디'라면 '팅커벨'이 되려고 노력한다.

18 · 완벽한 짝

18

완벽하게 맞는 짝은
어떻게 찾아야 할까?

누구나 완벽한 짝에 대한 기대가 있다.

지금 완벽한 짝을 기다리는가?

당신이 생각하는 완벽한 짝은 누구인가?

세상 어딘가에는 반드시

완벽한 짝이 있다고 믿는가?

만약 완벽한 짝을 찾을 수 없다면?

완벽한 짝이 없어서 내 인생을 구해줄 수 없다면?

" 내 **이상형은** 키는 이 정도에 몸매는 이랬으면 좋겠고 이런 일을 하고 돈은 이 정도 벌고 ……. 그리고 반드시 어때야 하느냐면 ……."

"아무튼 이런 사람이 나타나기만 한다면 얼마나 좋을까? 난 정말 행복할 거야."

"지금 사귀는 사람은 나랑 잘 안 맞아. 그래서 자꾸 싸우게 되나 봐."

"결국 누구와 함께하게 될지는 아무도 몰라. 어쩌면 결정해야 할 순간에 딱 맞춰 나타나는 사람이야말로 완벽한 짝일지도 모르지 ……."

완벽한 짝을 기다리고 있는가? 아니면 다른 것은 몰라도 연애만큼은 운명의 손길을 벗어날 수 없다고 믿는가?

이번 편에서는 '완벽한 짝'을 어떻게 하면 만날 수 있는지, 그 기대에 대한 이야기다.

버릴 수 없는 완벽한 짝에 대한 기대감

누구나 완벽한 짝에 대한 기대는 갖고 있다. 하지만 그 기대가 실현될 거라고 생각하는 사람들은 거의 없다. 다음은 불가능에 가깝다고 생각하면서도 쉽게 저버리지 못하는 '완벽한 짝'에 대한 기대와, 그 기대를 일깨우는 현실 이야기다.

세상 어딘가에 나의 완벽한 짝은 반드시 있다　'나와 완벽하게 꼭 맞는다'라는 것은 단순히 서로 마음이 잘 통한다는 뜻만이 아니다. 개인의 기준에 따라 자신과 비슷한 사람이 꼭 맞는 사람일 수도, 성향이 전혀 다른 사람이 꼭 맞는 사람일 수도 있다. 어쨌든 나와 완벽하게 맞는 사람을 만나기란 쉬운 일이 아니다. 운 좋게 그런 사람을 만나도 '나와 완벽하게 맞는다'는 느낌은 연애 초기뿐이고 만나다 보면 자꾸 안 맞는 부분이 보인다. 그러면 사람들은 대개 상대가 변했다고 생각한다.

어떤 사람은 자신이 생각하는 완벽한 짝의 조건과 기대를 목록으로 하나하나 나열해놓고, 누군가 만날 기회가 생길 때마다 이 '목록'을 꺼내놓고 열심히 비교 대조한다. 이미 누군가를 만나고 있어도 예외는 아니다. 지금 만나는 사람이 자신의 이상형에 얼마나 부합하는지를 자신도 모르게 계속 체크한다.

하지만 현실은 자신과 완벽하게 꼭 맞는 사람이 존재하지 않는다.

성격과 가치관이 전체적으로 비슷한 두 사람이라도 구체적인 사건에 대한 견해는 다를 수 있다. 또한 반대로 한 사람은 쾌활, 명랑하고 다른 사람은 침착, 차분하여 서로 보완되는 성격이라 해도 어떤 면에서는 똑같이 고집스러워서 계속 갈등을 겪을 수도 있다.

게다가 서로 맞는지는 계속 변한다. 개인의 성장과 환경의 변화에 따라 가치관과 성격이 조금씩 계속 변하기 때문이다. 그러다 보면 원래 맞지 않던 부분이 맞춰지기도 하고, 애당초 잘 맞았던 부분이 어긋나기도 한다. 즉, 처음부터 백 퍼센트 맞는 사람이 아니어도 서로 맞추려 노력하다 보면 훨씬 잘 맞는 사이로 발전할 수 있다.

완벽한 짝이 나타나 내 인생을 구해줄 것이다　　　사람들이 완벽한 짝을 찾는 것은 행복한 삶을 동경하기 때문이다. 현재의 연애나 생활에 불만이 많은 사람일수록 완벽한 짝이 나타나 자신을 이 '거지 같은 상황'에서 구해주기를 꿈꾼다. 그들의 상상 속에서 완벽한 짝은 굳이 말하지 않아도 그들이 필요한 것을 채워주고 꿈을 이루도록 도와주며 생활 곳곳에 도사린 고통을 말끔히 없애준다.

그래서 완벽한 짝에 대한 환상을 가진 사람은 현재 친밀한 관계에 만족하지 못하거나 문제가 생기면 모든 원인을 상대가 완벽한 짝이 아닌 탓으로 돌리는 경향을 보인다. 애당초 자신과 꼭 맞는 사람이 아니기 때문에 자신을 만족시켜줄 수도, 행복하게 해줄 수도 없다고 여기는 것이다.

하지만 현실은 내 사랑과 내 인생을 구할 수 있는 사람은 나 자신밖에 없다. 이 세상에 나의 모든 바람과 기대를 채워줄 수 있는 사람은 존재하지 않는다. 단지 누군가를 만난다고 해서 내 인생이 갑자기 행복으로 가득 찬다는 것은 매우 비현실적이다. 어떤 사람이 살아가는 기쁨을 좀 더 줄 수는 있겠지만, 그렇다고 완벽한 행복을 주거나 내 인생의 모든 문제를 해결해줄 수는 없다.

성숙하다는 것은 자신의 인생을 책임질 줄 안다는 뜻이다. 내가 지금 행복하지 않은 것은 단순히 '완벽한 짝'을 만나지 못해서가 아니다. 혼자 행복하지 못한 사람은 그 누구를 만나더라도, 설령 완벽한 이상형을 만난다 해도 행복해지기 어렵다. 내 문제를 해결할 사람도, 내 인생을 구할 수 있는 사람도 바로 나 자신뿐이다.

완벽한 짝을 만난다는 것은 엄청난 행운이다　　　완벽한 짝의 존재를 믿는 사람들은 이미 완벽한 짝을 만났거나, 아직 만나지 못했다고 생각한다. 완벽한 짝에 대해서만큼은 '전부 아니면 전무'인 것이다. 이들은 서로가 서로의 완벽한 짝이 아니어도 얼마든지 행복해질 수 있다는 사실을 좀처럼 믿지 못한다. 게다가 죽을 때까지 완벽한 짝을 만나지 못하는 사람이 훨씬 많다고 생각한다. 완벽한 짝을 만난다는 것 자체가 엄청난 행운인 셈이다. 바로 이런 희소성 때문에 완벽한 짝은 더욱 가치 있고 매력적인 존재가 된다. 그래서 많은 사람이 만날 확률이 희박하다는 것을 알면서도 여전히 마음속 깊이 완벽한 짝을 기다린다.

하지만 완벽한 짝은 현실에서 함께 만들어나가는 것이다.

나와 완벽하게 맞는 사람을 찾기란 불가능하다. 그런데 안타깝게도 완벽한 짝을 꿈꾸는 사람은 완벽한 짝을 만나야만 행복해질 수 있다고 생각한다.

비록 완벽한 짝이 아니더라도 충분히 괜찮은 사람을 만나 서로 노력하고 맞춰가면 얼마든지 행복해질 수 있다. 즉, 서로가 서로의 완벽한 짝으로 거듭날 수 있다. 따라서 아름다운 사랑을 하는 일, 내게 꼭 맞는 완벽한 짝을 만나는 일은 희박한 확률의 엄청난 사건이 아니다. 지금의 상대와 함께 노력하면서 서로에게 '완벽한 짝'을 만들어나가는 것이다.

완벽한 짝이 아니면 누구를 만나도 다 똑같다　　　굳건하게 완벽한 짝을 고집하는 사람과 달리, '누구를 만나든 다 똑같다'고 생각하는 사람도 있다. 이들은 상대가 자신에게 흥미를 보이고 자신 역시 나쁘지 않다면 사귀지 못할 사람이 없다고 생각한다. 그렇다고 장기적이고 안정된 친밀한 관계를 원치 않는 것은 아니다. 오히려 간절히 바란다. 그러나 아무리 노력한다 한들 자신은 그런 관계를 맺을 수 없다고 여긴다. 가장 큰 원인은 낮은 자존감이다. 자신이 사랑받을 만한 자격도, 가치도 없다고 생각하는 것이다. 이 때문에 사랑을 향한 갈망과 절망을 동시에 느낀다.

또한 자기 자신을 의지할 수 없기에 대신 운명에 의지한다. 이들은 누군가 자신을 원하는 것 자체를 운명이자 인연으로 받아들인다. 또한 이런 기회가 자주 오지 않으니 더더욱 놓치면 안 된다고 생각하고, 신중하게 생각하지 않고 섣불리 애정 관계를 맺는 성향을 보인다.

하지만 현실은 잘 알다시피 아무나 사랑해서는 안 된다.

자신과 완벽하게 맞는 사람이 없다고 해서 아무나 만나도 된다는 뜻은 아니다. 이 세상에 완벽하게 맞는 사람은 없지만 반드시 피해야 할 사람은 있다. 폭력을 휘두르는 사람, 상대를 인격적으로 무시하고 모욕하는 사람은 어떠한 상황에서도 친밀 관계의 대상이 될 수 없다. 나와 꼭 맞는 완벽한 짝을 만나는 것은 내 능력 밖의 일이다. 그러나 절대 만나면 안 될 사람을 피하는 일은 얼마든지 할 수 있다.

완벽한 짝을 찾는 사람은 '이상형'이 관계를 지배한다. 그에 비해 아무나 만나도 상관없다고 생각하는 사람은 '운명'의 지배를 받는다. 양쪽 모두 자신의 의지와 노력으로 애정 관계를 통제하지 못한다는 점에서 똑같이 극단적 사고방식에 속한다.

완벽한 짝을 원하는 사람들의 연애 방식

완벽한 짝에 대한 오해와 환상은 실제 연애 관계에 여러 악영향을 미친다. 다음은 연애 시작 전후에 미치는 영향이다.

연애 시작 전　　　먼저 완벽한 짝에 대한 집착 때문에 연애 자체를 하지 못한다. 완벽한 짝을 만나지 못할 바에야 아예 연애 자체를 하지 않겠다고 생각한다. '사자는 아무리 배가 고파도 풀을 뜯지 않는다'랄까. 그러나 대개 본인에게 연애하고자 하는 의지가 없으면 남들 눈에도 그리 매력적인 대상으로 비치지 않는다.

다음으로는 '완벽한 짝'을 만날 수 없을까 봐 항상 걱정한다.

완벽한 짝은 우연히 만날 수 있을 뿐, 노력한다고 얻을 수 있는 것은 아니라고 생각한다. 그래서 늘 걱정이 태산이다. 자신과 꼭 맞는 사람을 언제 만날 수 있을지, 혹시 전에 헤어진 사람이 바로 그 사람은 아니었는지, 벌써 운명의 상대를 지나쳐버린 것은 아닌지 ⋯⋯. 한 살 두 살 나이를 먹을수록 고민은 눈덩이처럼 부풀고 심지어 '이 나이가 될 때까지 완벽한 짝을 만나지 못하다니, 이러다 평생 못 만나는 것 아닌가'라는 두려움마저 생긴다.

연애 시작 후　　　먼저 상대 혹은 현재 관계에 쉽게 불만과 실망을 느낀다. 완벽한 짝에 대한 기준을 가진 사람은 의식적, 무의식적으로 현재의 배우자나 연인을 그 기준에 따라 자꾸 저울질한다. 문제는 애초에 기준이 지나치게 완벽한 탓에 만족보다는 불만족스러울 때가 훨씬 많다는 점이다. 상대도 이런 완벽한 기준과 까다로운 요구에 점점 지치기 시작하면 결국 양쪽 모두 서로에게 실망을 느끼고 관계가 악화될 수 있다.

다음으로는 문제를 해결하려고 노력하는 대신 포기해버린다.

사람들은 진짜 완벽한 짝이라면 절대 자신을 힘들게 하지도, 희생이나 양보를 요구하지도 않으리라고 믿는다. 그래서 현재 연애에서 갈등이나 다툼이 생기면 상대가 완벽한 짝이 아니기 때문에 이 사달이 났다며 가슴을 친다. 따라서 문제를 해결하려고 노력하기보다는 대개 헤어지는 편을 선택한다. 잘못된 상대를 만나 생긴 문제이니 헤어지는 것 외에는 해결책이 없고, 또 그래야 진짜 완벽한 짝을 만날 기회도 생기기 때문이다.

한편 '아무나 만나도 상관없다'는 사람은 건강하지 못한 연애를 할 확률이 높다. 이들은 항상 '남자/여자를 잘못 만났다'고 하지만 사실 주체적인 판단과 생각 없이 운명 운운하며 되는대로 아무나 만난 자신의 잘못이 가장 크다. 게다가 지금의 연애가 자신에게 얼마나 해로운지 알면서도, 심지어 상대가 연인끼리 지켜야 할 가장 기본적인 원칙까지 무시해도 헤어질 줄 모르고 맹목적으로 관계를 이어간다.

그러다 어찌어찌 헤어지면 '누구와도 사귈 수 있다'는 생각 때문인지 곧바로 다음 연애에 뛰어들기 일쑤다. 하지만 제대로 된 사리 판단 없이 경솔하게 시작한 연애는 대부분 또 다른 고통과 실망을 안기기 마련이다. 문제는 이런 상황이 반복되면서 안 그래도 심각한 자기가치감이 더욱 낮아진다는 점이다. 자기가치감이 낮아질수록 자신은 좋은 대우를 받을 만한 사람이 아니라고 생각하게 되고, 건강한 연애에 대한 기대가 사라진다. 낮은 자존감 때문에 자신을 좋아해주는 사람이면 아무나 판단 없이 만나고, 그러다 관계에서 고통과 상처를 받고, 그 결과 자존감이 더욱 낮아지는 악순환에 빠지는 것이다.

완벽한 짝을 찾는 방법

사실 현실적으로 자신과 완벽하게 맞는 짝을 만났다는 것은 불가능에 가깝다. 하지만 완벽한 짝이 될 수 있는, 충분히 좋은 짝은 있다.

충분히 좋은 짝　　　　충분히 좋은 짝이란 비록 완벽하지는 않아도 나에게 충분히 좋은 사람을 말한다. 영어로는 'Mr./Ms. OK' 혹은 'Mr./Ms. Good Enough'라고 한다.

'Good Enough'는 도널드 위니컷의 '충분히 좋은 엄마Good Enough Mother' 라는 표현에서 따온 것이며, '충분히 좋은 엄마'는 '완벽한 엄마Perfect Mother'의 상대적 개념이다. 위니컷은 자녀의 요구를 전부 들어주지는 못해도 안전한 환경, 정서적 연결, 안정적 애착 등 바른 성장을 위해 필요한 부분은 빠짐없이 채워주는 엄마를 '충분히 좋은 엄마'로 정의했다. 이러한 개념을 바탕으로 '충분히 좋은 짝'을 정의한다면, 모든 부분이 나와 완벽하게 맞지는 않아도 두 사람의 애정을 위해 꼭 필요한 부분만큼은 잘 맞고 또 만족할 수 있는 상대라고 할 수 있다.

따라서 충분히 좋은 짝을 만나려면, '이랬으면 좋겠다'보다는 '이건 절대 안 된다'는 기준을 정하는 편이 훨씬 유리하다. 그러기 위해서는 애정 관계에서 반드시 지켜야 할 원칙과 절대 어겨서는 안 될 마지노선이 무엇인지 고민해본다. 일단 기본적으로 누구나 공감할 만한 원칙이 있다. 일례로 폭력은 신체적인 것이든 정서, 심리적인 것이든 절대 용인해서는 안 된다. 이런 기본 원칙을 제외한 나머지는 개인에 따라 달라질 수 있다. 예를 들어 자신이 성생활의 만족도를 중시한다면 '성생활이 맞지 않고 소통이 되지 않으면 절대 안 된다'라는 식의 마지노선을 정하면 된다.

무엇보다 이 세상에 나의 모든 필요와 요구를 백 퍼센트 만족시킬 수 있는 타인은 존재하지 않는다는 점을 깨달아야 한다. 다시 말해 완벽한 짝은 없다는 뜻이다. 그러니 무의미한 기다림은 내려놓고, 현실적으로 충분히 좋은 짝을 찾아보자.

충분히 좋은 짝 찾는 법　　　자신에게 완벽하게 맞는 짝을 무조건 기다리기보다는 충분히 좋은 짝을 찾아서 서로에게 완벽한 짝이 되는 것이 더 현실적이다. 그러기 위해서는 먼저 충분히 좋은 짝을 찾아야 한다. 다음은 충분히 좋은 짝을 찾기 위한 방법 3가지다.

첫째, '충분히 좋은 짝'을 찾기 위해서는 무엇보다 자신의 주도적인 노력이 필요하다. 무조건 기다리거나 받아들이기만 하는 수동적 태도는 절대 금물이다.

둘째, 항상 열린 마음을 갖는다. '이건 절대 안 된다'는 기준을 정했으면 그 기준의 범위 내에서 선입견 없이 최대한 많은 사람을 접해보는 것이 좋다. 또한 서로 알아가는 과정에서 주저 없이 자신을 보여주고 표현하며, 사소한 점 몇 가지만 보고 상대에 대해 섣불리 결론을 내리지 않도록 주의한다.

마지막으로 가장 중요한 것은 연애하면서 상대를 내 입맛에 맞게 바꾸려 하지 말아야 한다는 점이다. 연애란 서로 보조를 맞춰 서로에게 다가가는 과정이다. 누구 한 사람이 강압적으로 관계를 이끌어서도, 상대를 자신이 원하는 '완벽한 짝'의 틀에 끼워 넣어서도 안 된다. 서로 부대끼고 부딪치면서 모난 부분을 깎아나가고 두 사람이 관계의 공동 경영자가 되어 이해와 사랑을 바탕으로 더 나은 관계를 만들어나가는 것이야말로 바람직한 연애라 할 수 있다. 그러려면 원활한 소통과 지혜로운 갈등 해결이 필수다.

'완벽한 짝'으로 가는 바람직한 연애법　　　여기, '완벽한 짝'으로 가는 바람직한 연애를 위한 조언 5가지를 소개한다.

첫째, 상대를 인정하고 긍정한다. 상대가 이룬 성취를 인정하고, 상대의 감정과 정서를 긍정한다. 그리고 자신이 상대를 얼마나 중요하고 소중하게 여기는지 표현한다.

둘째, 솔직하고 열린 태도를 유지한다. 자기 기준으로 상대를 판단하지 말고, 열린 마음으로 상대의 생각과 설명에 귀를 기울이며, 자신의 느낌과 의견을 솔직하게 전달한다.

셋째, 적극적으로 관심을 갖는다. 두 사람의 관계를 적극적으로 대하며,

특히 갈등이나 다툼이 생겼을 때 회피하지 않고 적극적으로 대응한다. 부정적인 정서보다는 긍정적인 정서에 집중한다.

넷째, 결혼이나 동거를 하게 될 경우 경제활동, 가사 활동 등 실제 생활의 여러 부분을 어떻게 분담할 것인지 미리 의논하여 정한다. 그렇다고 남자는 바깥일, 여자는 집안일이라는 기존의 사회 고정관념에 따라 역할을 분배할 필요는 없다. 두 사람이 의논해서 각자의 상황에 맞게 정하면 된다.

다섯째, 각자 독립된 사적 영역을 지킨다. 함께하는 시간이 늘어날수록 자연히 서로의 친구도 알게 되고, 다 같이 만날 기회가 많아지면서 내 친구 네 친구가 따로 없는 상황이 될 수도 있다. 그러나 그렇다고 사적 영역이 아예 사라지면 곤란하다. 연인 혹은 부부 사이라 해도 대인관계만큼은 각자 독립된 부분을 유지하는 것이 좋다.

충분히 좋은 짝이 완벽한 짝으로 거듭나려면 무엇보다 두 사람이 긴밀하게 소통하고 이해하며 협력해야 한다. 이 과정의 핵심은 감정의 '투입'과 '산출'이다. 시장 원리의 등가 교환과 달리, 감정의 투입과 산출은 양쪽이 똑같을 수 없다. 어느 한 사람이 다른 사람보다 좀 더 많은 감정을 투입할 수도 있다는 뜻이다. 감정에서만큼은 등가 교환이 성립하지 않는다. 하지만 두 사람 모두 서로에게 충분한 편안함과 만족을 느끼고 있다면 이는 전혀 문제가 아니다. 어쨌든 우리가 애정 관계에 바라는 것은 공정함이 아니라 행복감이니 말이다.

이렇게 서로 부딪치고 깎이며 맞춰가다 보면 어느새 서로가 서로에게 단순히 괜찮은 짝이 아닌 완벽한 짝이 되어 있음을 발견하게 된다. 나와 맞지 않는다고 생각했던 사람도 알고 보면 단지 나의 기준이 지나치게 경직된 탓에 잘못 판단했을 수도 있다. 무엇보다 가장 중요한 점은 시작을 해보고, 끝까지 노력하는 것이다.

완벽한 짝을 찾아서

자신과 완벽하게 꼭 맞는 사람은 없다.
현실은 내 사랑도, 내 인생도 구할 수 있는 사람은
오직 나 자신밖에 없다.
완벽한 짝은 없지만, 충분히 좋은 짝은 있다.

좋은 짝을 찾는 방법이다.
주도적으로 노력하기
항상 열린 마음 갖기
상대를 내 입맛에 맞게 바꾸지 않기

서로 부딪치고 깎이며 맞춰가다 보면
어느새 서로에게 괜찮은 짝이 아닌
완벽한 짝이 되어 있음을 알게 된다.

19 · 정서적 방치

19

연인 곁에 있어도
외로운 이유는 뭘까?

사랑하는 사람이 곁에 있어도 외롭다.

우리는 다툼 한 번 하지 않는 사이좋은 연인이다.

적어도 겉보기엔 그렇다.

현재 애정 관계에서 이런 느낌이 든다면 상대에게

정서적 방치를 당하고 있을 가능성이 아주 높다.

정서적 방치란 무엇일까? 연인을 정서적으로 방치하는

이유는 무엇일까? 정서적 방치를 당하고 있다면

어떻게 대처해야 할까?

가끔은 사랑하는 사람이 곁에 있어도 외롭다. 아니, 곁에 있어서 더 외롭다. 고민이나 힘든 일이 있어도 그에게 말하기보다는 친구나 가족을 찾게 된다. 그에게 말해도 들어주지 않을 것 같아서다. 아무런 답도, 응원도 얻을 수 없을 것 같아서다. 같은 공간에 있어도 그가 나에게 집중한다는 느낌이 들지 않는다. 함께 앉아 있어도 그의 머릿속은 온통 다른 일로 가득해서 내가 끼어들 틈 하나 없는 듯하다.

우리는 다툼 한 번 하지 않는 사이좋은 연인이다. 적어도 겉보기엔 그렇다. 하지만 사실을 알고 보면 내가 싸움을 걸려고 해도 그가 반응하지 않기에 다툼조차 없는 것이다. 가끔은 그가 필요할 때만 내게 먼저 말을 건다는 생각이 든다. 심지어 그에게 나라는 존재는 자기 필요를 채우기 위한 수단 그 이상도 그 이하도 아니라는 느낌이 든다. 나의 목소리는, 나의 바람은 아무리 해도 그에게 가닿을 수 없을 것만 같다.

만약 현재 애정 관계에서 이런 느낌이 든다면 상대에게 정서적 방치를 당하고 있을 가능성이 아주 높다. 정서적 방치는 표면적으로 잘 드러나지 않지만 당사자에게 굉장히 큰 상처를 입히는 매우 심각한 문제다.

정서적 방치란 무엇일까? 배우자나 연인을 정서적으로 방치하는 이유는 무엇일까? 정서적 방치를 당하고 있다면 어떻게 대처해야 할까?

정서적 방치를 당할 때 느끼는 감정

배우자나 연인의 정서적 방치란 연인이 마땅한 정서적 지지와 반응을 해주지 않는 것을 뜻한다. 예를 들어 경제적 지원은 풍족하게 하지만 애정과 관심을 보이지 않는 경우가 그렇다.

정서적 방치는 보이지 않는 상처다. 정서적 학대가 모욕, 욕설, 무시, 원망 등의 형태로 눈에 보이게 이뤄지는 것이라면, 정서적 방치는 마땅히 있어야 할 무언가가 누락된 상태다. 사랑하는 사이라면 오가기 마련인 애정과 관심, 응원을 확인할 수 있는 무언가가 없는 것이다.

다른 사람을 정서적으로 학대할 때는 의도적으로 상대의 감정을 상하게 하는 행동을 한다. 여기에는 '행동하지 않는 것'도 포함된다. 즉 상대의 말을 일부러 무시하고 대꾸하지 않는다든지, 일부러 관심을 주지 않는 것도 정서적 학대다. 그러나 정서적 방치에는 상대를 상처 입히겠다는 의도가 없다. 따라서 방치하는 당사자가 문제의 심각성을 전혀 인지하지 못하는 경우도 수두룩하다.

다음은 배우자, 연인에게 정서적 방치를 당하는 사람이 느끼는 감정이다.

거절당하는 느낌   자신이 애정을 표현해도 상대는 냉담하기만 하다. 상대가 친밀한 신체 접촉을 하지 않으며, 깊이 있고 솔직한 대화를 원치 않는다.

무시당하는 느낌   상대가 자신의 요구나 필요에 무관심하다. 또는 상대가 자기 자신만 생각하는 것 같다.

불평등하다는 느낌   자신은 이 관계에서 늘 손해만 보는 것 같다. 자신이 상대에게 쏟는 사랑과 애정의 10분의 1도 돌려받지 못하는 기분이다.

절망적인 느낌   갈수록 더 깊은 절망감을 느끼며, 상대에게 폭력을 가하는 등 점점 더 극단적으로 행동하려고 한다. 처음에는 상대의 사랑을 받으려 애쓰지만 시간이 갈수록 그것마저 포기하고 우울함과 절망에 빠진다. 나중에는 온갖 극단적이고 과격한 방법으로 상대의 주의를 끈다.

자신이 형편없다는 느낌   상대가 자신을 무시하고 방치하는 이유를 자신에게서 찾고, '내가 충분히 잘하지 않아서' 혹은 '충분히 괜찮지 않아서' 상대의 관심을 받지 못한다고 생각한다. 그럴수록 자기가치감이 심각하게 떨어진다.

어떤 사람은 정서적으로 방치당하면서도 그 사실을 인지하지 못한다. 혹은 이미 느끼고 있지만 '요즘 그가/그녀가 너무 바빠서 그렇다'는 식으로 상대를 옹호하거나, 상대의 냉담함을 넓은 아량으로 받아들이지 못하는 속 좁은 자신을 탓한다. 그러나 실제로 정서적 방치는 방치를 당하는 사람의 잘못이 전혀 아니다.

연인을 정서적으로 방치하는 이유

배우자나 연인을 정서적으로 방치하는 사람의 심리는 무엇일까? 정서적 방치의 원인을 알면 관계의 여러 가지 문제들을 이해할 수 있다. 그러나 원인을 찾는 것은 어디까지나 위험 요인을 미리 식별하기 위해서지, 정서적 방치를 정당화하기 위해서가 아니다.

아동기 때 사랑하는 법을 배우지 못했다　　　어린 시절에 습관적 무시와 학대를 받았거나 불행한 가정환경에서 자란 사람은 배우자나 연인을 정서적으로 방치할 확률이 높다. 일단 성장 과정에서 좋은 본보기를 보지 못한 탓이 크다. 유아기나 아동기에 정서적 방치를 당한 사람은 가족으로부터 타인을 사랑하는 법을 배우지 못했기 때문에 성인이 되어 사랑하는 사람이 생겨도 제대로 아끼거나 사랑을 표현할 줄 모른다.

또 한편으로 어린 시절이 원만하지 않았던 사람은 정서적으로 반응하는 '기능'이 결여된 경우가 많다. 관련 연구에서는 가정폭력을 보고 자란 사람은 비언어적 정보를 식별하는 능력이 평균에 비해 떨어지는 것으로 나타났다. 이들은 상대의 신체 언어나 표정을 올바르게 해석하지 못한다. 슬픈 표정을 차분한 표정으로 오해한다든가, 상대가 감정이 격해진 정도를 실제보다 낮게 평가하는 식이다. 그 결과 상대는 자신의 감정이 있는 그대로 받아들여지지 않고 무시당한다는 느낌을 받는다.

'회피애착형'으로 스트레스를 혼자 해결한다   애착 유형에서 회피성이 높은 사람일수록 상대에게 정서적 방치를 당한다는 느낌을 줄 수 있다. 이들은 연인이 어려운 상황에 처해 있어도 감정적 위로나 응원을 하지 않고 모른 척 회피하는 경향이 강하다.

미국의 심리학자 브루크 피니Brooke Feeney와 낸시 콜린스Nancy Collins는 사람들이 자기 자신을 기준으로 삼아 상대의 필요와 바람을 짐작하기 때문에 이러한 현상이 나타난다고 지적했다. 회피애착형인 사람은 스트레스 상황이 생기면 타인에게 위로와 응원, 도움을 구하기보다는 혼자 조용히 해결하는 편을 선호한다.

그렇기 때문에 상대방도 자신처럼 혼자 해결하고 싶어 하리라 판단하고 상대의 상황을 알아도 모르는 척 아무 도움도, 정서적 위로도 해주지 않는다. 똑같이 회피애착형이라면 모르지만 그렇지 않을 경우, 상대는 오히려 사랑하는 사람에게 버림받은 듯한 상실감을 느낀다.

'자기애 인격'이어서 스스로 존재감을 못 느낀다   연인이 자기애 인격인 사람은 상대가 언제나 자신이 필요한 것이 아닌, 본인이 '좋다'고 생각하는 것을 억지로 안긴다는 느낌을 받는다. 그래서 상대가 잘 해주는 순간조차 진짜 충족감을 얻지 못한다.

이런 상황이 생기는 것은 자기애 인격인 사람이 자기애의 연장선상에서 상대를 사랑하기 때문이다. '나의 연인이라니, 당신은 참 대단해!'라는 식이다. 이들은 상대에게 여러 가지 기능을 부여하고, 자신이 원하는 대로 상대가 자신을 더욱 빛나게 해줄 때 기쁨과 사랑을 느낀다. 쉽게 말해서 자신의 자기애를 충족하기 위해 배우자나 연인을 이용하는 셈이다.

예를 들어 아내의 건강 상태가 좋지 않은데도 힘든 해외 연수에 무조건 참가하라고 독촉하는 남편이 있다고 해보자. 겉으로는 아내를 위하는 척, 생각하는 척하지만 속을 들여다보면 아내가 해외 연수를 다녀와 스펙을 더 쌓기를 바라는 마음이 훨씬 크다. 왜냐하면 아내가 능력 있어 보일수록 자신에게 더 밝은 '후광'이 생기기 때문이다. 이런 남편은 다른 사람과 대화하며 아내를 언급할 때도 '아무개(자기 이름)의 아내가 이렇게 대단하다'는 식으로 반드시 자신을 주어 자리에 놓는다. 아내조차도 자신을 더욱 빛나게 하는 액세서리에 불과한 것이다.

그 탓에 자기애 인격자를 연인으로 둔 사람은 스스로 존재감을 느끼지 못하며, 자신은 오로지 상대의 자기애적 욕망을 충족해주기 위한 도구나 장식품에 불과하다고 여긴다.

자신의 진짜 감정을 숨기는 '사회불안증'이다　　　사회불안이 있는 사람은 자신의 감정을 잘 드러내지 않는다. 이러한 경향 때문에 배우자나 연인을 정서적으로 방치하는 결과가 빚어지기도 한다.

미국의 심리학자 신시아 터크Cynthia Turk는 감정 표현이나 식별 면에서 사회불안증 환자와 일반인이 어떻게 다른지를 연구했다. 먼저 대학생 766명을 모집해 사회불안척도를 이용해 불안 수준을 측정한 후, 버클리 정서 표현성 질문지로 그들의 감정 표현 정도를 평가했다. 그 결과 사회불안이 높은 사람은 그렇지 않은 사람보다 감정을 표현하는 정도가 훨씬 낮게 나타났으며, 이는 긍정적인 감정이든 부정적인 감정이든 마찬가지였다.

사회불안이 있는 사람은 대인관계에서 타인에게 거절당할지도 모른다는 불안감 때문에 습관적으로 자신의 진짜 감정을 숨긴다. 문제는 이러한 경향 탓에 배우자나 연인에게 힘든 일이 있어도, 기쁜 일이 생겨도 요지부동으로 별 반응을 보이지 않는다는 점이다. 속으로는 온갖 감정이 벅차오를지언정 겉으로는 거의 표현하지 않는다. 비록 의도하지는 않았지만 결과적으로는 정서적 방치를 자행하는 셈이다.

연인의 정서적 방치를 당한 피해자가 보이는 행동

배우자나 연인에게서 정서적 방치를 당하면 '피해자'의 삶 곳곳에 깊은 상처가 남게 된다.

다음은 상처받은 피해자가 보이는 행동 유형이다.

상대를 위해 완벽해지려 하다　　어떤 사람은 연인이 자신을 정서적으로 방치하는 원인을 자신에게서 찾는다. 내가 무언가 잘못했거나 실수했기 때문에 상대가 나를 무시한다고 믿는 것이다. 그래서 매사에 극도로 조심하며, 정서적 방치가 일어나면 엄청나게 자책하는 동시에 상대의 비위를 맞추려 애쓴다.

이들은 자기가 좀 더 매력적이고 똑똑하고 훌륭하게 변하면 연인의 관심과 사랑을 되찾을 수 있으리라 믿는다. '내가 집 안을 먼지 한 톨 없이 반짝반짝 치워놓으면 그이가 기뻐해줄 것'이라든가 '내가 조금만 더 날씬해지면 남편(혹은 아내)이 훨씬 다정하게 대해줄 것'이라고 생각하는 식이다.

그러나 자신이 아무리 노력해도 상대의 정서적 방치가 변함없이 계속되면 결국 '나는 역시 사랑받을 자격이 없는 사람'이라는 확신이 마음에 뿌리내린다. 안타깝게도 이들은 자기 잘못이 아닌 일로 자책과 수치심을 느끼면서도 그렇다는 사실조차 깨닫지 못한다.

분노가 자신에게 향하다　　　　배우자나 연인에게 정서적 방치를 당한 사람은 자기무시에 빠지기 쉽다. 자기무시에 빠진 사람은 타인에게는 아량을 베풀면서 스스로에게는 무자비하다. 다른 사람이 잘못하면 너그럽게 용서하고 위로하면서 정작 자신이 무언가 실수하거나 문제가 생기면 자신을 혹독하게 비판하고 무능하다 생각하는 자신에게 분노를 쏟아낸다.

배우자나 연인에게 정서적 방치를 당한 사람이 자기무시에 빠지기 쉬운 것은 과거와 비슷한 환경이나 행동 양식을 추구하는 일반적 경향 때문이다. 특히 스트레스를 받으면 사람들은 본능적으로 익숙한 상황을 찾는 경향을 보인다. 평소 방치를 당한 사람은 자신의 필요가 충족되지 않고 정서적 지지를 받지 못하는 것에 익숙하다. 그 상황이 고통스럽기는 하지만 익숙하기에 오히려 안정감을 느낄 수 있다. 그래서 이들은 스트레스를 받으면 자신조차 스스로의 필요와 고통을 무시함으로써 정서적 방치라는 익숙한 상황을 만들어낸다.

가상의 연인을 만들다　　　정서적 방치에 대처하기 위해 자신이 상상으로 만들어낸 배우자나 연인에게 의지하는 사람도 있다. 상대는 분명 애정 표현을 거의 하지 않는데, 혼자서 그의 이런저런 행동을 애정 표현으로 상상하고 받아들이는 것이다. 그 결과 현실의 냉담한 연인은 이들의 상상 속에서 사랑과 관심이 넘치는 다정한 사람으로 변한다.

이들이 이런 상상에 빠지는 것은 자신의 연애나 결혼이 실패작이 아니기를 간절히 바라기 때문이다. 사랑하는 사람에게 방치되고 무시받는 현실을 인정하느니, 차라리 상상 속의 연인에게 위로받는 쪽이 훨씬 마음 편한 것이다. 그러나 상상 속의 연인은 아무 문제도 해결하지 못한다. 오히려 현실의 연인을 제대로 파악할 수 없게 함으로써 문제를 더욱 악화시킨다.

정서적 방치에 대처하는 방법

사랑하는 사람에게 정서적으로 방치당한 후폭풍은 매우 크다. 그중에서도 가장 가슴 아픈 상황은 상대를 너무나 사랑한 나머지 '가상의 연인'을 만드는 경우일 것이다. 이들은 목숨처럼 사랑하는 사람이 자신을 홀대한다는 사실을 도무지 받아들일 수가 없기에 현실을 왜곡하여 자신이 완벽한 애정 관계를 맺고 있다고 상상한다. 고통과 실망뿐인 상황에서도 가냘픈 희망에 매달리는 그들의 모습이 진심으로 눈물겹다.

다음은 연인의 정서적 방치에 대처하는 방법이다.

연인과 솔직한 소통을 시도하기 기억하자. 자신을 어떻게 대할지 선택하는 것은 연인의 책임이지만, 연인의 정서적 방치에 어떻게 대처할지 선택하는 것은 자신의 몫이다. 무턱대고 문제를 외면하기만 해서는 상황을 조금도 바꿀 수 없다. 모든 것을 터놓고 연인과 솔직한 소통을 시도해야 한다.

그러기 위해선 가장 먼저 정서적 방치가 자행되는 현재 상황을 객관적으로 분석한다. 연인이 자신을 무시하고 방치하는 것 같으면 상대의 사랑을 되찾으려 애쓰지 말고 무엇이 방치를 초래했는지, 원인이 어디에 있는지, 연인이 현 상황에 얼마나 책임이 있는지를 곰곰이 생각해본다.

현 상황 분석이 끝나면 연인에게 자신의 생각을 솔직히 말한다. 특히 정서적 방치를 당했다고 느꼈던 상황을 구체적으로 설명한다. 시간과 장소, 당시 나눴던 대화나 상대의 행동 등까지. 그 상황에서 자신이 어떤 기분이었으며 상대가 어떻게 해주기를 바랐는지 등을 솔직하고 상세하게 표현한다.

만약 연인이 자신의 잘못을 수긍하고 합리적 해명과 함께 개선의 의지를 보이면 얼마간 기다리며 상대의 변화를 지켜본다. 또는 정서적 방치를 유발한 원인을 연인과 진지하게 이야기해보고, 함께 도울 수 있는 부분이 없는지 살펴본다. 예를 들어 연인의 가족 문제가 원인이라면 함께 심리 치료를 받아볼 수도 있다.

그러나 연인이 자신의 잘못을 전혀 인정하지 않고 아무 문제도 없다는 식으로 나온다면 관계를 끝내는 것도 고려해보아야 한다. 현재의 애정 관계를 새로운 시각으로 점검하고, 자신이 원하는 것은 무엇이며 상대가 그것을 채워줄 수 있는지 냉정하게 따져본다. 답이 부정적으로 나왔는데도 여전히 선뜻 헤어질 수 없다면 혹시 자신이 어린 시절에 정서적 방치를 경험한 적이 있지 않은지, 어떠한 강박 때문에 이 관계를 유지하려는 것은 아닌지 생각해본다.

어린 시절 가정에서 정서적 방치를 당했던 사람은 성인이 된 후에도 비슷한 친밀 관계를 선택하는 경향이 강하다. 어렸을 때 극복하지 못했던 상황을 어른이 되어 극복함으로써 스스로의 가치를 증명하려는 무의식적 욕망이 있기 때문이다. 물론 잘 극복하면 좋겠지만 대부분 결과는 그리 좋지 못하다. 오히려 더 큰 상처를 받고 새로운 트라우마가 생길 수도 있으니, 상대에게 개선의 여지가 전혀 없다고 판단되면 빨리 관계에서 빠져나오는 편이 훨씬 낫다.

미리 '자기를 위한 위안책' 준비하기　　어린 시절 부모에게 무시와 방치를 당한 사람은 연인에게 정서적 방치를 당해도 스스로를 위로할 줄 모른다. 마음이 힘들고 위기에 처했을 때 적절한 위로를 받아본 경험이 없기 때문이다. 그러나 스스로 부정적인 감정을 다루지 못하면 삶의 질이 크게 떨어진다. 부모나 연인에게 마땅한 위로를 얻지 못한다면 자신이라도 자신을 위로하고 달래는 법을 배워야 한다.

심리학자 조니스 웹Jonice Webb이 추천하는 방법은 평소에 미리 '자기 위안 목록'을 만들어두는 것이다. 그래야 위로가 필요한 순간이 닥쳤을 때 어찌할 바를 모르고 허둥대지 않을 수 있다. 매 상황에 효과적인 위로 방식이 다르기 때문에 자기 위안 목록은 다양할수록 좋다. 구체적인 위로 방법이 생각나지 않는다면, 어린 시절 자신이 어떤 위로를 바랐는지를 떠올려본다. 만약 따스한 포옹을 바랐다면 따뜻한 물로 목욕을 하거나 부드러운 양털 담요를 두르는 등의 방법을 통해 비슷한 위로를 얻을 수 있다.

이때 주의할 점은 자기 위안의 방법이 반드시 건전해야 한다는 것이다. 폭음이나 폭식 등의 해로운 방식은 장기적으로 더 많은 문제를 야기한다.

고통스러운 경험을 통해 성장하기　　　이는 방치와 무시가 자행되는 현재 상황을 참고 견디라는 뜻이 아니다. 비록 아프고 고통스러운 경험일지라도 거기서 무언가를 배우고, 성숙한 개인이 되어 더 나은 미래로 나아가는 발판으로 삼으라는 것이다.

작가 재닌 바스가드Janene Baadsgaard에 따르면 어떤 사람은 정서적 방치를 경험한 후, 무시와 방치의 고통을 깊이 이해하고 타인을 무시하지 않는 법을 배운다. 누군가는 자기 안에서 침묵을 깨는 용기를 발견하며, 또 누군가는 '자신이 사랑하는 사람도 정서적 방치를 할 수 있다'는 점에서 인간의 복잡성을 더욱 깊게 이해하고 세상을 보는 시각의 폭을 넓히기도 한다.

당신을 진심으로 사랑하는 사람은 당신의 감정을 절대 무시하지 않는다. 사랑한다면 그럴 수 없기 때문이다. 이런저런 방법으로 현실을 외면해도 자신의 애정 관계에 문제가 있음을 모르는 사람은 없다. 변하고 싶다면 가장 먼저 현실을, 문제를 직시해야 한다. 진실과 대면하고 자신의 가치를 믿어라. 그러면 모든 것이 나아질 것이다.

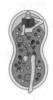

자신의 가치를 믿다

정서적 방치는 보이지 않는 상처다.
정서적 방치에는 상대를 상처 입히겠다는 의도가 없다.

연인의 정서적 방치에 대처하는 방법이다.
연인과 솔직한 소통을 시도하기
미리 '자기를 위한 위안책' 준비하기
고통스러운 경험을 통해 성장하기

당신을 진심으로 사랑하는 사람은 당신의 감정을
절대 무시하지 않는다. 사랑한다면 그럴 수 없다.
변하고 싶다면 가장 먼저 현실을, 문제를 직시한다.
진실과 대면하고 자신의 가치를 믿어라.

20 · 강압적 지배

20
사랑이란 이름으로
왜 '지배'하려고 할까?

그(그녀)는 나를 너무나 사랑한다. 그(그녀)는
나를 위해 많은 것을 베풀지만 이상하게도 나는
항상 마음속 깊이 무언가 잘못되었다고 느낀다.
그(그녀)는 주도면밀하게 나를 보호하고, 오로지
나의 안녕만을 생각한다. 불만을 느끼는 것이
정당하지 않게 여겨질 정도다.

만약 수시로 이런 생각이 든다면 지금 당신은
사랑이라는 이름의 '강압적 지배'를 받고 있다.

어떤 폭력은 부드럽고 친절하며 빈틈없다. 어떤 사랑은 속박과 압박, 조종과 통제로 가득하다. 연인일 수도 있고, 부모일 수도 있다. 그(그녀)는 나를 너무나 사랑한다. 다른 사람들의 눈에도 그렇게 보이고, 그들 스스로도 그렇게 믿는다. 그(그녀)는 나를 위해 많은 것을 베풀지만 이상하게도 나는 항상 마음속 깊이 무언가 잘못되었다고 느낀다. 때로 이상한 사람은 내가 아닐까 싶은 의심이 들기도 한다. 그(그녀)와 나의 관계에 학대라고 할 만한 것이 전혀 없기 때문이다. 그(그녀)는 나를 때리지 않는다. 오히려 주도면밀하게 나를 보호하고, 오로지 나의 안녕만을 생각한다. 불만을 느끼는 것이 정당하지 않게 여겨질 정도다. 때때로 반항하고 싶은 충동이 생기는데 그때마다 어떻게 반항해야 할지, 반항해도 되는지조차 알 수가 없다.

만약 수시로 이런 생각이 든다면 지금 당신은 사랑이라는 이름의 '강압적 지배Coercive Control'를 받고 있는지도 모른다.

눈에 보이지 않는 족쇄, 강압적 지배

강압적 지배란 두 사람의 관계에서 한쪽이 치밀한 전략과 행동으로 다른 한쪽을 통제하고 지배하는 것을 말한다.

신체적, 성적 폭력과 달리 강압적 지배는 피해자의 심리와 정서에 깊은 상처를 남긴다. 그런데 그 과정이 워낙 치밀하고 미묘한 탓에 피해자 자신도 알아차리지 못할 때가 많다. 미국의 심리학자 리사 폰테스Lisa Fontes의 표현대로 강압적 지배는 눈에 보이지 않는 '무형의 족쇄'다.

최근 유럽과 미국 등지에서는 법률 정책, 심리학, 사회학 등 여러 분야에서 강압적 지배에 관한 논의가 활발하게 진행되고 있다. 쟁점은 친밀한 관계에서 강압적 지배의 폭력성 여부인데, 대부분 '강압적 지배는 분명한 폭력'이라는 결론이 내려졌다.

강압적 지배는 분명 폭력이다　　　강압적 지배는 피해자의 신체가 아닌 정신을 상처 입힌다. 문제는 정신적 상처가 신체적 상처보다 훨씬 치유하기 어렵다는 점이다. 게다가 피해자가 원하는 만큼 통제되지 않을 때는 신체적 학대도 가해진다. 강압적 지배의 목적을 이루기 위해 아예 신체적 학대를 수단으로 삼는 가해자도 있다.

2015년 12월, 강압적 지배를 명백한 범죄 행위로 규정하는 가정폭력법이 영국에서 시행되었다. 관련 법규를 위반할 경우, 가해자는 오 년 이하의 징역과 상응하는 벌금형에 처해진다. 미국에서도 강압적 지배를 법으로 막기 위한 노력이 계속되고 있다. 상처가 눈에 보이지는 않지만 엄청난 고통을 받고 있는 피해자들이 분명히 존재하기 때문이다.

부모 자식 등 친밀할수록 심하다　　　　호주 심리학자 앤드루 프랭클랜드Andrew Frankland와 잭 브라운Jac Brown의 조사에 따르면 동성애의 친밀한 관계에서 강압적 지배를 받은 적이 있다고 답한 사람은 6.5퍼센트, 강압적 지배를 한 적이 있다고 답한 사람은 4.4퍼센트에 달했다. 그런가 하면 아시아 등지에서는 부모가 자식의 행동을 철저히 제한하면서 강압적 지배를 하는 일이 빈번하다. 자녀가 어디를 가고 누구를 만나고 무슨 일을 하는지를 모두 부모가 정하고 통제하는 것이다.

일반적으로 친밀한 관계에서 가해자가 통제광Control Freak일 때 강압적 지배가 벌어진다고 생각하는 사람이 많은데, 명백한 오해다. 타인을 과도하게 통제하고 조종하려 한다는 면에서 강압적 지배와 통제광이 같다고 생각하기 쉽지만 둘 사이에는 근본적인 차이가 있다.

강압적 지배 vs. 통제광　　　　통제광의 '통제 욕구'는 나약함과 무질서함을 두려워하는 내면 심리가 원인이다. 이들은 외부 요소인 사람과 사건, 사물을 철저히 제어해서 자신이 생활을 통제하고 있다는 실감을 얻으려 한다. 또한 통제 방법이 관계 안에서 더 많은 이익과 절대 권력을 차지하려고 매우 전략적으로 이뤄진다.

그에 비해 강압적 지배를 추구하는 사람은 통제하는 대상이 연인이나 자녀 등뿐이다. 그렇다 보니 강압적 지배의 피해자인 연인이나 자녀는 '너를 사랑해서 이렇게 하는 것'이라는 가해자의 말에 속아 엄청난 상처를 받으면서도 그 사실조차 깨닫지 못하는 경우가 많다. 따라서 자신 혹은 타인이 강압적 지배의 피해자인지 아닌지를 식별하려면 가해자가 자주 사용하는 전략을 이해하는 것이 중요하다.

강압적 지배의 가해자가 사용하는 전략

1982년, 미국의 한 가정폭력 심리 교육 프로그램에서 가정폭력을 직관적으로 식별하고 발견할 수 있는 도구로 '힘과 통제의 바퀴Power and Control Wheel'를 소개했다. 이는 강압적 지배의 전략을 분별하는 데도 큰 도움이 된다. 다음은 강압적 지배의 가해자가 주로 사용하는 대표적인 전략 4가지다.

격리하고, 고립시키기　　　[나] "친구들을 만나고 싶어."

[상대] "어디 가? 언제 가? 언제쯤 돌아올 거야?" "너도 참 순진하다. 걔

들은 널 친구로 생각하지 않아. 기껏해야 현금인출기 정도로 생각하겠지." "이 세상이 얼마나 무서운지 알아? 사람들은 또 어떻고. 널 진정으로 위하고 생각하는 사람은 오로지 나뿐이야." "걔들이 널 받아준 것도 다 목적이 있어서야. 나처럼 널 진짜 사랑해서가 아니라고. 무슨 일이든 네 이익을 먼저 생각해야지 ……."

위 대화에서 상대가 진짜 의도하는 바는 나 스스로 친구들과 멀어지는 것이다. 상대는 내가 만나는 사람, 가는 곳, 참여하는 활동 등을 전부 통제하기 위해 사전에 일일이 다 보고하고 허락받기를 요구한다. 심지어 외출 자체를 엄격하게 제한하고, 외출 횟수와 바깥에서 보내는 시간을 구체적으로 설정하거나 통금을 정한다. 또 내가 만나는 사람을 헐뜯고 폄훼해서 나 스스로 그들과 거리를 두도록 만든다. 이런 통제가 계속되면 결국 나를 도와줄 수 있는 지인이나 친구들과 점차 멀어지고, 나 홀로 고립되게 된다.

반대로 친구들이 나를 멀리하도록 수를 쓰기도 한다. 사람들 앞에서 내가 이런 모임을 얼마나 싫어하는지 강조하고, 때로는 말도 안 되는 이간질로 나와 친구 사이를 갈라놓는다. 이렇게 모두가 나에게 등 돌리고 떠나는 상황을 만든 뒤에는 나에게 자기밖에 없으며 자기만은 영원히 떠나지 않고 내 곁을 지킬 것이라고 말한다. 자기만 믿고 의지하도록 만드는 것이다. 결국 나는 '너를 너무 사랑해서 그렇게 한 것이며, 너를 이토록 사랑할 사람은 나밖에 없다'는 상대의 말을 믿게 되고 만다.

정서적으로 학대하기　　　　[나] "왜 나는 뭐든지 네 말대로 해야 해?"

[상대] "사랑하니까. 사랑하는 사람끼리는 서로 행복하게 해주려고 노력하는 게 당연하지 않나?" "너는 날 사랑하지 않아? 사랑한다면 내 말대로 해야지. 그래야 내가 기쁘지, 안 그래?" (부모일 경우) 왜 이렇게 말을 안 들어서 나를 화나게 해? 내가 자식을 헛키웠어!"

상대는 나에게 서로 존중하고 이해해야 한다고 끊임없이 강조한다. 처음 그 말을 들었을 때는 이 관계가 평등하고 바람직한 관계가 되리라 믿었지만, 어찌 된 일인지 함께하는 시간이 길어질수록 나 혼자 존중하고 나혼자 이해해야 하는 상황이 꼬리에 꼬리를 문다.

상대는 나의 어떤 행동이 마음에 들지 않으면 '나를 사랑한다면(혹은 네가 효자/효녀라면) 마땅히 내 기분을 존중해야 한다'는 식의 도덕적 속박을 가하며 죄책감을 느끼게 만든다. 그러면서 정작 내가 상대의 어떤 행동에 불만을 제기하면 '네가 너무 예민하다, 난 그저 장난이었다'거나 '내가 널 얼마나 사랑하는데 고작 그만한 일로 까탈을 부리느냐'며 도리어 나를 질책한다.

이 과정에서 상대의 전략적 핵심은 내가 스스로를 '지나치게 예민한 것인지, 과도하게 따지는지, 충분히 잘하지 못하고 있거나 상대가 나를 사랑하는 만큼 상대를 사랑하지 못하는 것은 아닌지' 의심하게 만드는 데 있다. 이 전략이 효과를 발휘할수록 나는 점차 자책과 죄책감, 절망 등의 부정적 정서에 붙잡히게 된다.

폄하하고, 부인하고, 질책하기　　　　　[나] "나는 이렇게 하고 싶지 않아."

[상대] "이게 너한테 제일 잘 맞아, 네가 아직 미성숙하고 생각이 짧아서 그래. 내 말을 들어서 손해 볼 것은 없어. 나중에는 이렇게 하길 잘했다고 생각하게 될 거야. 내가 널 얼마나 생각하는지 알지?"

[나] "이걸 한번 해보고 싶어."

[상대] "바보 같은 짓 마, 넌 못해. 넌 꼭 현실적이지 않은 꿈만 꾸더라. 지금은 내가 말한 것만 해. 네 능력이 딱 그 정도니까. 다 너를 위해서 그러는 거야. 괜히 길을 돌아갈 필요 없잖아."

겉으로는 나를 위하는 척, 생각해주는 척 말하지만 사실은 내가 스스로를 미성숙하고 주도면밀하지 못하며 능력과 현실 감각이 부족하다고 여기도록 오도하는 중이다. 내가 나 자신의 판단력과 가치를 의심하고, 상대가 나를 나 자신보다 더 잘 안다고 믿게 만드는 것이 상대가 의도하는 바다. 만약 이 상황에서 나를 믿지 못하느냐고 의문을 제기하면, 상대는 극구 부인하고 오히려 자신의 선의를 오해한다며 나를 비난한다.

협박하고, 위협하기　　　　　가해자가 경제적 상황을 빌미로 위협하는 경우도 많다. 경제권을 가진 가해자가 피해자에게 용돈이나 생활비를 주지 않겠다고 협박하거나, 경제활동을 하지 못하게 하겠다며 으름장을 놓는 것이다.

부부 사이라면 아이를 협박 수단으로 이용하기도 한다. 내가 무언가 원하는 대로 행동하려 할 때마다 가족과 자녀에게 무책임한 짓을 한다며 죄책감을 심어주는 식이다. 또한 친밀한 관계에서 반복적으로 남성우월주의를 강조하며 여성에게 순종을 강요하는 남성도 있다.

강압적 지배의 가해자는 대개 이러한 전략들을 다양하게 조합하여 복합적으로 사용한다. 격리 전략을 통해 자신을 진짜로 사랑하는 사람은 가해자밖에 없다는 생각을 피해자에게 주입하고 스스로 친구들과 멀어지게 한다. 그리고 정서 학대 전략을 통해 피해자가 자신이 사랑받는 만큼 상대를 사랑하는 법은 무조건 순종하고 따르는 것뿐이라고 여기도록 만든다. 폄하, 부인, 질책 등의 수단은 피해자가 자기가치에 의심을 품고 더욱 가해자에게 의존하도록 부추긴다. 결국 피해자는 이런 과정을 거치면서 점차 '힘과 통제'의 심연으로 끌려 들어간다.

강압적 지배를 인지하기 힘든 이유

얼마 전 이혼한 A는 우연히 전 남자 친구와 재회했다. 남들 눈에 비친 그는 성공한 사업가이자 매력적인 남자였고, 무엇보다 A에게 매우 다정했다. 처음에는 A도 그가 동거를 서두르고 자신의 일거수일투족을 궁금해하며 누구와 만나는지 신경 쓰는 것이 단지 자신에게 푹 빠졌기 때문이라고 생각했다. 나중에 그가 이메일, SNS, 메신저의 아이디와 비밀번호를 알려달라고 했을 때도 서로 사랑하는 사이라면 신뢰의 증거로 그 정도는 공유할 수 있다고 여겼다.

여기까지 듣고 어떤 사람들은 A가 아직 세상 물정을 모르고 사랑에 눈이 먼 젊은 아가씨라고 생각할지도 모른다. 혹은 배운 게 없거나 돈을 사랑하는 속물이기 때문에 이상한 남자를 만난 것이라고 지레짐작할 수도 있다. 잠시 부연하자면 이런 종류의 추측을 심리학에서는 '피해자 책임 전가Victim Blaming'라고 한다. 가해자가 아닌 피해자에게서 사태의 원인을 찾는 것이다.

그러나 이러한 짐작과 달리 A는 마흔 초반의 심리학 박사로, '아동 및 부녀 학대' 관련 연구와 자문을 맡고 있었다. 이 이야기의 주인공은 리사 폰테스, 강압적 지배를 '무형의 족쇄'로 비유한 바로 그녀다. 이 경험을 통해 그녀는 강압적 지배의 은폐성을 깨닫게 되었다. 강압적 지배는 심리적 고통을 겪는 당사자조차 자각하지 못할 만큼 은폐성이 강하다는 사실을 알게 된 것이다. 폰테스는 저서《무형의 족쇄: 친밀 관계의 강압적 지배를 이기는 법Invisible Chains: Overcoming Coercive Control in Your Intimate Relationship》에서 피해자가 강압적 지배를 인지하지 못하는 이유를 밝혔다.

다음은 피해자가 강압적 지배를 인지하기 힘든 이유 2가지다.

첫째. 가해자는 여러 가지 행동 전략을 사용해서 피해자가 자신의 지배욕을 강렬한 사랑의 표현으로 오해하게끔 만든다. '이게 바로 사랑이다', '네가 단순해서 모를 뿐, 내 말이 현실적이다'라는 말을 반복해서 그것을 진실로 받아들이고 상대가 나보다 나를 더 잘 안다는 착각에 빠지도록 피해자를 세뇌한다.

둘째. 가해자는 외부인 앞에서 지배적 성향을 드러내지 않는다. 오히려 다른 사람은 가해자가 피해자를 매우 사랑하고 아끼는 줄 안다. 뿐만 아니라 격리 전략을 이용해 피해자 스스로 친구나 지인, 가족과 멀어지게 만들기 때문에 아무도 피해자가 학대받고 있다는 사실을 모른다. 이 때문에 피해자가 이상한 기운을 눈치채고 도움을 청해도 오히려 '네가 지나치게 의심이 많다'느니, '상대를 믿지 못한다'는 반응이 돌아오기 일쑤다. 결과적으로 피해자는 자신의 판단 능력에 회의를 느끼고, 상대의 강압적 지배에 더욱 얽매이게 된다.

강압적 지배에서 벗어나는 방법

강압적 지배는 피해자의 자기가치와 자존감을 점차적으로 무너뜨린다. 처음에는 자신의 생각을 의심하게 만들고, 곧이어 세상을 보는 시각과 자기 자신에 대한 확신까지 흔들리게 한다. 자기 의심의 씨앗은 한번 뿌려지면 좀처럼 걷어낼 수가 없다. 심지어 가해자와 헤어진 후에도 피해자 안에 뿌리를 내려 자기 자신과 타인, 세상에 대한 불신을 자극하고 평생 악영향을 미친다. 실제로 활발하고 쾌활하며 친구 사귀기를 좋아하던 사람이 강압적 지배를 당한 후 타인과 세상을 경계하며 대인관계에 서툰 사람으로 변한 사례가 적지 않다.

앞의 사례의 주인공인 리사 폰테스는 강압적 지배를 받았던 시절을 떠올리며 이렇게 말했다.

"그는 나 자신을 부족한 엄마, 모자란 아내로 생각하게 만들었다. 내가 한 음식은 항상 맛이 없었고 나의 가족, 심지어 친구들까지 나보다 그를 더 좋아하는 것 같았다."

이러한 생각은 그녀의 자아정체감을 무너뜨렸다.

"나는 그의 말이 모두 옳다고 믿었고, 심각한 자기 의심에 빠졌다. 내가 느끼기에도 나는 그의 말처럼 엉망진창인 것 같았다."

그 밖에 강압적 지배를 받은 피해자는 '학습된 무기력Learned Helplessness에 빠지기 쉽다. 자신이 무슨 일을 시도하든 나쁜 결과밖에 나오지 않을 테니, 그럴 바에야 차라리 상대의 말을 따르는 편이 낫다고 생각하는 것이다. 심지어 자신이 조종받고 있음을 눈치채도 무기력에 빠진 탓에 이 역시 자기 인생이라고 체념해버리기 일쑤다.

강압적 지배의 피해자는 외상 후 스트레스 장애 증상을 보이기도 한다. 상대의 말을 반복적으로 생각한다.

"다른 사람은 다 널 이용하려는 거야, 널 진짜 사랑하는 사람은 오직 나뿐이야."

또는 자신과 세상에 대해 지속적으로 부정적인 생각을 한다.

"그의 말대로 난 제대로 하는 게 하나도 없어, 정말 아무것도 몰라."

자책과 수치감도 느낀다. 종종 수면장애를 겪거나 끊임없이 악몽을 꾸기도 한다.

일반적으로 강압적 지배는 알아차리기가 쉽지 않다. 만약 이 글을 읽고 자신의 연인, 혹은 부모가 몇몇 전략을 이용해 고의적으로 자신을 통제하고 있다는 사실을 깨달았다고 하자. 아마 이런 질문이 떠오를 것이다.

"그래서 날 사랑한다는 거야, 사랑하지 않는다는 거야?"

어쩌면 상대는 당신을 사랑하는지도 모른다. 그러나 그에게는 당신을 통제하는 것이 사랑하는 것보다 훨씬 중요하다. 또한 이런 종류의 강압적 사랑은 당신에게 득보다 실이 더 크다.

사랑하는 사람에게 강압적 지배를 받고 있다는 현실을 깨닫고 인정하는 것은 그 자체로 엄청난 고통이다. 그러나 고통을 감내해야 비로소 선택의 기회가 온다.

여기, 2가지 길이 있다. 하나는 여태껏 해왔듯이 상대의 곁에 남아 상대를 만족시키는 길이고, 다른 하나는 상대를 떠나 나 스스로를 충족시키는 길이다.

당신은 어느 길을 선택하겠는가?

선택은 당신의 몫이다

연인, 혹은 부모가 몇몇 전략을 이용해
고의적으로 자신을 통제한다는 걸 깨달았다고 하자.
아마 이런 질문이 떠오를 것이다.
"그래서 날 사랑하는 거야, 사랑하지 않는 거야?"
어쩌면 상대는 당신을 사랑하는지도 모른다.
그러나 그에게는 당신을 통제하는 것이
사랑하는 것보다 훨씬 중요하다.

사랑하는 사람에게 강압적 지배를 받고 있다면,
여기, 2가지 길이 있다.
하나는 지금처럼 그를 만족시키는 것이고,
다른 하나는 그를 떠나 나를 찾는 것이다.

21 · 배신

21
친밀한 사이인데, 왜 배신하는 걸까?

배신당한 아픔은 세월이 아무리 흘러도
좀처럼 무뎌지지 않는다. 때로는
아픔이 너무 커서 스스로를 탓하기도 한다.
내가 잘못해서, 충분히 잘하지 못해서,
혹은 마땅한 관심을 보이지 않아서 그 사람이
나를 배신한 것은 아닌지, 온갖 추측과 자책이
머릿속을 어지럽히며 고통을 가중시킨다.
도대체 왜 배신을 하는 걸까?

사람은 누구나 크고 작은 배신을 경험한다. 배신이 뼈아픈 것은 배신의 주체가 내가 믿고 아끼고 사랑하던 사람이기 때문이다. 가장 신뢰하던 사람에게 배신당한 아픔은 세월이 아무리 흘러도 좀처럼 무뎌지지 않는다. 때로는 아픔이 너무 커서 스스로를 탓하기도 한다. 내가 잘못해서, 충분히 잘하지 못해서, 혹은 마땅한 관심을 보이지 않아서 그 사람이 나를 배신한 것은 아닐까? 온갖 추측과 자책이 머릿속을 어지럽히며 고통을 가중시킨다.

"어떻게 나한테 이럴 수 있어? 너한테 어떻게 했는데?"

배신을 당한 사람이 상처를 준 사람에게 주로 하는 말이다. 믿었던 사람이 등을 돌리거나, 자신의 희생을 몰라주고 무시하거나, 진심으로 헌신했던 상대에게서 거짓을 확인하게 되면 이런 말로 자신의 억울함을 항변한다.

이처럼 배신은 인생에서 겪을 수 있는 가장 잔인하고 고통스러운 경험이다. 배신을 당하게 되면 누구나 비슷한 증상을 보인다. 자신이 누구인지, 무엇이 진실인지, 누구를 믿어야 하는지 등 사람에 대한 신뢰 자체가 무너져버린다.

그렇다면 배신을 당한 사람은 이 고통을, 배신이 남긴 후유증을 무엇으로 어떻게 극복해야 하는가? 또 배신의 상처가 아문다 해도 용서할 수 없는 상대와의 관계는 어떻게 해야 하는 것이 좋은가? 물론 상대와 결별을 선택하든, 선택하지 않든 그것은 각자의 몫이다. 하지만 어떤 선택을 해도 마음의 상처는 치유되지 않는다.

도대체 친밀한 사이인데 왜 배신하는 걸까? 무슨 심리일까? 배신에도 종류가 있을까?

이번 편에서는 친밀한 관계에서 행해지는 배신을 다루었다.

배신자의 이유 있는 변명

미국의 심리학자 워런 존스Warren H. Jones는 배신을 '친밀한 관계에서 신뢰와 충정을 저버리는 행위, 서로의 신의를 무시하고 음모를 꾀하는 등 상대에게 상처를 주는 행위'라고 정의했다.

배신감을 느끼게 하는 행위는 여러 가지다. 그중 객관적인 배신 행위는 상대를 속이거나 그릇되게 이끄는 것, 상대의 사적 정보와 비밀을 공개적으로 폭로하는 것, 정서적으로 무시하고 방치하는 것 등을 들 수 있다. 그 밖에 친밀 관계에서 자신이 기대하고 바라던 바가 충족되지 않았을 때도 우리는 배신감을 느낀다.

배신은 배신하는 사람의 행동으로 볼 때 크게 두 종류로 나뉜다. 무의식적 배신과 고의적 배신이다.

대화를 통해 해결 가능한 '무의식적 배신'　　　무의식적 배신은 의도치 않게 상대가 배신감을 느낄 만한 행동을 하는 것이다. 여기에는 이유가 있다.

다음은 무의식적으로 배신하게 되는 상황이다.

먼저, 두 사람의 인지 구조가 전혀 다른 상황이다.

부부를 예로 들어보자. 한 사람은 육체적 외도를 엄청난 배신이라고 생각하는 데 반해, 다른 사람은 그저 성욕을 해소하는 방식이며 육체적 외도를 한다고 해서 상대에게 불성실한 것은 아니라고 여길 수 있다. 이 같은 인식의 차이는 두 사람이 깊이 있는 소통을 충분히 하지 않았을 때 생긴다.

이런 상황은 친구 사이에서도 발생할 수 있다. 나는 친구가 어려움에 처했을 때 위로하고 돕는 것이 친구의 마땅한 의무라고 생각한다. 그런데 친구는 섣불리 위로하거나 돕는 것이 오히려 상대의 자존심을 상하게 할 수 있다고 여긴다. 아무리 친구 사이라 해도 서로 건드리지 말아야 할 사생활이 있으며, 상대가 자신의 나약한 면을 보이고 싶어 하지 않을 수도 있기 때문이다. 따라서 섣부른 위로는 자칫 개인의 경계를 침범할 수도 있으니 하지 않는 편이 낫다고 믿는다.

이처럼 서로의 생각이 이토록 다를 경우, 위로가 필요한 때에 친구가 모른 체하면 나는 배신감을 느끼지만 친구는 뭐가 문제인지 아예 모를 수도 있다. 왜냐하면 나를 배려해서 모른 체한 것이기 때문이다.

두 번째 상황은 한 사람이 다른 사람을 배려해서 고의로 어떤 사실을 숨기거나 거짓을 고하는 상황이다.

이러한 상황은 상대가 불필요한 오해를 하거나 상처를 받지 않게 하려는 선의에서 비롯된 행동이지만 사실이 밝혀지면 오히려 더 큰 배신감을 안길 수 있다.

예를 들어 한 남자가 업무차 알게 된 매력적인 여성과 우연히 점심 식사를 하게 됐다고 하자. 그는 여자 친구가 기분 나빠할까 봐 일부러 이 사실을 숨겼다. 그런데 어쩌다 여자 친구가 알게 됐고, 그녀는 더 큰 배신감을 느꼈다. 남자의 의도와 달리 그가 그 여성에게 관심이 있어서 사실을 숨겼다고 오해한 것이다.

이 경우 그나마 다행인 것은 무의식적 배신은 대화와 이해를 통해 어느 정도 해결될 여지가 있다는 점이다.

이익을 최우선으로 하는 '고의적 배신'　　　고의적 배신은 의도적으로 배신 행위를 하는 것이다. 어떤 핑계를 대며 해명해도 진짜 이유는 하나뿐이다. 상대보다 자신의 이익을 더 중시하는 것이다. 고의적 배신은 계획적 배신과 기회주의적 배신으로 나눌 수 있다.

계획적 배신자는 처음부터 배신할 의도를 가지고 상대에게 접근하여 관계를 형성한다. 이들은 피해자처럼 관계에 헌신하거나 몰두하지 않으며, 자신을 숨기고 위장하면서 상대를 배신하고 이득을 취할 순간을 기다린다.

기회주의적 배신은 계획적 배신보다 보편적이다. 계획적 배신자와 달리 기회주의적 배신자는 처음부터 배신할 의도를 가지고 관계를 맺는 것이 아니다. 따라서 처음에는 상대와 똑같이 관계에 몰두하고 헌신한다. 이들이 배신하는 것은 대개 유혹을 이기지 못해서다. 그것은 성적, 금전적 유혹일 수도 있고 개인의 욕구와 관련된 모종의 유혹일 수도 있다. 이런 유혹이 오면 사람은 '배신을 해서 얻는 이득'과 '현재 관계를 유지해서 얻는 이득'을 저울질해본다. 그리고 배신을 했을 때 이득이 더 크다는 결론이 나오면 관계가 깨지더라도 배신하는 쪽을 선택한다.

친밀한 관계에서 배신하는 이유

어떤 사람은 질투, 사적인 원한, 복수심 때문에 상대를 상처 입히기 위해 배신을 감행한다. 또 자신이 원하는 바를 쉽게 달성하려고 배신하는 경우도 있다. 타인을 배신함으로써 별 수고와 노력 없이 손쉽게 이득이나 성과를 올릴 수 있기 때문이다. 그러나 친밀 관계의 배신 행위에는 좀 더 심층적인 원인이 존재한다.

자기 보호를 위한 무의식적 행위　　　　과거에 배신을 경험한 사람이 배신자가 되기도 한다. 이들에게 배신은 자신을 방어하고 보호하고자 하는 무의식적 행위다.

결혼 및 가정심리치료사 존 아모데오John Amodeo 는 저서 《사랑과 배신: 친밀 관계에서 깨진 신뢰Love and Betrayal: Broken Trust in Intimate Relationships》에서 무의식적인 배신이 어린 시절 겪은 상처와 배신의 산물이라고 지적했다. 아동기에 배신을 당한 사람은, 혹은 거짓과 배신으로 점철된 부모의 관계를 보고 자란 사람은 자존감과 자기가치감이 심각하게 낮다. 이 때문에 친밀 관계에서 언제든 배신당하거나 버림받을지 모른다는 불안감을 항상 느낀다. 그러다 불안감이 이길 수 없을 만큼 커지면 먼저 손을 놓거나 배신한다.

과거 친밀 관계에서 배신을 경험한 사람도 비슷한 심리를 겪는다. 한 번 배신을 당한 사람은 다른 친밀 관계를 맺은 뒤에도 상대가 자신을 배신할지도 모른다는 잘못된 기대를 갖는다. 그리고 그 기대를 충족하기 위해 일부러 상대가 자신에게 상처를 줄 수밖에 없는 행동을 할 거라고 생각하거나, 또는 상대가 언젠가 자신을 배신하리라 확신하고, 그 시점이 오기 전에 자신이 먼저 배신해버린다.

과도한 기대가 부른 비극　　어떤 사람은 친밀 관계에 과도하게 높은 기대를 갖기도 한다. 정말 사랑하는 사이라면 절대 싸우지 않는다든가, 싸우더라도 금방 화해하리라 믿는 것이다. 이들은 친밀 관계에서도 얼마든지 갈등이나 다툼, 냉전이 생길 수 있다는 사실을 잘 받아들이지 못한다. 또한 갈등이 생겼을 때 상대가 자신을 즉시 이해하고 사과하며 마땅한 위로를 해주지 않으면 견디지 못한다.

그러나 이러한 기대와 욕구를 완벽히 충족해줄 수 있는 사람은 많지 않다. 대개는 부담과 스트레스를 이기지 못해 관계를 포기하거나, 혹은 상대의 기대에 부응하기 위해 어쩔 수 없이 거짓말을 한다. 문제는 실제 배신 여부와 상관없이 이런 행동만으로도 상대는 배신당했다는 느낌을 받는다는 것이다.

반대로 자신의 과도한 기대가 충족되지 않아서 배신하는 경우도 있다. 친밀 관계에 대한 비현실적인 환상이 채워지지 않는 데 실망하고, 상대를 냉담하게 대하다가 결국 먼저 배신함으로써 관계를 깨버리는 것이다.

당연히 찾아오는 배신의 후유증

흔히 배신을 '뒤통수 맞았다', '등 뒤에서 칼 맞았다'라고 표현한다. 뒤통수에 눈이 달렸거나 등 뒤를 볼 수 있는 사람은 없다. 그만큼 아무런 대비가 없이 갑작스럽게 당하는 일이기 때문에 배신의 후유증은 만만치 않게 크다.

슬픔과 후회부터 증오와 복수심까지　　　배신으로 촉발되는 부정적 정서로는 분노, 슬픔, 버림받은 느낌, 질투, 자책, 증오 등을 들 수 있다. 그중 가장 보편적인 정서는 분노와 실망, 고통이다. 특히 상대가 자신의 믿음을 저버렸을 때 이런 감정이 두드러진다. 한 조사에서는 남성의 18퍼센트, 여성의 21퍼센트가 연인에게 배신을 당한 후 안정감과 귀속감을 잃어버렸다고 고백했다.

배신이 야기하는 또 다른 감정은 바로 후회다. 자신이 먼저 어떤 잘못을 저질렀고 그 탓에 상대가 자신을 배신했다고 여길 때 후회가 생긴다. 따라서 후회를 느끼는 경우에는 분노의 감정을 보이지 않는다.

하지만 배신이 극단적인 감정을 불러일으키기도 한다. 그중 가장 많은 것이 복수심을 동반한 증오다. 단순히 배신을 당하기만 한 것이 아니라 그 과정에서 수치심과 인격적 모욕을 느꼈을 때 상대를 향한 극심한 증오와 복수심이 생긴다.

외상 후 스트레스 장애부터 강박증까지

위에 언급한 부정적인 정서가 모두 가라앉은 후에도 배신의 기억은 오래도록 뇌리에 남아 사람을 괴롭힌다. 배신의 파괴력은 상상 이상으로 깊고 길다. 단순히 몇 달 괴롭히다 사라지는 것이 아니라 잠재의식을 파고들어가 향후 모든 친밀 관계에 그림자를 드리운다. 배신으로 인해 심각한 상처를 받은 사람은 외상 후 스트레스 장애 환자와 비슷한 증상까지 보인다.

배신당한 상처로 강박증이 생기는 경우도 있다. 어떤 피해자는 배신자 혹은 배신자와 관련된 물건을 봤을 때 속이 울렁거리거나 구역질이 나는 등 신체 반응이 일어나면서 '그것'을 매우 더럽다고 느낀다. 또 그것을 만지거나 보는 것만으로 자신이 오염됐다고 여기며, '오염된 느낌'을 없애기 위해 반복해서 손을 씻거나 샤워를 하는 등 강박적 행동을 한다.

관계에 대한 불신과 두려움까지

배신의 가장 직접적이고 확실한 부작용은 친밀 관계에 대한 타격이다. 대개는 관계가 아예 깨진다. 미국 심리학자 로버트 핸슨Robert Hansson의 연구에서는 배신을 당한 사람의

86퍼센트가 결국 친밀 관계가 깨졌다고 답했다.

비록 관계를 유지하더라도 만족감은 현저하게 떨어진다. 호주 심리학자 캔디다 피터슨Candida Peterson은 연구를 통해 친밀 관계에서 거짓말과 기만이 자주 발생할수록 두 사람 모두 현재 관계에 더 큰 불만을 느낀다는 사실을 확인했다. 다시 말해 겉으로 밝혀진 거짓이 많을수록 양쪽 다 불행해지는 것이다.

배신을 경험한 사람은 새로운 관계를 시작하기도 쉽지 않다. 배신의 상처가 너무 크고 너무 갑작스러운 탓에 더 이상 타인을 신뢰할 수 없게 된 것이 가장 큰 원인이다. 어쩌다 새로 관계를 맺고 싶은 사람을 만나도 또 배신당할지도 모른다는 두려움에 시작조차 하지 못하는 경우가 비일비재하다.

배신에 대처하는 현명한 방법

이 세상에서 내가 바꿀 수 있는 것은 나와 관련된 것뿐이다. 배신은 예측할 수도, 막을 수도 없다. 그러나 배신으로 받은 상처는 엄연히 '나와 관련된 것'이기 때문에 노력하면 조금은 덜 힘들게 이겨낼 수 있다. 특히 상대의 무의식적 배신으로 인한 오해와 상처는 주관적 노력을 통해 어느 정도 극복이 가능하다.

다음은 해결이 가능한 무의식적 배신을 당했을 때 현명하게 대처하는 방법이다.

분노의 소통이라도 소통하다　　　관계에서 소통의 중요성은 아무리 강조해도 지나치지 않다. 서로 상대가 무슨 생각을 하는지, 무엇을 바라고 어떤 기대를 가지고 있는지 알려면 소통만큼 확실한 방법은 없다. 소통을 통해 잠재적인 문제와 갈등을 미리 발견하고 해결할 수도 있다.

평소 소통이 원활하면 배신이 일어날 확률이 적으며, 설혹 배신이 생기더라도 관계 자체가 깨지는 것을 피할 수 있다. 비록 분노로 가득 찬 소통이라 할지라도, 소통을 통해 두 사람 모두 자신을 솔직히 표현할 수 있기 때문이다. 피해자는 감정을 발산함으로써 상대의 배신이 자신에게 얼마나 큰 상처가 됐는지 사실적으로 보일 수 있고, 배신자는 진심 어린 사과와 해명을 할 기회를 얻을 수 있다.

적정한 거리감을 유지하다　　　만약 친밀한 관계에서 배신감과 불만을 자주 느낀다면 자신이 관계에 지나치게 높은 기대를 품고 있지는 않은지 점검해보아야 한다. 앞서 언급했듯이 지나치게 높은 기대는 불필요한 스트레스와 부담을 초래하며 두 사람 모두를 고통스럽게 만든다.

동등한 관계를 맺고, 상대와의 거리가 때로는 가깝고 때로는 멀 수도 있다는 점을 인정하며, 합리적인 기대를 품자. 그러면 상대를 과도하게 몰아붙일 필요도, 서로 오해하며 감정 싸움과 배신감에 시달릴 일도 없다.

배신은 행동일 뿐, 사람이 아님을 깨닫다　　　누구나 살면서 때로는 피해자로, 때로는 가해자로 몇 번의 배신을 경험한다. 자신이든 타인이든 인성의 불완전한 부분을 인정하는 것은 우리 모두가 거쳐야 하는 필수 관문이다. 이 세상에 완전한 사람은 없다. 배신은 하나의 행동이며, 행동과 사람은 반드시 구분해서 보아야 한다. 이런 관점은 자신에게든 남에게든 똑같이 적용해야 한다.

용서와 무관하게 사과하다　　　배신이 뼈아픈 것은 믿음을 저버린 사람이 나와 가장 친밀하고 가장 가까운 사람이기 때문이다. 하지만 바로 그렇기에 일의 전모를 바르게 파악하여 오해를 청산하고 문제를 해결할 가능성도 더 크다.

만약 누군가를 배신한 적이 있다면 지금이라도 상처 준 사람에게 사과하자. 상대가 받아주든 안 받아주든, 용서하든 안 하든, 심지어 나를 아예 보지 않으려 한다 해도 그렇게 하자. 배신한 사람이 진심으로 미안해한다는 사실을 아는 것만으로도 무너지고 훼손됐던 자기가치감이 일정 부분 회복된다. 또한 이를 통해 두 사람 모두 마음의 짐을 내려놓는 계기를 얻을 수 있다.

배신감을 극복하다

상대의 무의식적 배신으로 인한 오해와 상처는
노력을 통해 어느 정도 극복할 수 있다.

배신을 극복하는 방법이다.
분노의 소통이라도 소통하기
적정한 거리감 유지하기
배신은 행동일 뿐, 사람이 아님을 깨닫기
용서와 무관하게 사과하기

배신한 적이 있다면 지금이라도 상처 준 사람에게 사과한다.
배신한 사람이 진심으로 미안해한다는 사실을
아는 것만으로도 상대의 무너지고 훼손된
자기가치감이 일정 부분 회복된다.

22 · 이별

22

이미 **끝났는데,**
왜 **옛사랑**을 잊을 수 없을까?

대부분 옛사랑을 쉽게 잊지 못한다.
특히 그 사람이 인생에 긍정적이든 부정적이든
어떤 영향을 미쳤다면 더욱 그렇다.
몇 년이 흘렀는데 여전히 옛사랑이 생각난다.

언제쯤이면 옛사랑을 잊고
새로운 사랑을 시작할 수 있을까?
이별을 어떻게 하면 극복할 수 있을까?

"**벌써 몇** 년이 흘렀는데 아직도 그 사람이 생각나요. 괜찮은 걸까요?
언제쯤이면 새로운 사랑을 시작할 수 있을까요? 이별을 '극복한다'는 게
과연 어떤 걸까요?"

이번 편에서는 이별을 극복한다는 것이 무엇인지 실증적인 측면에서 이
야기해보자.

옛 연인, 옛 감정을 극복한다는 것

관계의 실질은 경계에 의해 결정된다. 친구 관계, 연인 관계, 가족 관계는 모두 경계의 거리와 두께에 따라 달라진다. 친밀한 사람일수록 경계는 얇아진다. 인생의 중요한 일을 함께 의논하고 결정할 만큼, 심지어 서로의 삶이 구분되지 않을 만큼 상대와 나 사이에 경계가 없어진다.

그러나 한때 그토록 친밀했던 사람도 헤어지면 남이 된다. 특히 상대가 먼저 이별을 고했다면 그의 마음속 경계는 이미 변했다고 보아야 한다. 적어도 이별을 고할 수 있을 정도로 두껍고 멀어졌다고 보아야 한다.

헤어진 연인과 더 이상 예전처럼 가까울 수 없다는 사실을 인정하고 나면, 또 다른 사람을 향한 경계에 변화가 생긴다. 무조건 두껍기만 하던 벽이 얇아지기도 하고, 멀기만 했던 거리가 사뭇 가까워지기도 한다.

만약 다른 누군가와의 경계에 확실한 변화가 생겼다면 다시금 사랑하고 사랑받을 준비가 됐다고 보아도 무방하다. 옛 연인, 옛 감정을 확실히 떠나보낼 때가 된 것이다.

감정이 남아 있지 않다　　　연구에 따르면 사람들은 대부분 전 연인을 쉽게 잊지 못한다. 특히 그 사람이 자신의 인생에 긍정적이든 부정적이든 어떤 영향을 미쳤다면 더욱 그렇다. 그러나 망각은 극복의 전제 조건이 아니다. 자신이 극복했다는 것을 증명하려고 전 연인을 억지로 잊으려 할 필요는 없다. 사실 잊으려고 애쓴다는 것 자체가 아직 극복하지 못했다는 증거다.

진정한 극복이란 그를 완벽히 잊어버리는 것이 아니라 그가 떠올라도 더 이상 감정에 휘둘리지 않는 것이다. 예전처럼 수시로 그의 기억에 빠져 허우적대거나 그의 존재감 때문에 생각이 마비되는 정도가 아니라면 충분히 극복했다고 말할 수 있다.

이별을 극복했다면 그와 주고받은 편지를 꺼내 보아도 더 이상 눈물이 샘솟지 않는다. 슬픈 실연 노래를 내 노래인 양 반복해서 듣지도 않고, 새로운 소식이 있기를 기대하며 그의 SNS를 들여다보게 되지도 않는다. 머릿속에 그의 기억은 남아 있지만 마음에 그를 향한 감정이 남아 있지 않은 것, 이것이 바로 진정한 극복이다.

더 이상 중요하지 않다   만약 용서한다면 극복이 될까? 용서는 극복의 전제 조건도, 필수조건도 아니다. 반드시 용서해야 극복할 수 있는 것도, 극복했다고 해서 반드시 용서한 것도 아니다. 극복이란 용서 여부와 상관없이 그와 관계된 모든 일이 더 이상 중요하지 않게 되는 것이다.

용서를 해야 극복할 수 있다면서 차마 용서하지 못하는 사람이 있다. 실은 놓아주고 싶지 않기에, 극복하고 싶지 않기에 이들은 용서를 핑계

삼아 감정의 유예 기간을 늘린다.

인생이 거울이라면 지나간 사랑은 그 거울에 비친 사물에 불과하다. 거울에 담기는 풍경이 커질수록 사물은 점차 작아진다. 나중에는 그것이 어떤 모양인지, 무슨 색인지조차 흐려지고 점점 아무것도 아닌 것으로 변해간다. 그리고 그 과정이 바로 극복이다.

나를 미치게 하는, 이별 후 감정들

최근 심리학계에서는 사람이 상실을 경험한 뒤 슬픔을 느끼는 데는 정해진 기간이 없으며, 슬픔이 드러나는 방식 또한 제각각 다르다는 관점이 힘을 얻고 있다. 실연도 본질적으로는 상실이다. 단순히 친밀한 관계와 인생의 동반자를 잃는 데서 그치지 않고 기존의 믿음, 심지어 자아의 일부분까지 잃게 된다. 다음은 이별을 극복하지 못할 때, 즉 이별 후에 찾아오는 참을 수 없는 감정들이다.

공백이 부르는 공허감과 불완전함　　　호주 심리학자 셀리아 해리스Celia Harris 연구팀에 따르면 장기간 안정된 친밀 관계를 유지하는 연인 사이에는 공통의 '대인관계 인지 체계Interpersonal cognition system'가 생기며, 이 인지 체계를 통해 자신의 기억에서 누락된 부분을 채운다. 예를 들어 예전에 내가 그를 위해 했던 일을 나는 기억하지 못해도 그는 어제 일처럼 하나하나 모두 기억하는 식이다. 이처럼 오랜 세월을 함께한 연인은 하나의 존재처럼 함께 세상을 인지한다.

그렇게 한 몸같이 지내던 연인과 헤어지고 나면 사람들은 한동안 혼란을 겪을 수밖에 없다. 인지 체계에 공백이 생기는 것이다. 게다가 헤어짐으로 인한 인지 공백이 메워지기까지는 어느 정도 시간이 필요하기 때문에 이 허전함을 영원히 채울 수 없을 것 같은 느낌이 들기도 한다.

만약 두 사람이 오랜 시간을 함께하며 깊은 관계를 맺었다면, 그리고 헤어지기 전에 다른 사람과 공통의 인지 체계를 형성하지 않았다면 이별을 통보받은 쪽뿐만 아니라 통보한 쪽도 똑같이 공허감과 불완전함을 느낀다.

신체적 통증과 유사한 감정적 고통　　　미국 심리학자 이선 크로스 Ethan Kross 가 이끄는 연구팀은 이별을 겪을 때 대뇌에서 신체 통증과 관련된 영역이 활성화된다는 사실을 확인함으로써 감정적 고통과 신체적 고통이 매우 유사함을 증명했다. 가슴을 찢는 듯한 실연의 아픔이 단순한 비유가 아니라 실제인 셈이다.

병적 수준의 비이성적 심리와 행동　　　미국의 심리학자 앨버트 와킨 Albert Wakin 은 만약 이별 후 6개월 이상 아래와 같은 심리나 행동이 지속된다면 이미 병적 수준에 이른 것이라고 단언했다.

- 그 사람을 되찾기 위해 온갖 수단과 방법을 동원하고, 몇 번을 확실하

게 거절당하고도 여전히 관계를 회복할 수 있다고 고집스레 믿는다.

- 밤낮으로 그 사람만 생각하느라 잠도 못 자고, 밥도 못 먹고, 정신도 피폐하다.
- 공부나 일, 친구 모임 등으로 바쁘게 지내면서도 머릿속은 온통 그 사람 생각뿐이다. 언제 어디서든 그 사람이 떠오르는 것을 도무지 막을 수가 없다.
- 더 이상 아무도 믿을 수 없고, 아무 감정도 느낄 수 없다고 공공연히 말하고 다닌다. 그러나 사실은 전 연인을 마음에서 밀어낼 생각이 없다.
- 미친 듯이 새로운 연애에 빠져들면서도 속으로는 이렇게 중얼거린다. '이제부터 내가 사랑하는 사람은 모두 그대를 닮겠네요'라고.

이별 후 언제까지 정상적 심리를 회복하고, 언제까지 전 연인과 과거를 잊어야 한다는 식의 기준은 없다. 정상적인 생활을 못할 정도만 아니라면 사실 이별의 후유증을 언제 극복하는지는 문제가 되지 않는다. 물론 어디까지나 일반적인 생활에서 그렇다는 것이다. 하지만 위와 같은 심리와 행동이 지속된다면 새로운 연애를 시작하는 데는 엄청난 장애물로 작용한다.

이렇듯 사람들은 각자 저마다의 방식으로 이 거대한 상실을 느끼고, 이에 대처한다. 중요한 것은 슬픔의 존재를 부정하지 않고, 슬픔 속에서도 계속 살아나갈 길을 찾는 것이다.

이별을 극복하는 데 시간이 걸리는 이유

이별을 극복하는 데 시간이 걸리는 것은 신경생물학적 요인으로 인해 대뇌가 이별을 인지하지 못하기 때문이다. 또한 사람에 따라 유난히 이별을 잘 극복하지 못하는 유형이 있다.

대뇌가 전 연인을 그리워하다　　　　실제로 대뇌가 현실을 현실로 인지하려면 어느 정도 시간이 필요하다. 현실에서는 이미 헤어졌어도 우리의 대뇌는 여전히 그 사람과 연애 중일 수 있다는 뜻이다.

미국의 인류학자 헬렌 피셔Helen Fisher 연구팀은 실연한 사람의 뇌를 기능적자기공명영상fMRI로 촬영하면서 최근 헤어진 연인의 사진을 보여주었다. 그러자 쾌락 혹은 행복감과 관련된 복측피개영역VTA, Ventral Tegmental Area이 활성화되었다. VTA는 이성적 사고를 할 수 있는 대뇌 영역이 아니다. 즉, 이미 헤어졌다는 객관적 사실을 '모르기' 때문에 여전히 그 사람과 '행복'을 연관해서 반응한 것이다. 그 밖에 대뇌에서 보상, 기쁨, 모험 등을 통제하는 영역인 측좌핵과, 일명 사랑의 호르몬인 옥시토신Oxytocin 분비에 관여하는 시상하부 역시 활성화된 모습을 보였다.

이러한 신경생물학적 요인은 사람들이 이별 후에도 전 연인을 생각할 수밖에 없는 이유(행복감을 얻으니까)이기도 하고, 여전히 사랑에 눈이 먼 행동을 하는 이유(모험하기 쉬워졌으니까)이자, 재결합을 시도하는 이유(여전히 깊은 사랑과 의존을 느끼니까)를 이해할 수 있게 해준다.

마음은 상상과 실제를 구분하지 못하다　　미국의 심리학자 데이비드 브로처ₐₐᵥᵢ𝒹 Braucher는 사람들이 헤어진 직후 한동안은 '자신이 상상하는 전 연인'과 실제 전 연인의 모습을 구분하지 못하기 때문에 이별을 극복하기 힘들어한다고 보았다.

이러한 상상은 대개 가장 좋았던 기억과 현재의 간절한 바람이 결합된 결과물이기에 떨쳐내기가 쉽지 않다. 게다가 때로는 상상에서 위로와 힘을 얻기도 한다. 예를 들어 굉장히 어려운 임무를 완수하고 난 뒤, 전 연인이 자신을 축하해주는 모습을 상상하는 식이다.

현실은 헤어진 후로 서로 안부조차 묻지 않는 사이지만, 상상 속에서는 여전히 그가 나를 응원하고 위로해주는 셈이다. 그러나 바로 이런 상상 때문에 전 연인의 존재가 더욱 커질 뿐만 아니라 '나를 진짜 사랑해준 사람은 오직 그 사람뿐'이라는 잘못된 믿음에 빠질 수도 있다.

유난히 이별 극복을 못하는 유형이 있다　　다음은 이별을 잘 극복하지 못하는 유형들이다.

인격은 변하지 않는다고 믿는 사람　　관련 연구에 따르면 '인격은 변하지 않는 완전체'라고 믿는 사람일수록 실연을 극복하기 힘들다. 왜냐하면 실연은 자아의 일부분을 잃는 것이기 때문이다. 그 탓에 이들은 실패한 감정 경험에서 좀처럼 헤어나지 못한다.

이에 비해 인격도 얼마든지 변할 수 있다고 믿는 사람은 실패한 연애도 자신의 인격을 형성한 수많은 경험 중 하나로 여기기 때문에 훨씬 쉽게 이별을 극복하는 편이다.

실연을 자기 보호 수단으로 삼는 사람 기존 상태에 머물러 있으면 적어도 새로운 상처는 받지 않을 수 있다. 그래서 어떤 사람들은 실연의 아픔을 극복하지 못했다는 핑계를 대며 새로운 관계 맺기를 피한다. 특히 이전 연애에서 받은 상처가 클수록 새로운 관계에 소극적인 모습을 보인다. 또다시 상처 받을 위험을 감수하느니 차라리 실연의 아픔에 빠져 있는 편이 낫다고 여기기 때문이다. 그러면서 오히려 일말의 안정감까지 느낀다.

자신에게서 실패 원인을 찾는 사람 자기자비는 미국 심리학자 크리스틴 네프Kristin Neff가 제시한 개념으로 다음과 같은 특징이 있다.

- 자기 자신에게 우호적이다. 스스로를 관용과 연민의 태도로 대한다.
- 경험의 보편성을 인정한다. 자신이 현재 겪는 모든 것이 혼자만의 경험이 아니라 세상 사람 대다수가 경험하는 흔한 일이라는 사실을 잊지 않는다.
- 정서가 비교적 편안하고 안정적이며 지나치게 고통에 빠지지 않는다.

미국 심리학자 데이비드 스바라David Sbarra 연구팀은 자기자비 수준이 높은 사람일수록 이별이나 이혼의 부정적 영향력을 잘 이겨낸다는 점을 발견했다.

반대로 자기자비가 부족한 사람은 스스로를 가혹하게 비난하며 자기 자신에게서 실패의 원인을 찾는다. '난 대체 뭐가 잘못된 거지? 내가 바뀌 었으면 헤어지지 않을 수 있었을까?'라고 생각하는 식이다. 이들이 실연을 잘 극복하지 못하는 것도 스스로를 '용서'할 수가 없기 때문이다.

'유령식 이별'을 갑자기 당한 사람   연애 기간, 연애에 집중한 정도, 이별한 시기와 방식 등도 극복에 영향을 미치는 요소다. 예를 들어 상대가 관계 를 명확히 끝내지 않고 갑자기 연락을 끊거나 잠적하는 등 흐지부지한 방 식으로 이별을 고한 경우, 이를 받아들이고 극복하기까지 더 오랜 시간이 걸린다.

벨기에 심리학자 에스더 페렐Esther Perel에 따르면 이런 '유령식 이별'은 상대가 떠난 이유를 모를 뿐만 아니라 심지어 확실히 떠났는지, 아니면 돌아올지조차 알 수 없기 때문에 더더욱 이별을 극복하기 어렵다.

이별을 극복하는 최상의 방법

이별을 극복하는 일은 누구에게나 어렵지만, 어쩌면 다음의 몇 가지 방법이 조금은 더 쉽고 현명하게 이별을 극복할 수 있도록 도와줄지도 모른다.

자기 자신부터 용서하자　　자기 자신을 너그럽게 대하고, 실패를 지나치게 자기 탓으로 돌리지 않는다. 무조건 자책하거나 후회에 빠지는 것도 금물이다. 실연당한 친구를 위로하듯 스스로를 위로하고, 지나친 비판과 비난은 삼간다.

이별을 극복하려면 무엇보다도 자기 자신을 용서할 수 있어야 하는데, 그러려면 자기자비가 필수적이다.

자신에게 집중하는 기회로 삼자　　이별을 개인적인 실패가 아닌, 자기 자신을 더 깊이 이해하고 새로운 자아정체감을 갖는 기회로 재설정한다. 또 연인을 잃은 후 더 이상 예전의 내가 될 수 없다는 두려움에 시달리고 있다면, 상실을 자아성찰의 기회로 삼는다. 그 사람이 없는 나는 누구인지, 내가 좋아하고 싫어하며 또 추구하는 바는 무엇인지 곰곰이 생각해보는 것이다.

이렇듯 이별을 자기 자신에게 집중하는 기회로 새롭게 정의하면 실연을 극복하는 데 많은 도움이 된다.

약이 되는 반발적 연애를 하자　　　　뒤에 소개할 반발적 연애는 사실 좋은 실연 극복 방법으로 보기에는 논란의 여지가 있다. 그러나 나름대로 장점도 있고, 잘 진행되기만 한다면 가장 빨리 실연을 극복할 수 있는 방법이기 때문에 무조건 경원시할 수만도 없는 노릇이다. 자세한 점은 앞부분을 다시 참고하자.

필요하다면 전문가 도움을 받자　　　　다음은 단순하지만 중요한 점 몇 가지를 소개한다. ('23. 사랑의 상처는 정말 사랑으로 치유될까?' 참고)

- 자기 자신을 잘 돌봐야 한다. 매일 충분한 수면을 취하고, 건강하게 챙겨 먹는다.
- 즐거움을 느낄 수 있는 활동에 참여한다. 친구를 만나도 좋고, 새로운 취미 생활을 시도해도 좋다.
- 전 연인이 새로운 연애를 시작했다는 소식이 들리면 속상하고 심지어 화가 날 수도 있다. 그렇다고 보복성 행동이나 자기파괴적 행위를 하지는 말자.

그와 나의 관계는 이미 끝났으며 두 사람의 경계 또한 재설정된 지 오래다. 과거의 인연이 된 이상, 상대의 경계를 침범하지 않게 주의해야 한다. 이 사실을 인정하고 옛 연인의 선택을 존중한다.

- 나의 말에 귀 기울여주고 긍정적으로 응원해주는 사람과 어울린다. 필요하다면 전문가의 도움을 받는다.

영화 『투스카니의 태양Under The Tuscan Sun, 2003』에 이런 대사가 나온다. "의심할 여지 없이 좋은 일은 반드시 오게 되어 있어. 비록 좀 늦게 온다 해도, 그렇다고 기쁨이 바래지지는 않지."

헤어진 연인들이여, 모두 각자 평안하기를 빈다.

자신에게 집중하다

이별을 극복하는 것은 전 연인을 완벽히
잊어버리는 것이 아니라, 그가 떠올라도
더 이상 감정에 휘둘리지 않는 것이다.

조금은 쉽고 현명하게 이별을 극복하는 방법이다.
자기 자신부터 용서하기
실연당한 친구를 위로하듯 자신을 위로하기
자신에게 집중하는 기회로 삼기
상실을 자아성찰의 기회로 삼기
약이 되는 반발적 연애하기
필요하다면 전문가 도움받기

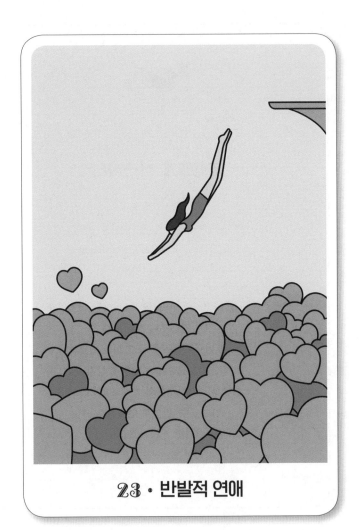

23 · 반발적 연애

23

사랑의 상처는
정말 사랑으로 치유될까?

진지한 연애를 했지만, 헤어졌다.

그리고 곧장 새로운 연애에 뛰어들었다.

진지한 연애가 끝나고, 감정이 채 정리되기 전에

새로운 사람을 만난 것이다.

이런 연애 관계는 '반발적 연애'다.

반발적 연애는 약이 될까, 독이 될까?

지금 반발적 연애를 한다면, 어떻게 해야 할까?

진지한 연애를 했지만, 헤어져버렸다. 이 상처는 어떻게 극복하면 좋을까? 사람들은 저마다의 방식으로 실연에 대처한다. 누군가는 술을 마시고, 누군가는 친구에게 하소연하고, 누군가는 일에 매달리고, 누군가는 여행을 떠난다.

그리고 누군가는 곧장 새로운 연애에 뛰어든다. 진지한 연애가 끝나고, 감정이 채 정리되기도 전에 새로운 사람을 만나는 것이다. 심리학에서는 이런 종류의 연애 관계를 '반발적 연애Rebound Relationship'라고 한다.

사랑에서 받은 상처는 사랑으로 잊는다는 게 맞는 말일까? 이렇게 시작한 새로운 연애는 나에게 유익할까, 해로울까? 반발적 연애는 정말 효과가 있을까?

심리

실연당한 자의 반항, 반발적 연애

반발적 연애는 다음과 같이 정의할 수 있다.

- 이전 연애가 끝나자마자 바로 시작한 연애
- 이전 연애에서 받은 상처가 채 회복되기도 전에 시작한 연애
- 이별로 인한 부정적인 감정에서 주의를 돌리려는 동기로 시작한 연애

반발적 연애를 하는 경우에 대한 연구 결과를 보면 다음과 같다.

- 이전 연애가 기간이 길고 진지했을수록 이별 후 반발적 연애를 할 가능성이 높다.
- 이별을 고한 쪽보다 이별을 당한 쪽이 반발적 연애나 반발적 성관계에 빠질 확률이 높다.
- 불안정한 애착 유형인 사람은 안정형인 사람보다 연애 휴지기가 훨씬 짧다.

그러나 같은 불안정애착이라도 회피애착형은 반발적 연애를 하는 경우가 많지 않다. 왜냐하면 이들은 자신의 감정을 숨기는 게 습관화되어 있기 때문이다.

미국의 친밀 관계 전문가 웬디 월시Wendy Walsh에 따르면 회피애착형은 이전 관계의 감정을 혼자서 최대한 깔끔하게 정리한 뒤 다음 단계로 넘어가는 경향이 강했다. 이별의 고통과 아픔을 잊기 위해 새로운 연애를 시작한다는 것은 회피애착형에게는 맞지 않는 이야기다.

그에 비해 몰입애착형은 '반발적 연애'의 전형을 보여준다. 특히 버림받은 쪽이 됐을 때(거의 항상 이쪽이다) 스트레스 지수가 극에 달하며, 스트레스에서 도피할 목적으로 반발적 연애를 시작할 가능성이 매우 높다.

또한 몰입애착형은 친밀한 관계에서 항상 집착하는 쪽이 된다. 이들은 늘 상대의 사랑에 목말라하고, 항상 같이 있기를 원하며, 상대의 반응에 따라 자기평가가 오락가락한다. 그리고 대개 이러한 집착이 원인이 되어 실연당한다.

이들은 이별도 매우 힘들어한다. 사랑하는 사람을 잃은 탓도 있지만, 그보다는 몰입할 상대가 사라졌다는 고통이 더 크다. 그래서 곧바로 감정을 쏟고 몰입할 또 다른 대상을 찾고 그 대상을 통해 자신의 가치를 새롭게 확인하려고 한다.

반발적 연애가 약이 될 때

사람들은 대개 이별 후 미처 감정이 정리되기도 전에 성급히 시작한 연애가 괜찮을 리 없다고 생각한다. 상담심리사의 견해도 크게 다르지 않다. 이혼 상담을 전문으로 하는 캐시 마이어Cathy Meyer는 반발적 연애가 임시방편에 불과하다고 말한다. 계속해서 살아가기 위한 노력이 엉뚱한 길로 빠진 결과라는 것이다.

이별 직후에는 정서적으로 매우 불안하며 헤어진 연인에 대한 감정을 떨쳐내지 못한 상태다. 이 상태에서 허전함과 외로움을 피하기 위해 상대가 나와 잘 맞는 사람인지 따질 겨를도 없이 덜컥 새로운 관계를 시작하는 것이 바로 반발적 연애다.

이런 연애에도 과연 유익한 면이 있을까? 놀랍게도 관련 연구를 통해 증명된 바에 따르면 반발적 연애에도 분명히 긍정적 효과가 존재한다.

몰입애착형에게 큰 도움이 되다　　　　반발적 연애는 부정적 감정에 대응하는 가장 효과적인 전략이다. 특히 연애 초기인 '허니문' 기간에는 새로운 연인에게 주의력이 쏠리면서 고통과 분노, 스트레스, 상처, 불안함 등 여러 가지 부정적 감정이 완화된다.

실제로 헤어진 뒤 반발적 연애를 한 사람은 홀로 이별을 견디는 사람보다 옛 연인을 향한 감정을 훨씬 빨리 잊는 것으로 나타났다. 반발적 연애의 이런 효과는 특히 몰입애착형인 사람에게 큰 도움이 된다. 몰입애착형

일수록 이별한 뒤 분노나 불안, 외로움 같은 부정적 감정에 깊이 빠질 확률이 높기 때문이다.

무너진 자존감과 자신감을 회복하다　　　반발적 연애는 이별로 바닥을 친 자존감과 자신감을 회복시키는 즉효약이다. 사랑하던 사람에게 버림받은 충격은 생각 외로 엄청나서 자기 개념의 명료성이 흐려지고 자존감이 무너질 정도다. 쉽게 말해 '내가 누구인지' 확신할 수 없는 지경까지 이르는 것이다. 당연히 자신의 매력도와 가치도 의심스러워진다.

미국의 클라우디아 브룸바Claudia Brumbaugh 교수는 이별한 지 얼마 되지 않은 피실험자 261명을 조사했다. 그중 137명은 아직 혼자였고, 124명은 새로운 연애를 시작한 상태였다. 그 결과 아직 혼자인 사람보다 새로운 연인을 만난 사람이 자존감과 자신감, 신뢰감, 행복감 모두 훨씬 높게 나왔다. 특히 전 연인과 헤어지자마자 연애를 시작한 경우, 즉 휴지기가 짧을수록 더욱 높은 행복감과 자신감을 보였다.

애착 유형이 안정형으로 바뀌다　　　새로운 관계는 애착 유형을 바꿀 수도 있다. 이별 후 새롭게 연애를 시작한 사람은 애착 유형이 안정형에 가깝게 바뀌었으며, 친밀 관계의 상대를 훨씬 쉽게 신뢰하고 의존했다.

반발적 연애에 제일 쉽게 빠지는 타입도, 반발적 연애를 통해 애착 유형을 개선하기 쉬운 타입도 모두 몰입애착형이다. 연구 결과에 따르면 안정형, 몰입형, 회피형 중 반발적 연애가 성공적일 때 가장 눈에 띄게 성장하는 유형이 바로 몰입형이다. 이들은 과거의 경험을 통해 자신이 몰입애착형인 것을 깨닫고 원인을 고민하며, 새로운 관계에서 새로운 친밀 관계 모델을 시도함으로써 엄청난 발전을 이룬다.

반대로 가장 성장 가능성이 낮은 타입은 회피형이었다.

반발적 연애가 독이 될 때

반발적 연애에 좋은 점도 있지만 몇몇 상황에서는 득보다 실이 크다. 물론 새로운 연인에게 문제가 많은 경우라면 당연히 해로울 것이다. 그러나 여기서는 새로운 연애를 대하는 개인의 태도와, 이전 연애와 전 연인을 향한 감정에 관한 부분만 다루고자 한다.

전 연인의 그늘에서 허우적대다　　다음은 새로운 연애를 하면서도 미련 때문에 전 연인에 대한 감정을 벗어나지 못하는 상황 3가지다.

첫째, 새로운 연애를 하면서도 전 연인의 감정을 떨쳐버리지 못한 경우.
미국의 심리학자 스테파니 스필만Stephanie Spielmann은 종단 연구를 통해 이전 연애에 대한 미련과 새로운 연애의 만족도 사이에 분명한 상관관계가 있음을 밝혀냈다. 이전 연애에 대한 미련이 클수록 새로운 연애의 만족도가 떨어졌고, 반대로 새로운 연애에 만족하지 못할수록 이전 연애에 대한 미련이 커졌다.

다시 말해 반발적 연애를 시작해도 이전 연애에 대한 미련이 완전히 사라지지 않는다면, 그 감정은 어떤 식으로든 새로운 연애에 부정적 영향을 미친다. 또한 새롭게 시작한 연애가 불만족스럽다면 반대로 전 연인을 향한 그리움이 더욱 커질 수도 있다. 부정적인 영향력이 꼬리에 꼬리를 무는 악순환의 고리가 만들어지는 것이다.

둘째, 새로운 상대를 선택하면서 전 연인을 기준으로 삼는 경우.

실제로 반발적 연애를 하는 사람의 상당수는 전 연인과 닮은 사람을 선택해 만난다. 이들은 옛 연인과 지금의 연인을 계속 비교하며, 옛 연인을 기준으로 지금의 연인을 이해하고 분석하려 한다.

이러한 행동의 배경에는 삶의 안정성을 얻으려는 의도가 숨어 있다. 사람은 익숙한 것에서 안정감을 느낀다. 전 연인과 비슷한 사람을 만남으로써 예전 생활이 변함없이 이어지고 있다는 안정감을 얻으려는 것이다. 그러나 오히려 이런 태도 때문에 새로운 연애의 만족도가 크게 떨어질 수도 있다.

셋째, 복수와 징벌을 목적으로 새로운 연애를 시작한 경우.

전 연인에게 복수하거나 벌을 주겠다는 목적으로 새로운 관계에 뛰어들기도 한다. 이때 정작 자신은 이런 점을 의식하지 못할 수도 있다. 헤어지자마자 또 다른 사랑을 시작하는 것이 이번 이별에서 '이기는 길'이라고 생각하는 것이다.

심지어 어떤 사람은 질투나 분노를 자극하기 위해 전 연인이 알면 치를 떨 만한 일을 벌이기도 한다. 복수심에서 성관계를 맺는 것이다. 소위 '반발성 성관계'라고 하는데, 실제로 매우 자주 벌어지는 현상이다. 다양한 상대를 만날 수도 있고, 같은 상대와 반복해서 성관계를 맺을 수도 있다.

그러나 단지 전 연인에게 복수하겠다는 목적으로 반발성 연애를 선택한 경우에는 이별의 여파에서 벗어나기까지 훨씬 오랜 시간이 필요한 것으로 나타났다.

상대가 자신의 마음과 다르다 실연 극복용으로, 잠시 즐길 요량으로 연애를 한다고 해서 반드시 잘못된 것은 아니다. 단, 전제 조건이 하나 있다. 상대도 반드시 나와 같은 생각이어야 한다.

관계를 시작하기 전에 자신의 태도를 확실히 밝히고 두 사람이 인식을 같이한다면 문제 될 일이 없다. 그러나 잠깐 즐기겠다는 자신과 달리 상대가 이 관계를 진지하게 생각한다면 상황이 난처해진다. 시작하는 시점에서 서로 원하는 바가 다르면 계속해서 잡음이 생길 수밖에 없다. 나중에 내가 관계를 진지하게 생각하는 쪽으로 태도를 바꾼대도 결과는 마찬가지다.

연애 휴지기를 견디지 못하다 어떤 사람은 곁이 비는 것을 잠시도 참지 못하고 곧바로 누군가를 찾아서 빈자리를 메운다. 그래서 딱히 연애 휴지기라고 할 만한 기간이 없다. 반발적 연애가 거의 습관이 된 것이다. 만약 자신이 이런 상황이라면 스스로를 돌아보며 원인을 분석해볼 필요가 있다. 너무 오랫동안 타인에게 버릇처럼 의지해온 것은 아닌지, 단지 외로움이 두려워서 그런 것은 아닌지, 그 탓에 연애할 때도 독립적인 태도를 갖지 못하는 것이 아닌지 고민해보아야 한다.

휴지기를 견디지 못하는 사람은 말 그대로 아무나 만나기 십상이다. 상대가 어떤 사람인지 생각하고 따질 겨를이 없다. 심지어 이별한 뒤 가장 먼저 자신에게 접근한 사람을 붙잡기도 한다. 상대의 문제가 눈에 보여도 빨리 누군가와 친밀한 관계를 맺고 싶다는 생각에 선택적으로 무시한다.

지금 연애가 반발적일까, 아닐까?

이전 연애가 끝나자마자 바로 연애를 시작했다고 해서 모두 반발적 연애인 것은 아니다. 문제는 자신의 마음이다. 다음은 현재 연애가 반발적 연애는 아닌지 스스로 알아보는 방법이다.

자신이 이별한 지 얼마 안 된 경우　　　자신에게 이렇게 물어보자.

• 지금의 연인과 서로 자연스럽게 이끌렸는가, 아니면 일부러 이런 사람을 찾았는가?

- 눈앞의 이 사람이 정말 좋아서 만나는가, 아니면 마음의 고통을 피하려고 만나는가?
- 현재 애정 관계에서 진실한 감정을 나누고 있는가, 아니면 단지 외로운 게 싫어서 관계를 유지하고 있는가?
- 혹시 이미 다 잊었다고 하면서도 여전히 전 연인을 떠올리고, 현재 연인과 전 연인을 비교하고 있지는 않은가?

질문에 답하다 보면 지금의 연애가 어떤 것인지, 혹 반발적 연애라면 자신과 상대에게 이로운지 해로운지를 금방 알 수 있다.

상대가 이별한 지 얼마 안 된 경우   지금 연애에 혹시 다음과 같은 면이 있지 않은지 주의해서 살펴보자.

- 그/그녀는 아무 이유도 없이 나를 만나는 것 같다. 혹은 여러 명의 후보 중 내가 선택된 느낌이다.
- 그/그녀는 나에 대해 궁금해하거나 나를 깊이 이해하려 하지 않는다.
- 관계 발전이 매우 빠른 듯하면서도 느리다. 그/그녀는 신속하게 동거를 결정하고, 내 존재를 자신의 SNS에 드러내지 못해 안달이며, 사귄 지 얼마 되지 않았는데도 오래된 연인처럼 대한다. 그러나 실제로는 그만큼 친밀한 것 같지 않고, 오히려 그/그녀가 멀게 느껴질 때가 더 많다.

- 나를 대하는 태도가 변덕스럽다. 외로울 때는 내가 없으면 안 될 것처럼 끌어당겼다가, 어느 정도 지나면 또 냉담하게 변한다.
- 전 연인을 완전히 잊지 못한 것처럼 보인다. 분명 우리 두 사람의 연애인데 자꾸 전 연인의 그림자가 비친다. 수시로 전 연인을 언급하고 ('그 사람보다 네가 훨씬 좋아'라는 식이라 해도), 함께 참석한 모임에서 그/그녀의 전 연인과 마주칠 때도 있다. 때로는 전 연인을 자극하기 위해 나를 만나는 것 같다는 생각이 든다.
- 마음이 가까워지는 속도보다 몸이 가까워지는 속도가 훨씬 빠르다.
- 그/그녀가 어떤 기준을 가지고 나를 재고 있는 듯한 느낌을 떨칠 수가 없다.

만약 이런 느낌이 자주 든다면 당신의 연인은 현재 '반발 중'일 가능성이 매우 높다. 이런 식의 '반발적 연애'는 두 사람 모두에게 해로울 수밖에 없다. 그러니 이 점에 대해 상대와 진지하게 이야기해볼 것을 권한다.

처방

반발적 연애를 긍정적으로 바꾸는 방법

만약 현재 이로움보다 해로움이 큰 반발적 연애를 하고 있다는 사실을 깨달았다면 오히려 관계를 개선할 좋은 기회를 얻은 셈이다.

다음은 반발적 연애를 긍정적 연애로 바꾸기 위한 방법으로, 한번 시도해보자.

자신의 감정 상태와 대면하기　먼저 자신의 현재 감정 상태를 명확히 판단한다. 여전히 취약하고 외로운지, 분노와 실망과 슬픔에 아직도 흔들리는지, 아니면 부분적으로나마 회복됐는지 살핀다. 자신의 부정적인 감정을 인정하고 대면하는 것이 변화의 첫걸음이다.

연인에 대한 자신의 감정 파악하기　이전 연애를 회복하고 싶은 마음과 가능성이 있는지 스스로에게 묻고, 만약 답이 부정이라면 이전 관계를 확실히 떨어버리겠다는 결심을 굳힌다.

현재 연인에 대해서는 그에게 정말 흥미를 느끼는지, 아니면 단순히 슬픔을 극복하기 위한 도구로 보는지도 확실히 구분한다. 또한 그가 친밀한 관계를 맺어도 괜찮은 상대인지, 자신의 자아가치감을 높여줄 수 있는 사람인지 꼼꼼하게 따져본다.

연인과 진솔한 대화 나누기 이전 연애의 그림자를 확실히 떨쳐버리고 현재 연인이 믿을 만한 상대여서 진지하게 만나볼 결심을 했다면 이제 남은 과제는 현재 연인과 진솔하게 대화를 나누는 것이다. 과거의 일을 숨기거나 속이지 않고 솔직히 말한 뒤, 두 사람 관계의 향방을 놓고 진실하게 소통한다. 이때 아래와 같은 미래가 불확실한 단어나 말은 절대 금해야 한다.

"앞으로 너와 어떤 관계가 될지 모르겠지만 너를 정말 좋아해. 우리 말고 다른 것은 생각하지 않았으면 좋겠어."

현재 연인과 진솔한 대화를 통해 긍정적인 연애로 바꾸고 싶다면 최우선적으로 상대의 생각과 의견에 귀를 기울이고, 함께 발전적인 방향을 고민해야 한다.

새로운 연애, 새로운 연인을 만난다고 해서 자신의 문제가 근본적으로 해결되지는 않는다. 헤어지자마자 바로 누군가를 만나든 만나지 않든, 이전의 관계에서 비롯된 모든 감정과 문제는 스스로의 손으로 일단락 지어야 한다.

무엇보다 옛 꿈이 악몽이 되지 않도록 하는 것이 중요하다. 혼자이든 둘이든, 이전 관계에서 벗어나 새로운 삶에 전심으로 뛰어들기를 바란다.

진솔하게 대화하다

지금 반발적 연애를 하고 있다면
오히려 관계를 개선할 좋은 기회를 얻은 셈이다.

반발적 연애를 긍정적 연애로 바꾸는 방법이다.
자신의 감정 상태와 대면하기
연인에 대한 자신의 감정 파악하기
연인과 진솔한 대화 나누기

새로운 연애, 새로운 연인을 만난다고 해서
자신의 문제가 근본적으로 해결되지는 않는다.
헤어지자마자 바로 누군가를 만나든 만나지 않든,
이전의 관계에서 비롯된 모든 감정과 문제는
스스로 일단락 지어야 한다.

24 · 결혼

24

결혼공포증,
진짜 두려운 것이 결혼일까?

결혼에 부담을 느끼는 데 그치지 않고
공포까지 느끼는 사람이 점점 늘고 있다.
소위 결혼공포증이 만연하고 있다.
결혼공포증이라는 단어 뒤에 숨겨진
생각과 관점, 태도는 개인마다 다르다.

결혼공포증까지 느낄 정도로
왜 결혼을 두려워할까?

결혼 적령기에 접어든 싱글 남녀에게 가장 큰 스트레스는 당연히 결혼일 것이다. 그런데 최근 결혼에 부담을 느끼는 데 그치지 않고 공포까지 느끼는 사람이 점점 늘고 있다. 소위 결혼공포증Gamophobia이 만연하고 있는 것이다.

심리

결혼에 관한 남녀의 생각 차이

결혼의 좋은 점을 모르는 사람은 없다. 그러나 현대 사회에는 갈수록 결혼을 미루는 경향이 두드러진다. 2012년 발표된 전미가족성장조사_{NSFG}에 따르면 1982년부터 2010년까지 20세에서 35세 남녀의 초혼 연령은 계속 높아졌으며, 비혼 동거 비율 역시 1982년의 3퍼센트에서 2010년 11퍼센트로 급증했다.

흥미로운 것은 결혼에 대한 관점에서 남녀의 차이가 상당했다는 점이다. 미국의 여론 조사 업체 퓨리서치센터_{Pew Research Center}가 2012년에 발표한 미국 청년 결혼관 조사 데이터를 보면 지난 십오 년간 결혼 적령기 남녀의 인식이 상당히 다른 방향으로 변했다는 점을 확인할 수 있다. '인생에서 성공적인 결혼 생활이 중요하다'는 데 동의한 남성은 1997년의 35퍼센트에서 29퍼센트로 떨어진 반면, 여성은 28퍼센트에서 37퍼센트로 증가했다.

결혼공포증을 '결혼 혹은 안정적 관계를 맺는 것에 대한 공포증'이라고, 작가 크리스틴 아다멕_{Christine Adamec}은 저서《공포, 두려움, 불안의 백과사전_{The Encyclopedia of Phobias, Fears, and Anxieties, 2000}》에 정의하기도 했다. 반대어

로는 타인과 친밀한 관계를 맺기 두려워하는 '독신공포증_{Anuptaphobia}'이
수록되었다.

　결혼공포증이라는 단어 뒤에 숨겨진 생각과 관점, 태도는 개인마다 다
르다. 결혼은 연애나 동거, 여타 다른 관계와 비교했을 때 제도성이 훨씬
두드러진다. 단순히 두 사람 사이의 약속에 그치지 않고 법률적인 관계가
되는 것이기 때문에 훨씬 많은 의미와 의무가 뒤따른다.

　관계를 끝낼 때도 단순히 헤어지면 되는 일이 아니라 합법적인 절차를
밟아 정식으로 이혼을 해야 하며, 합법적인 방식으로 재산을 분할해야 한
다. 혼인 중에 낳은 자녀에 대해서는 부부 두 사람 모두 양육의 책임을 지
며, 이혼해도 자녀 양육 의무는 여전히 유지된다. 만약 한 사람이 병이나
사고 등으로 자기 신변을 결정할 능력을 상실할 경우에는 법적 배우자가
그와 관련된 신체적, 경제적 결정을 내릴 권리를 갖는다. 또한 부부 중 한
쪽이 사망하면 다른 한쪽이 그의 재산을 상속받는다.

　길게 설명했지만 한마디로 정리하면, 상대와 결혼하기로 한 순간부터
나의 인생은 상대의 인생과 완전히 분리할 수 없을 만큼 밀접하게 얽힌다
는 것이다. 평생을 함께하든, 도중에 갈라서든 이 사실은 변하지 않는다.

결혼공포증을 만드는 두려움의 요인

결혼공포증까지 느끼게 하는 요인은 무엇일까? 다음은 결혼을 두렵게

만드는 요인이다.

미래의 가능성과 기회비용 상실　　　　　기회비용이란 경제학 개념으로 어떤 선택으로 인해 포기한 기회 중 가장 큰 가치를 가진 기회 자체, 혹은 그러한 기회가 갖는 가치를 가리킨다. 가장 이상적인 시나리오는 제일 가치 있는 기회를 선택하는 것이고 누구나 그럴 수 있기를 바라지만, 현실적으로는 현재의 선택이 가장 좋은 것인지 확인할 길이 없다. 가보지 않은 길이 어떤지 영원히 알 수 없기 때문이다.

우리 사회 통념상 결혼은 두 사람 간의 약속이며, 배타적인 친밀 관계다. 따라서 한 사람을 선택해 결혼한다는 것은 다른 사람을 만날 가능성을 모두 잃는다는 뜻이다. 이는 결코 낭만적으로 들리지 않는다. 어쩌면 결혼을 두려워하는 사람은 많든 적든 모호하든 선명하든, 마음 한구석에는 한 사람에게 구속된다는 사실에 불만을 느끼고 있는지도 모른다. 그렇다고 스스로를 속물이라 자책할 필요는 없다. 사회과학 측면에서 봤을 때 인간은 매우 경제적이고 이성적인 개체로, 본능적으로 자신이 획득 가능한 이익을 전부 저울에 달아볼 수밖에 없기 때문이다.

불편한 속박과 구속된 독립성　　　　　사실 앞에서 설명한 요인은 결혼 공포증의 가장 큰 원인이 아니다. 어느 정도 성숙하고 철이 든 개인이라면 이 세상에 처음부터 '완벽한 짝'은 존재하지 않으며, '충분히 좋은 짝'밖에 없다는 사실을 잘 알기 때문이다. 수많은 후보 중 어떤 사람을 선택하더라도 두 사람이 함께 세월을 보내며 같이 여러 가지를 경험하고, 그 과정에서 상대를 더욱 깊이 이해하면서 서로 대체할 수 없는 존재가 된다면 결국 '완벽한 짝'이 되게 되어 있다. 따라서 '잃어버린 기회비용'은 결혼을 두려워하는 진짜 이유라 할 수 없다.

사실 남녀 관계뿐만 아니라 일이나 일상생활에서도 '잃어버린 기회비용'은 환상에 가깝다. 이미 언급했듯이 가보지 않은 길이 어떠할지는 영원히 알 수 없을 뿐만 아니라, 설혹 다시 선택해 갈 수 있다 해도 지금의 길보다 더 낫다는 보장이 없기 때문이다.

대부분 사람들이 결혼에서 가장 두려워하는 것은 절대적인 독립성 상실이다. 한 사람과 인생을 함께하기로 약속하면 아무래도 개인의 자유와 이익을 어느 정도 포기하지 않을 수 없다. 나 한 사람의 이익보다는 '우리'의 이익을 먼저 생각해야 하고, '우리'를 위해서 나를 희생해야 하는 순간이 반드시 온다. 게다가 두 사람의 이익이 항상 일치하는 것도 아니잖은가.

일단 결혼하는 순간, 향후 모든 중요한 선택의 순간에 배우자를 우선적으로 고려하지 않을 수 없게 된다. 이러한 속박과 부자유, 희생이 어떤 사람에게는 견딜 수 없는 부담과 불편함으로 느껴진다. 그래서 결혼공포증이 생기는 것이다.

결혼 실패에 대한 섣부른 두려움　　연구자들은 결혼 생활이 실패할지도 모른다는 두려움 때문에 결혼공포증이 생기는 경우도 상당하다고 지적한다. 실제로 비혼 동거 커플을 대상으로 한 연구 조사에서 응답자의

3분의 2가 이혼에 대한 두려움이 있으며, 이런 두려움 때문에 결혼을 계획하지 않는다고 답했다. 이러한 현상은 생활이나 경제 수준에 상관없이 전 계층에서 비슷하게 나타났다.

배우자에게 기만 혹은 배신을 당하거나 이혼할지도 모른다는 두려움은 대개 어린 시절의 상처에서 기인했을 가능성이 높다. 특히 부모나 가까운 사람이 고통스러운 결혼 생활을 하거나 이혼한 모습을 보고 자란 사람은 자신도 똑같은 전철을 밟을지 모른다는 걱정 때문에 결혼을 기피하는 경향을 보인다.

막중한 책임에 대한 부담감　　　'어른이 되고 싶지 않다'는 심리도 결혼공포증을 유발하는 원인 중 하나다. 대표적인 예로 피터팬 증후군 환자를 들 수 있다. 이들은 어른이 된다는 것에 비이성적인 공포를 느끼며 책임감과 자신감, 의지력이 부족하고 타인에게 심하게 의존할 뿐만 아니라 깊은 관계를 잘 맺지 못한다.('17• 의외로 흔한 피터팬 증후군, 왜 생기는 걸까?' 참고) 따라서 무언가 책임을 져야 할 상황, 즉 인생의 중요한 결정을 내리거나 경제적 책임을 지거나 혹은 결혼을 약속해야 하는 상황에서 공포를 느끼고 도망칠 확률이 높다.

자아의 경계가 무너지는 불안감　　　진정한 의미의 친밀한 관계를 맺게 되면 상대와 자신의 경계를 구분하기가 어려워진다. 더구나 결혼은 자신의 생활을 다른 사람의 생활과 완전히 합치시켜야 하기 때문에 개인의 경계가 축소되고 약해질 수밖에 없다.

이처럼 자신과 타인을 구분 짓는 경계가 약해지고 심지어 사라질 수도 있다는 사실에 사람들은 불안을 느낀다.

결혼에 따른 경계의 변화는 매우 현실적으로 이뤄진다. 결혼과 동시에 법적으로 서로 연결되고, 경제적으로 얽히며, 생존에 필요한 모든 물질과 자원을 상대와 나누어야 한다. 각자 경제적 독립을 유지한다고 해도 완전히 분리될 수는 없기 때문이다.

또한 상대와 자신의 경계가 약해지면서 심리적으로도 매우 취약해진다. 감정적으로 상처받을 가능성이 커지고, 자신의 뜻대로 인생을 통제하지 못한다는 느낌이 들며, 때로는 상대에게 지나치게 휘둘리는 것 같기도 하다.

부부 상담 심리 치료에서 갈등의 원인으로 가장 자주 거론되는 3가지는 경제 문제와 성생활, 가사 분담 문제다. 만약 두 사람이 서로의 경계에 대해 인식과 견해를 일치시킬 수만 있다면 이 3가지 문제를 좀 더 합리적이고 만족스럽게 처리할 수 있을 것이다.

미지의 불확실성에 대한 두려움　　　사람들이 나쁜 결과보다 더 싫어하는 것은 바로 알 수 없는 결과다. 그만큼 불확실성을 기피한다. 그런데 결혼은 그 자체로 거대한 불확실성 덩어리다. 완전히 새롭고 낯선 관계를 시도하고 받아들여야 할 뿐만 아니라 미래에 이 관계에서 어떤 일이 벌어질지 사전에 예측하거나 통제할 길이 전혀 없다.

그래서 많은 사람이 결혼이라는 불확실성을 회피하는 쪽을 선택한다. 일단 그 한 걸음을 내딛지 않으면 혹시나 생길지도 모르는 부정적인 결과를 원천적으로 차단할 수 있기 때문이다.

자신의 '민낯'이 드러나는 공포심 상대에게 자신의 모든 것을 철저하게 보여주게 된다는 두려움 때문에 결혼에 공포를 느끼는 사람도 있다. 결혼하고 함께 살다 보면 상대 앞에 나의 모든 면이 숨길 수 없이 드러난다. 턱에 난 커다란 여드름, 볼록 나온 아랫배, 청결하지 못한 생활 습관은 말할 것도 없고 볼품없이 늙어가는 모습까지 공유해야 한다. 세월의 흐름과 함께 처지는 피부, 희끗희끗 세고 비어가는 머리칼, 여기저기 늘어지는 몸 ……. 어디 그뿐이랴, 퇴화하고 노쇠해지는 정신도 감출 수가 없다. 한때 가장 예쁘고 멋있게 보이고 싶었던 사람에게 이러한 민낯을 전부 보여야 한다는 사실을, 어떤 사람들은 도무지 받아들이지 못한다.

겉모습뿐만이 아니다. '스스로를 사랑하라'라든가 '자신의 가치를 믿으라'라는 말은 많이 들었지만 사실 내게는 나 자신조차 사랑할 수 없고 이해할 수 없는 결점과 단점이 있다. 그런데 결혼하게 되면 이런 결점과 단점을 상대에게 감출 수 없게 된다. 보이고 싶지 않아도 보일 수밖에 없다. 자신의 이런 모습을 보고도 상대가 여전히 나를 사랑할 것인지 의문이 들기 시작하면 결혼 자체가 두려워진다.

처방

결혼공포증을 극복하는 방법

지금까지 결혼공포증을 가져오는 요인을 살펴보았다. 하지만 결혼을 바라보는 시각을 조금만 달리해도 그 두려움에서 벗어날 수 있다.

다음은 결혼공포증을 극복하는 3단계다.

1단계: 결혼을 두려워하는 진짜 원인을 찾다　　　자신이 결혼이라는 방식을 포기하기로 한 진짜 이유를 구별해내야 한다. 제도의 속박을 받고 싶지 않아서인가? 진지한 친밀 관계를 맺는 것이 부담스러운가? 아니면 한 사람만 사랑할 자신이 없는가?

또한 문제의 소재를 정확히 파악해야 한다. 문제가 되는 대상이 특정한 '그 사람'인가, 아니면 결혼 그 자체인가?

미국의 심리학자 존 커티스John Curtis와 발레리 서스먼Valerie Susman은 자신이 공포를 느끼는 대상이 무엇인지 확실하지 않을 때는 먼저 두려운 감정을 파고 들어가 두려움의 대상을 구체화해서 하나씩 해결하라고 조언한다.

2단계: 결혼은 역시 심사숙고가 필요하다   결혼공포증의 순기능

은 충동적으로 결혼할 위험을 줄여준다는 점이다. 연구에 따르면 얼마나 심사숙고해서 결혼을 결정하느냐에 따라 향후 결혼 생활의 질이 결정된다. 즉, 결혼 전에 여러 가지 면을 종합적으로 생각하고 고민해본 사람일수록 훨씬 원만한 결혼 생활을 한다는 것이다. 충동적인 결혼은 낭만적이지만 믿을 수가 없다.

미국의 심리학자 갈레나 로우즈Galena Rhoades 는 결혼한 성인 418명을 대상으로 이들이 결혼한 당시의 상황이 계획된 결혼인지, 충동적인 결혼인지 등과 결혼식의 규모와 준비 상태가 이후 결혼 생활 만족도에 얼마나 영향을 미쳤는지를 오 년 동안 추적 조사했다.

그 결과, 심사숙고를 거쳐 결혼을 결정한 사람은 즉흥적으로 결혼한 사람보다 훨씬 질 높은 결혼 생활을 영위했다. 또한 '흘러가는 대로' 동거하고 결혼한 사람보다 상대와 함께 고민하고 의논하여 동거나 결혼을 결정한 사람이 결혼 생활에 대한 만족도가 높았다. 즉, 결혼을 결정한 과정이 이후 결혼 생활 만족도에 지대한 영향을 미친 것이다.

결혼은 인륜지대사라고 불릴 만큼 중대한 사건이며, 인생의 향방을 완전히 바꿔놓을 수도 있는 중요한 결정이다. 그렇기 때문에 본능보다는 이성을, 충동보다는 계획을 따라야 한다. 책임감을 가지고 심사숙고해서 결정을 내리는 것은 미지의 변수에 대처하는 데 큰 도움이 될 뿐만 아니라 향후 결혼 생활의 만족도를 좌우할 수 있다.

3단계: 결혼은 선택, 개성적으로 동거하다　　　현대 사회에서는 한 사람과 친밀한 관계를 유지하는 방식에 여러 가지가 있기 때문에 반드시 결혼이라는 형식을 취해야만 하는 것은 아니라는 점이다. 즉, 비혼도 선택할 수 있다.

과거 사회에서는 한 사람과 결혼해 가정을 이루고 자녀를 낳아 기르는 것이 당연했다. 그러나 현대에 접어들어 개인, 특히 여성의 경제 독립성이 강해지면서 결혼은 더 이상 필수가 아닌 선택이 되었다. 이러한 변화에 관해 미국 사회심리학자 엘리 핀켈Eli J. Finkel은 결혼의 발전을 세 단계로 나누어 설명했다.

첫 단계는 1850년 이전의 제도적 결혼으로, 당시에는 결혼이 공동 생존과 직결된 신체와 정서 안전을 확보하기 위한 제도적 장치였다. 두 번째 단계는 1850~1965년 우애 결혼으로, 결혼의 핵심이 생존에서 친밀감, 사랑, 성적 요구 등으로 이동했다. 세 번째 단계는 1965년~현재의 자기표현적 결혼이다. 결혼의 제도성이 약해지고, 자아가치 실현 수단으로서의 역할이 두드러지기 시작한 것이다.

현대의 자기표현적 결혼을 추구하는 사람은 결혼에 대한 기대치가 매우 높다. 이들은 최대한 완벽한 결혼을 꿈꾸며, 스스로 충분히 만족하기 전에는 외부 상황이나 압박에 떠밀려 결혼을 결정하지 않는다. 그러다 보니 자연히 결혼 연령이 점차 높아지는 추세를 보인다.

결혼의 제도성이 약해진 후로는 친밀 관계에서 단순한 단어나 신분으로 서로를 규정짓지 않는 경향이 강해지기 시작했다. 미국의 사회학자 타일러 제이미슨Tyler Jamison 교수는 "현재 초기성인기에 속하는 젊은이들은 더 이상 '연애 후 결혼'이라는 과거의 단순한 모델을 따르지 않는다. 대신 기존 사회규범과 다른, 나름의 방식에 따라 낭만적인 관계를 맺는 편을 선호한다"라고 말한다.

어떤 사람은 한 사람과 오랫동안 동거하면서도 결혼이라는 형식으로 서로를 구속하기를 거부한다. 또 어떤 사람은 개방적인 관계를 추구한다. 이는 자신의 신념과 생각을 상대에게 숨김없이 밝히고, 두 사람이 합의하에 배타적이지 않은 관계를 유지하는 것을 말한다. 개방적 관계에 있는 두 사람은 서로에게 절대적으로 충실할 것을 요구하지 않으며 열린 태도로 관계를 대한다.

최근에는 매우 새로운 형태의 연인 관계도 등장했다. 서로 사랑하고 함께 있지만 결혼도, 동거도 하지 않고 각자의 생활 공간을 유지하면서 일주일에 3~4일 정도만 같이 사는 형태다. 이들이 이런 방식을 선택한 가장 큰 원인은 본격적으로 동거하기 시작하면 서로의 생활이 밀접하게 얽히고 설켜서 헤어지고 싶어도 헤어지기가 쉽지 않다는 점이다.

초기성인기, 특히 아직 졸업하지 않은 대학생이라면 향후 생활에 변화가 생길 여지가 많고 불확실성도 높다. 그렇기 때문에 이 시기에는 한 사람과 장기적인 관계를 약속하는 일 자체를 기피하는 경향이 강하다. 그래서 이런 새로운 형태의 연인 관계가 나타난 것이다.

이처럼 여러 가지 형태의 친밀 관계가 나타나면서 '연애의 최종 목적지는 결혼'이라는 말도 옛말이 된 지 오래다. 현대의 젊은이들은 굳이 결혼에 구애받지 않고 다양하고 개성적인 방식으로 사랑하는 사람과 함께하는 길을 선택한다.

수많은 걸작을 남긴 작가 프란츠 카프카Franz Kafka는 결혼공포증이었던 것으로 유명하다. 그는 항상 누군가를 사랑했지만 결혼한 적은 단 한 번도 없었다. 젊은 시절에 약혼을 했다가 파혼한 일로 '재판'을 받기도 했으며, 이후 같은 여성과 두 번이나 약혼과 파혼을 반복했지만 결국 결혼하지 못했다. 카프카는 스스로를 '결혼할 능력이 없는 사람'이라고 표현하며 이런 말을 남겼다.

"여성과 함께 산다는 것은 참으로 어려운 일이다. 그럼에도 수많은 남자가 생소함, 동정심, 욕망, 두려움, 허영심에 떠밀려 결혼을 선택한다."

물론 상당히 비논리적이고 논쟁의 여지가 많기는 하지만 이 한 마디에서 결혼공포증을 느끼는 사람의 초조한 마음을 조금이나마 엿볼 수가 있다.

낭만적인 관계를 맺다

결혼을 바라보는 시각을 조금만 달리해도
그 두려움에서 벗어날 수 있다.
결혼공포증을 극복하는 3단계다.
1단계, 결혼을 두려워하는 진짜 원인을 찾다.
제도의 속박을 받고 싶지 않아서인가?
진지한 관계를 맺는 것이 부담스러운가?
2단계, 결혼은 역시 심사숙고가 필요하다.
얼마나 심사숙고했느냐에 따라
향후 결혼 생활의 질이 결정된다.
3단계, 결혼은 선택이다. 비혼도 있다.
'연애 후 결혼'이라는 틀에서 벗어나
각자의 방식으로 낭만적인 관계를 맺는다.

25 · 원가족

25

망가진 가정 속에
감춰진 진짜 모습은?

원가족은 개인의 삶에 엄청난 흔적을 남긴다.

역기능가정은 원가족이 망가져서 건강하지 못한,

일명 망가진 가족이다. 역기능가정이 생기는 원인은

다양하다. 그로 인한 폐해는 전부 비슷하다.

특히 자녀의 발달에 악영향을 미친다.

가정이 망가졌다는 기준은 무엇일까?

어떤 상황을 가리켜서 가정이 망가졌다고 하는 걸까?

심리학에 관심이 있는 사람이라면 한 번쯤은 '원가족'이라는 단어를 들어봤을 것이다. 원가족이란 개인이 어린 시절을 보내고 자란 가족으로, 성인이 되어 스스로 새롭게 구성하는 핵가족에 상대되는 개념이다. 임상 심리와 상담심리에서 개인이 겪는 문제의 근본 원인으로 워낙 자주 거론 되는 터라 '죄다 어렸을 때 탓이고 죄다 엄마 탓이다'라는 농담이 생길 정 도다.

　원가족이 개인의 삶에 엄청난 흔적을 남기는 것은 사실이다. 어떠한 가 정에서 태어나고 자랐는지에 따라 인생이 결정된다고 해도 과언이 아니다. 따라서 이번 편에서는 원가족에서 나타날 수 있는 문제들과 그것이 우리 에게 미치는 영향을 다루었다.

망가진 가정을 일컫는 말, 역기능가정

한 사람의 원가족이 망가져서 건강하지 못하고 문제가 많은 경우, 심리학에서는 이를 '역기능가정Dysfunctional Family'이라고 말한다. 역기능가정이란 가정 내에 갈등과 폭력, 그릇된 행동 양식이 지속적으로 나타나는, 일명 망가진 가족이다. 이런 역기능가정에서는 자녀 방치 또는 일부 가족구성원을 향한 신체적, 정신적, 성적 학대 중 일부분이 일상적으로 나타나며, 나머지 가족구성원은 이런 상황을 용인하거나 적응한 모습을 보인다.

가족끼리 다투고 서로 오해하며 상처받는 것은 건강한 가정 내에서도 얼마든지 벌어지는 일이다. 그러나 대부분 일시적이며 장기간 지속되지는 않는다. 어쨌든 가족끼리 관심을 갖고 서로 사랑하며 존중한다면, 또한 자신의 생각과 감정을 자유롭게 나타내며 각자의 독립성을 인정하는 동시에 친밀한 정서적 유대를 맺고 있다면 그 가정은 제대로 기능하고 있다고 할 수 있다.

역기능가정이 생기는 원인은 다양하다. 하지만 그로 인한 폐해는 전부 비슷하며, 특히 자녀의 발달에 악영향을 미친다는 것이 가장 심각한 문제점이다. 가정 내에 비정상적이고 위험한 요소가 항상 존재할 경우, 아이는 그것을 정상이라고 여기며 성장하게 된다. 뿐만 아니라 마찬가지로 비정상적인 행동 양식을 발달시킬 공산이 크다.

역기능가정에 대한 잘못된 오해　　　가정이 망가졌다는 기준이 무엇인가? 어떤 상황을 가리켜서 가정이 망가졌다고 생각하는가? 다음은 망가진 가정, 즉 역기능가정에 대해 잘못 알고 있는 오해 2가지다.

부모가 별거, 이혼한 가정　부모가 별거 혹은 이혼했거나 이혼 위기에 있다고 해서 그 가정을 반드시 역기능가정이라고 할 수는 없다. 물론 부모의 이혼은 자녀에게 지울 수 없는 상처다. 그러나 단순히 혼인 관계가 유지되고 있다 해서 안정적인 가정이라 단정 지을 수도 없다. 부부가 서로 상대의 부당한 행동을 용인하고 있을 수도 있고 남편과 아내가, 혹은 부모와 자식이 오랜 기간 서로 공모를 해왔을 수도 있기 때문이다.

직접적인 학대　아이가 가정에서 받는 학대는 직접적인 것에 국한되지 않는다. 부모끼리 싸우거나 부모가 다른 형제자매를 학대하는 모습을 보는 일도 아이에게는 커다란 상처가 된다. 직접적으로 부당한 대우를 받지 않았어도 부모가 정상적인 감정 교류 없이 자주 갈등을 겪는 모습에 노출되며 자랐다면 아이는 이미 학대를 받은 것이나 다름없다.

역기능가정이 보이는 공통점　　　역기능가정은 매우 포괄적인 개념으로 가정의 기능에 문제가 생긴 경우를 전부 아우른다. 그러나 구체적인 문제가 무엇이든 간에 역기능가정의 구성원들에게는 공통점이 있다. 다음은 역기능가정이 보이는 공통점이다.

가족구성원의 정서가 불안하다　누구보다도 가정과 자녀를 돌볼 책임이 있는 구성원의 정서가 불안하고 변덕스럽다. 비이성적인 모습을 자주 보이고 감정이 널을 뛰며 자기 기분에 따라 규칙을 바꾸는 등 도무지 일관성이 없다. 또한 상당히 자주 폭력을 휘두른다. 이런 가정환경에서 아이는 지속적으로 두려워하고, '세상은 위험하고 예측할 수 없는 곳'이라고 느끼게 된다.

부모가 제 역할을 못하다　역기능가정의 자녀는 부모 중 한쪽에게 버려지거나, 양쪽 모두 있더라도 보살핌을 받지 못하고 장기간 방치되는 경우가 많다. 함께 거주하며 경제적 지원을 하고 있어도 자녀와 감정적인 유대가 없다면 이 역시 부모가 제 역할을 하지 못하는 것이다. 또 어떤 부모는 일이 바쁘다는 이유로, 혹은 술이나 게임에 중독된 나머지 자녀에게 마땅한 사랑을 주지 않고 친밀한 신체 접촉도 하지 않으며 자녀의 정서적 욕구에 반응하지도 않는다. 이런 부모 밑에서 자란 아이는 부모에게조차 거부당했다는 괴로움에 오래도록 시달린다.

자녀를 인질로 이용하다　가족구성원의 관계가 정서적 유대감이 아닌, 서로를 이용하려는 목적으로 맺어진 경우다. 어떤 부모는 자녀를 독립적인 개체로 인정하지 않고 자신의 목표를 이루기 위한 도구로 본다. 이들은 자녀가 자신이 달성하지 못한, 예를 들면 좋은 대학, 특정한 직업 등을 대신 이뤄주길 바라며 자녀의 의사를 묵살하고 가혹하고 강압적인 요구를 한다.

그 밖에 별거나 이혼한 가정에서는 자녀를 '인질'로 이용하는 현상을 어렵지 않게 볼 수 있다. 즉 부모 중 한쪽이 상대를 불리하게 만들 목적으로 자녀를 조종하는 것이다. 자녀가 아빠 혹은 엄마와 멀어지게 만들기 위해 지속적으로 상대를 험담하거나 대놓고 거리를 두도록 종용하는 일, 자녀를 시켜 상대의 상황을 염탐하는 일, 아빠 혹은 엄마와의 만남을 제한하거나 아예 막는 일, 아빠 혹은 엄마를 거절하라고 자녀를 압박하는 일 따위가 모두 이에 속한다.

가족구성원 간에 경계가 없다　한 구성원이 다른 구성원의 경계를 일부러 침범하거나 존중하지 않는 것도 역기능가정의 특징이다. 어떤 부모는 부모라는 권력을 이용해 자녀를 통제하고 크고 작은 일에 간섭하며 엄격한 규칙으로 자녀의 활동을 제한한다. 이는 모두 자녀를 독립된 개체로 인정하지 않고 개인의 경계를 침범하는 행위다. 이런 경계 침범은 비단 부모 자식뿐만 아니라 부부 사이에도 빈번하게 일어난다. 비정상적으로 상대의 사생활을 염탐하거나 과도하게 간섭하는 식이다.

심각한 갈등과 학대가 자행되다　부부가 수시로 다투고 신체적, 정신적 폭력을 행한다. 혹은 부모가 자녀에게 과도한 체벌이나 학대를 자행한다.

역기능가정에서 자란 아이들의 유형

어떠한 형태이든 역기능가정이 개인에게 미치는 영향은 매우 부정적이며 심각하다. 미국의 정신과 전문가 머리 보웬Murray Bowen은 가족치료 이론에서 개인의 정신건강을 망가뜨리는 결정적 원인으로 가족 기능의 상실, 즉 역기능가정을 꼽았다. 역기능가정에서 자란 개인은 오랫동안 정서적 욕구를 충족받지 못한 탓에 불안과 불신에 시달리며, 세상과 타인을 신뢰하지 못한다. 또한 폭력과 위협에 노출된 경우도 적지 않다.

학자들은 알코올중독자나 마약중독자의 가정을 연구하는 과정에서 해당 가정의 자녀들이 중독 문제를 가진 가족구성원을 대할 때 특징적 행동을 보인다는 사실에 주목했다.

다시 말해 중독 문제를 가진 구성원을 안정시키고 다른 구성원이 입는 학대와 상처를 최소화하기 위해 아이들이 특정한 역할을 맡는다는 것이다. 이는 크게 4가지로 분류할 수 있는데, 이후 역기능가정에서 자란 아이의 공통적 특성을 도출해내는 기반이 되었다.

다음은 역기능가정에서 자란 아이들이 보이는 특징이자 유형이다.

좋은 아이와 가족을 돌보는 아이　　좋은 아이는 '우수한 아이', '완벽한 아이' 혹은 '가족영웅'이라고도 한다. 주로 불행한 가정환경에도 불구하고 가정 이외의 영역, 즉 학업이나 일, 운동 등에서 비범한 성취를 보이는 아이를 가리킨다. 겉보기에는 지극히 정상적이고 모범적이라 가정에 문제가 있다는 사실을 전혀 알아차릴 수 없을 정도다. 이들은 비정상적인 가정과 자신의 처지에서 벗어나 스스로 긍정적 자아를 세우는 동시에 가족의 비난으로부터 자신을 보호하며, 더 나아가 가족에게 조금이라도 긍정적인 영향을 주기 위해 자신의 성취와 성공을 추구한다.

좋은 아이와 비슷한 유형으로 '돌보는 아이'를 들 수 있다. 돌보는 아이는 가정을 정상적으로 돌아가게 할 책임이 자신에게 있다고 믿고 가장 노릇을 하려 한다. 돌봄을 받아야 할 아이가 오히려 다른 가족을 돌보는 위치에 서는 것이다. 이들은 가족의 행복과 불행이 자기에게 달렸다고 생각하며 가정을 반듯이 유지하려고 애쓴다. 그러나 한편으로는 가족의 그릇된 행위를 묵인하고 어떠한 반대 의견도 내지 않으며 뒷수습하는 데만 전념한다. 그 탓에 이들은 피해를 입은 다른 가족구성원이 '아이가 이렇게 착하게 자란 것을 보면 우리 가족도 그렇게 엉망은 아니'라고 착각하게 만든다.

표면적으로 봤을 때 좋은 아이는 뛰어나고 강인하며 항상 부지런하다. 그러나 내면에는 불안과 두려움, 분노, 슬픔, 외로움이 가득하다. 이들은 일중독자가 되기 쉽고 통제 욕구가 과하며 스트레스에 취약한 모습을 보인다. 또한 실수와 실패를 받아들이기 힘들어한다. 편안한 마음으로 사는 것이 무엇인지조차 알지 못하며, 자신의 진짜 감정과 욕구를 표현할 줄도 모른다.

잊히고 튀지 않는 '보이지 않는 아이'　　　잊힌 아이는 내향적이고 조용하다. 그 자리에 없는 사람 같아서 '보이지 않는 아이'라고도 불린다. 가정의 문제를 외면하고 벗어나고자 한다는 면에서 좋은 아이와 출발점이 같다. 그러나 좋은 아이가 비록 허상에 불과할지언정 자신과 가정에 더 나은 이미지를 덧씌우기 위해 노력하는 것과 달리 잊힌 아이는 아무것도 하지 않는다. 뿐만 아니라 아무와도 연결되려 하지 않는다. 구석에 처박혀 혼자 조용히 책만 읽거나 아예 말을 하지 않거나 애완동물하고만 노는 식이다.

겉보기에 이들은 차분하고 온순하며 눈에 띄지 않는다. 가정 내 갈등과 다툼에 관여하지 않고, 자신도 문제를 일으키지 않기 때문에 책임을 지는 일이 적다. 다른 사람의 관심을 끌지 않기 위해 자신의 욕구를 억누르고 감정을 마비시키는 길을 선택한 것이다. 그러나 내면을 들여다보면 극심한 무력감과 우울함, 외로움에 시달린다. 이들은 따뜻한 관심이나 격려를 받아본 경험이 거의 없기에 기회를 잡거나 자기 의견을 피력하는 데 소극적이고, 자신의 마땅한 권리를 주장할 줄도 모른다. 제대로 된 인간관계를 맺지 못해 혼자 지내기 일쑤이며 친밀 관계에서 생기는 문제에 잘 대처하지 못한다.

희생양을 자처하는 '문제아'　　　　역기능가정에서 자란 어떤 아이는 일부러 분노와 적의를 표출하는 등의 부정적인 태도로 가족의 문제에 반응한다. 특히 다른 가족구성원이 문제를 은닉하거나 존재 자체를 부정할 때 문제아가 나타난다. 어찌 보면 '문제아'는 가족 중에 유일하게 진실을 말하는 사람이다. 부정적이고 과격한 행동을 통해 문제아는 자기 가족이 비정상임을 다른 사람에게 고발한다.

문제아는 '희생양'이기도 하다. 가족구성원의 시선이 과격한 행동을 하는 문제아에게 쏠리면서 어느새 진짜 문제는 가려지고 '말 안 듣고 골칫거리인 아이'가 갈등의 중심에 놓이기 때문이다. 그 결과 아이는 가정을 불행하게 만드는 원흉 취급을 받으며 심각한 체벌과 폭력을 당한다.

구체적 예로 알코올 문제가 있는 폭력적인 아버지가 말 안 듣는 아이를 구타하는 상황을 들 수 있다. 심지어 이미 깨졌어야 할 가정이 문제 아이를 '구하겠다는' 의무 하나로 가족의 외형을 유지하는 경우도 존재한다.

외면적으로 봤을 때 문제아는 음울하고 반항적이며 분노가 가득하고 거칠다. 그러나 내면적으로는 오해와 질책, 거부, 배신을 당했다는 좌절감 때문에 무력하고 막막하다. 이들은 종종 자기 파괴적인 행동으로 망가진 가정에 대응하는데, 그 탓에 결국은 가정 문제의 가장 큰 희생양이 된다. 역기능가정에서 자란 자녀 대부분이 그렇지만, 이 아이들은 특히나 더 패배의식이 강하며 현재의 절망적 상황을 운명으로 받아들이고 쉽게 체념하는 모습을 보인다. 또한 계획에 없는 임신, 알코올중독이나 마약중독, 반사회적 문제행동을 할 확률이 훨씬 높다.

가족의 분노를 가라앉히는 '피에로'　　'익살꾼의 마음은 언제나 산산조각'이라는 말이 있다. 실제로 역기능가정의 어떤 아이는 '피에로' 혹은 '귀염둥이'가 되는 것으로 가족의 문제에 대처한다. 이들은 가정 내에 심각한 갈등이 벌어지거나 폭력이 자행되려 하면, 일부러 익살을 부리고 장난을 치는 등 본래의 자신과 맞지 않는 행동을 해서 가족구성원의 주의력을 분산시킨다. 이러한 행동을 통해 가족의 분노를 가라앉히고 분위기를 바꾸는 것이 피에로의 역할이다. 이는 또한 이들이 자신이 받은 상처에 대처하는 방법이기도 하다.

피에로는 아무 걱정 없는 장난꾸러기, 철없는 아이처럼 보인다. 이들은 껄끄러운 상황에서도 농담과 유머를 잊지 않는다. 하지만 이는 고통을 잠시 가라앉힐 뿐, 충돌이나 상처를 처리하는 제대로 된 방식이 아니다. 유머의 뒤편에는 언제나 억압된 부정적 감정이 숨어 있다. 그래서 겉으로는 느긋해 보이지만 사실 속으로는 엄청난 불안에 시달리는 경우가 대부분이다. 문제는 성인이 된 이후 더 크게 나타난다. 이들은 갈등에 대처하는 성숙한 태도와 방법을 익히지 못한 탓에 친밀 관계나 결혼 생활에서 생기는 문제를 어른답게 처리하지 못한다. 뿐만 아니라 학업이나 일을 할 때도 제대로 집중하지 못하며 부산하게 굴기 일쑤다.

이와 같이 아이들의 4가지 특정한 역할은 한 가지만 두드러지게 드러날 수도 있고, 여러 가지가 혼재되어 나타날 수도 있다. 또는 이 역할에서 저 역할로 전환하기도 하는데, 예를 들어 '좋은 아이'는 '문제아'로 변할 가능성이 언제나 있다. 스스로 더 이상 버틸 수가 없다고 느낄 때, 혹은 가족에게서 심각한 상처를 받거나 자신의 노력에 아무런 의미가 없다고 느낄 때 자포자기에 빠져 갑자기 문제아의 행동 양식을 보일 수 있다.

기회주의자이자 똑똑한 '배후 조종자'　　　이 밖에 역기능가정의 자녀에게서 발견되는 또 다른 역할로 '배후 조종자'를 들 수 있다. 주로 똑똑한 아이에게서 나타나는데, 가족의 문제를 자신에게 유리한 쪽으로 이용하는 기회주의자를 말한다. 부모가 자기 문제에 정신이 팔려 자녀를 방임하거나 지나치게 풀어둔 상황에서 어떤 아이는 자기 목적을 달성하기 위해 부모의 문제와 잘못을 적극적으로 이용한다. 부모가 이혼해서 자신을 충분히 돌봐주지 못한다는 약점을 잡아 이런저런 요구를 계속 하거나 스스로 약자임을 내세워 금전적인 이득을 취하는 식이다. 이런 아이들은 남을 조종하는 습관이 들어서 그릇된 길로 빠질 가능성이 높다.

위의 다섯 유형의 아이들에게는 한 가지 공통점이 있다. 모두 가족을 유지하고 제대로 돌아가게 만들기 위해 특정한 역할을 떠안는다는 것이다. 이들에게는 그 역할이 가족을 지키기 위한 나름의 방법인 셈이다.

제대로 기능하지 않는 가정을 살펴보면 가족구성원 사이에 일종의 공모가 이뤄진 경우도 많다. 곪아가는 속내를 알면서도 서로 드러내지 않고 숨기며 가족의 외형을 유지하는 것이다. 그런 가족들 사이에서 아이는 진짜 감정을 숨긴 채 특정 역할의 가면을 쓴다. 그리고 그 가면을 점차 반드시 그래야 하는 자신의 모습으로 받아들인다. 자신이 그 역할을 맡지 않으면 더 많은 갈등이 불거지고, 결국 가정이 깨지리라 믿기 때문이다.

※ 〈25. 원가족〉에는 '처방' 세션이 없습니다.
※ 오른쪽 페이지의 글은 서울사이버대학교 인천심리상담센터 팀장이면서 이십 년 넘게 상담을 하는
　이경란 상담심리사 (한국상담심리학회 1급)의 처방입니다.

어른 아이의 가면을 벗다

역기능 가정의 악순환은
여러 세대에 걸쳐 되풀이된다.
그 악순환을 선순환으로 바꿀 수 있다.

방법은 어른 아이의 가면을 벗는 것!
첫째, 조금씩 자신의 관점을 달리한다.
관점을 바꾸면 다른 세계가 보인다.
그러기 위해 다른 사람들은
어떻게 살아가는지 관심을 두고 관찰한다.
둘째, 그 차이가 있다면 무엇인지 생각한다.
셋째, 자신을 향한 타인의 쓴소리에도
열린 마음으로 다가가려고 노력한다.

26 · 아버지

26

자녀에게 '아버지'란
어떤 존재인가?

가정에서 아버지의 상태는 단순히 있거나 없거나로
표현할 수 있는 것이 아니다. 아버지의 양육 참여가
자녀에게 미치는 영향은 생각보다 매우 광범위하다.

아버지의 양육 참여가 미치는 범위는 어디까지일까?
아버지의 부적절한 양육은 무엇을 말하며,
자녀에게 미치는 악영향은 무엇일까?
양육 참여의 질을 판단하는 기준은 무엇일까?

십여 년 전에 흥행했던 애니메이션 『니모를 찾아서』를 기억하는가? 아들을 과잉보호하는 흰동가리 아빠 말린과, 그런 아빠가 답답하고 싫은 아들 니모가 서로를 찾아 망망대해를 모험하는 이야기다. 애니메이션 말미에 이들 부자가 서로 진심으로 이해하고 상대의 소중함을 깨닫는 모습은 많은 이에게 감동을 주었다.

이번 편에는 '부성父性'에 대해 이야기해보자.

다르거나 같은 모성과 부성

어머니가 된 여성이 생물학적으로 변화를 겪는다는 사실은 이미 널리 알려진 바다. 그러나 남성도 아버지가 되는 순간 급격한 호르몬 변화를 겪는다는 사실을 아는 사람은 많지 않다.

이스라엘의 루스 펠드먼Ruth Feldman 교수는 갓 출산을 경험한 부모를 대상으로 아기가 태어난 직후 몇 주간과 6개월 뒤의 호르몬 수치를 조사했다. 그 결과 어머니와 아버지 모두 옥시토신 수치가 동일하게 높아진 것을 알 수 있었다.

강한 정서적 유대감을 느끼게 하는 옥시토신은 포옹하거나 입맞춤할 때, 성적 고조를 느낄 때, 심지어 출산할 때도 분비된다. 남녀 간의 사랑이나 어머니와 자식의 유대가 깊어질수록 더욱 많이 분비되기 때문에 일명 사랑의 호르몬으로 불린다. 불안을 낮추고 편안하게 하며 심리적 만족과 안정감을 줄 뿐만 아니라 신뢰감을 높이고 두려움을 줄여주는 것으로 알려져 있다. 루스 펠드먼은 아이를 기르는 과정이나 아이와 교류하는 경험이 이러한 호르몬의 분비를 촉진했다고 보았다. 즉, 부모가 되면 여성뿐만 아니라 남성도 생물학적으로 변한다는 것이다.

아버지의 역할은 '재중' 혹은 '부재중'　　　사회적 의미에서 보면 아버지가 된다는 것은 한 아이와 인간적 관계를 맺고 아버지로서 마땅한 역할을 감당하기로 결심하는 중대한 일이다.

19세기 이전까지 아버지의 역할은 집안의 최고 어른이자 가장, 도덕적 교육자에 집중되었다. 가족을 위해 중요한 결정을 내리고 자녀가 올바른 가치관을 갖도록 인도하는 존재였던 셈이다. 하지만 산업혁명 이후에는 도덕적 역할이 약해지고 대신 생계 부양과 성 역할모델의 기능이 중요해졌다. 그러다 1970년대에 들어 비로소 '돌보는 아버지'로서의 역할이 제시되었고, 심리학계는 아버지의 양육 참여가 자녀의 삶에 미치는 영향을 본격적으로 연구하기 시작했다.

이러한 변천사에서 알 수 있듯이 아버지라는 신분과 역할은 결코 단순하지도, 평면적이지도 않았다. 아버지의 역할을 수행하는 정도도 개인에 따라 달라진다. 예를 들어 어떤 아버지는 돌보는 역할을 많이 하는 대신 가장으로서의 역할이 약하고, 어떤 아버지는 생계 부양에 치중하는 대신 돌봄에 소홀한 식이다.

미국의 심리학자 마이클 램Michael Lamb은 '우리 사회와 문화에서 어머니의 양육자 역할은 줄곧 중요하게 다뤄진 반면, 아버지의 양육자 역할은 지나치게 단순화됐다'며 아버지 역시 복잡하고 다층적인 역할이 있다고 지적했다. 단순히 자녀를 부양하고 성 역할모델이 되는 것뿐만 아니라 자녀의 생활에 적극적으로 참여하며 양육, 소통, 지지, 격려, 반응할 책임이 있다는 것이다.

따라서 가정에서 아버지의 상태는 단순히 있거나 없거나로 표현할 수 있는 것이 아니다. 앞서 언급했듯이 어떤 역할에서는 '재중'이지만 어떤 역할에서는 '부재중'일 수 있다. 이처럼 사회적 의미의 부성에는 여러 가지 측면이 있기 때문에 아버지의 양육 참여 정도가 자녀의 성장에 미치는 영향 또한 우리의 상상 이상으로 깊고 복잡하다.

그래서 이번 편에서는 사회적 의미의 부성에 중점을 두었다.

두 살 남아가 아빠를 좋아하는 이유　　　심리학의 애착 이론 연구도 아버지의 영향력을 간과한 채 어머니와 자녀의 애착 관계에 집중된 경향이 강하다. 그러나 마이클 램에 따르면 갓난아이는 출생 첫해에 아버지와 어머니에게 고루 애착을 보인다. 비록 어머니를 좀 더 선호하고 어머니와 떨어졌을 때 분리불안을 더 많이 느끼기는 하나, 어쨌든 아버지에게도 애착을 갖는 셈이다. 그러다 출생 24개월에 접어들면 여아가 아버지와 어머니 모두에게 비슷한 정도의 애착을 보이는 것과 달리 남아는 아버지와의 교류를 훨씬 좋아하기 시작한다.

캐나다 심리학자 대니얼 파케트Daniel Paquette는 아버지와 자녀의 애착 관계를 '활성화된 관계Activation Relationship'라고 하면서, 어머니와의 관계는 아이에게 주로 위로와 안정감을 선사하는 데 비해 아버지와의 관계는 아이와 바깥세계를 연결해주는 통로 역할을 한다고 설명한다. 바람직한 부녀/부자 관계는 아이에게 새로운 정서적 자극과 호기심을 부여하며 한계에 도전하고 위험에 직면할 용기를 얻게 한다. 또한 스트레스를 감당하는 정도나 새로운 환경에 적응하는 능력도 아버지와의 긍정적 관계를 통해 강해진다.

아버지와 자녀가 '활성화된 관계'를 맺는 주된 방법은 바로 신체놀이다. 1975년 미국의 아동의학 전문가 밀턴 코텔척Milton Kotelchuck이 밝힌 바에 따르면 아버지는 아이와 함께하는 시간의 4분의 3을 놀이에, 나머지 4분의 1을 돌봄에 썼다. 그에 비해 어머니는 놀이와 돌봄에 비슷한 시간을 투자했으며 신체놀이보다는 인지놀이를 더 많이 했다.

만 두 살부터 초등학생이 되기 전, 즉 유아기에는 잦은 신체놀이가 아버지와 자녀가 돈독한 관계를 맺는 최고의 방법이다. 심리학자 대니얼 파케트는 그중에서도 '거친 신체놀이Rough-and-Tumble Play'가 아이의 책임감과 자신감, 경쟁력을 기르는 데 효과적이라고 보았다. 거친 신체놀이의 효과는 특히 아버지와 아들 관계에서 두드러진다. 이런 놀이를 할 때 아버지는 딸보다 아들에게 더 어려운 상황을 설정해주고, 졌을 때도 더 큰 대가를 치르도록 하는 경향이 강하다. 또한 잡기놀이나 힘겨루기, 모험놀이도 훨씬 격렬하게 하는 경우가 많다. 바로 이런 거친 신체놀이를 통해 아들은 신체와 정신을 더 많이 단련하게 된다.

장기적 측면에서 이런 거친 신체놀이는 진학 이후 자녀의 경쟁력 향상에도 도움이 된다. 특히 경쟁에 따른 스트레스를 조절하고 갈등 상황에 대처하는 능력을 기르는 데 효과적이다. 이런 효과는 여아보다 남아에게서 더욱 두드러진다.

아버지 양육에 필요한 요소　　　　심리학자 마이클 램은 아버지의 양육 참여도에 필요한 요소와 이를 판단하기 위한 지표가 필요하다고 보았다. 다음은 마이클 램이 제시한, 아버지의 양육에 필요한 요소 3가지다.

상호작용성　아버지와 자녀 간의 직접적인 상호작용 정도를 가리킨다. 상호작용은 대화, 돌봄, 놀이 등 여러 가지 형식으로 나타날 수 있다.

접근성　자녀가 아버지에게 접근하거나 함께할 잠재 가능성을 말한다. 즉, 자녀가 아버지를 필요로 할 때 반응과 결과를 얻을 수 있다고 자녀가 확신할수록 접근성이 높다고 할 수 있다.

책임성　자녀의 성장에 필요한 자원을 충분히 제공하고 있는지의 여부다. 여기에는 물질 자원뿐만 아니라 무형적 자원도 포함된다.

전체적으로 보면 현대 사회에서 아버지가 자녀의 생활에 참여하는 정도는 여전히 어머니보다 낮게 나타난다. 미국 가정을 대상으로 한 연구 결과에 따르면 어머니가 전업주부인 경우, 아버지가 자녀와 직접적인 상호작용을 하는 시간은 어머니의 4분의 1 수준이었고 '접근 가능'한 시간 역시 어머니의 3분의 1 수준에 불과했다.

어머니가 워킹맘인 경우도 결과는 비슷했다. 아버지와 자녀의 직접적 상호작용 시간은 어머니의 3분의 1, 접근 가능 시간은 어머니의 65퍼센트에 불과했던 것이다.

최근 몇 년간 아버지가 양육에 참여하는 비율이 다소 높아지긴 했으나 아버지가 양육에 쏟는 절대적인 시간과 에너지가 늘었다기보다는 어머니가 양육에 쏟는 시간과 에너지가 줄어든 영향이 더 컸다.

아버지의 부적절한 양육이 부른 부작용

　아버지의 양육 참여가 자녀에게 영향을 미치는 정도는 인격 형성, 인지, 행동, 더 나아가 성인이 된 후의 친밀 관계에 이르기까지 광범위하다. 아버지가 없거나, 있더라도 양육 참여도가 현저히 떨어지는 아이는 그렇지 않은 아이보다 문제행동을 할 확률이 높았으며 부성애를 극도로 갈구하는 성향이 강하게 나타났다.

　문제행동이 높다　　　인생 초기, 아버지의 양육 참여가 자녀의 인지와 행동 발달을 북돋운다는 것은 종적 연구를 통해 이미 증명된 사실이다. 성별을 막론하고 어린 시절 아버지에게 충분한 돌봄을 받은 아이는 지능지수와 학업성취도가 높고 문제행동이 적은 편이었다. 반대로 아버지에게 충분한 보살핌을 받지 못한 아이는 사회 적응이나 교우 관계, 행동 등에서 더 많은 어려움을 겪었다.

　시사 월간지 《애틀랜틱The Atlantic》이 미국의 가정을 대상으로 조사한 바에 따르면 온전한 가정에서 아버지와 돈독한 관계를 경험한 자녀는 온전한 가정이지만 아버지의 양육 참여도가 낮은 자녀와 비교했을 때 청소년기에 문제행동을 보일 확률이 절반에 그쳤다. 주목할 점은 온전한 가정에서 자랐으나 아버지와 제대로 된 관계를 형성하지 못한 아이가 문제행동을 할 확률이 가장 높았다는 점이다. 심지어 아버지 없이 모자가정에서 자란 경우보다도 높았다.

미성년 자녀가 임신할 확률이 가장 높은 가정은 아버지가 없는 모자가정으로, 온전하고 아버지의 양육 참여도가 높은 가정의 확률보다 3배 정도 높았다. 온전한 가정이지만 아버지와 관계가 소원한 경우도 청소년기 임신 확률이 상당히 높게 나타났다.

우울증 발병률이 높다　　　아버지의 양육 참여는 자녀의 정신건강에도 적잖은 영향을 준다. 온전한 가정이지만 아버지의 양육 참여도가 낮은 아이는 우울증 발병 확률이 모자가정의 아이보다 높았다. 아버지와 평범한 관계인 아이에 비하면 2배, 아버지와 좋은 관계인 아이에 비하면 3배나 높게 나타났다.

뿐만 아니라 아버지에게 정상적인 관심과 적절한 통제를 받은 아이에 비해 중독 장애나 성격 장애, 충동 조절 문제나 파괴적 행동이 나타날 가능성이 컸다.

남성상의 모델이 되다　　　결론부터 말하자면, 어린 시절에 아버지와의 관계가 좋을수록 성인이 된 후 안정적 친밀 관계와 원만한 결혼 생활을 유지할 확률이 높다.

아버지는 자녀가 인생 최초로 접하는 남성상이다. 아이는 아버지를 보며 '남자란 마땅히 이러해야 한다'는 기준을 내면화하고, 아버지가 여성을 대하는 방식을 보며 나름의 여성관을 세워간다. 연구에 따르면 아버지가 어머니와 집안일을 분담해서 하는 경우, 아들과 딸 모두 바람직한 여성관을 갖는 것으로 나타났다. 특히 이런 아버지 밑에서 자란 딸은 자존감이 높고 스스로 사랑받을 자격이 있다고 여겼으며, 원대한 포부와 뚜렷한 자기발전 욕구를 보였다.

아버지와의 애착 관계가 성인이 된 자녀의 애착 유형에 미치는 영향은 어머니 못지않게 지대하다. 애착 이론에서 아기는 부모와 인생 최초의 애착 관계를 맺는데, 아버지와 어머니의 반응 모두 아기의 애착 유형 형성에 결정적인 역할을 한다. 즉, 부모 둘 다 반응하며 애정을 쏟으면 아이는 안정애착이 되지만, 둘 중 하나라도 잘 반응하지 않거나 일관되지 않은 애정을 보이면 불안정애착이 될 수 있다.

딸의 입장에서 아버지는 태어나 처음으로 관계를 맺는 남성이다. 이는 아버지의 특성이 이성애자인 딸의 친밀 관계에 영향을 미칠 수밖에 없는 이유다. 연인이나 배우자를 찾을 때 딸은 무의식적으로 아버지를 떠올린다. 그리고 아버지와 닮은 사람을 고르거나 혹은 아버지와 정반대인 사람을 고른다. 또한 아버지와의 관계가 안정적이었느냐에 따라 성인이 된 후 친밀 관계에서 얻는 안정감의 정도가 달라진다.

자녀와 아버지의 관계 외에 아버지가 어머니 혹은 친밀한 관계에 있는 다른 여성을 대하는 태도나 그들의 관계도 자녀에게 중요한 영향을 미친다. 개인이 태어나 처음으로 보는 친밀 관계 모델이기 때문이다. 우리는 부모를 보며 한 사람을 사랑하는 방식을 배운다. 아버지가 배우자를 사랑하고 신뢰하며 존중하는 모습을 보면서 자녀는 자연스레 한 사람을 사랑하고 신뢰하는 법을 깨치게 된다. 또한 이런 방식으로 누군가를 사랑하면 자신도 똑같이 사랑받을 수 있다는 믿음을 갖게 된다.

자녀는 아버지가 갈등을 다루는 방식에서도 많은 영향을 받는다. 최악의 시나리오는 아버지가 갈등 상황에 폭력적으로 대처하는 경우다. 정신적이든 신체적이든 아버지가 친밀한 상대에게 폭력을 휘두르는 모습을 보고 자란 아이는 무의식중에 친밀 관계에 폭력이 개입될 수도 있다는 잘못된 인식을 갖게 된다. 그 결과는 참담하다. 어른이 된 후 친밀 관계에서 갈등이 생기면 직접 폭력을 쓰거나 또는 폭력을 당하면서도 이를 당연하고 무기력하게 받아들일 수 있기 때문이다.

이처럼 아버지의 양육 참여의 질을 판단할 때, 자녀와 얼마나 많은 시간을 보내는지는 그다지 중요하지 않다. 미국의 의학 전문가 모린 블랙 Maureen Black 은 이혼 등의 사유로 자녀와 한집에 살지 않으면서도 여전히 높은 양육 참여도를 보이는 아버지들이 있다는 사실에 주목했다. 이는 양육 참여에서 물리적 측면보다 감정적 측면이 더 중요하다는 사실을 시사한다.

자녀의 경쟁력을 키우는 아버지 양육법

가정에서 자녀에게 아버지로서 역할을 제대로 하려면 자녀와 자주 소통하고 보듬으면서 안정된 느낌을 갖게 해주는 것이 가장 중요하다. 그러다 보면 남자이자 아버지가 자녀를 대하는 태도를 통해 아들은 여성을 대하는 올바른 태도를, 딸은 남성이 여성을 대하는 올바른 태도를 자연스럽게 배우고 익히게 된다.

'권위형'으로 양육하기   심리학자들은 자녀가 인생에서 경쟁력을 갖기 바란다면 권위형 양육을 하라고 제안한다. 이때 권위는 독재와 전혀 다르다는 점을 주의해야 한다.

1965년 미국 심리학자 다이애나 바움린드Diana Baumrind는 양육 방식을 평가하는 2가지 척도로 '애정'과 '통제'를 제시했다. 그리고 이에 따라 양육 유형을 권위형, 독재형, 허용형, 무시형 등 4가지로 구분했다.

그중 권위형은 높은 수준의 애정과 높은 수준의 통제를 보이는 양육 방식이다.

미국의 로라 파딜라 워커Laura Padilla-walker 교수는 2012년 연구를 통해 아버지의 권위형 양육이 자녀의 자제력 향상과 강인한 성품 함양에 유리하다는 사실을 확인했다.

권위형 양육은 무조건 자녀를 통제하는 독재형과 전혀 다르다. 자녀를 높은 수준으로 통제하는 동시에 그에 못지않은 애정을 쏟아야 비로소 권위형 양육이라 할 수 있다.

다음은 권위형 양육 유형이다.

- 자녀가 충분히 느낄 수 있을 만큼 애정을 표현한다.
- 규칙을 중시한다. 이때 규칙에는 반드시 타당한 이유가 있어야 하며, 왜 이런 규칙이 필요한지 먼저 자녀에게 설명해야 한다. 또한 감정적으로 체벌하거나 훈육하지 않는다. 때로 자녀가 자기 잘못이 무엇인지조차 모를 수도 있기 때문에 훈육할 때는 더더욱 신중하게 한다.
- 자녀의 독립성과 자주권을 인정한다. 권위는 아이의 인생을 내 뜻대로 조종하는 것이 아니라는 점을 잊지 않는다.

'아버지'란 세상에서 가장 복잡한 의미를 지닌 단어다. 아버지는 가장이자 보호자이며 때로는 위험, 심지어 적이기도 하다. 그러나 바로 그렇기에 자녀들은 아버지를 보면서 배우고 어려움을 극복함으로써 더욱 크고 강한 사람이 될 수 있다.

권위형으로 양육하다

남자이자 아버지가 자녀를 대하는 태도를 통해
아들은 여성을 대하는 올바른 태도를,
딸은 남성이 여성을 대하는 올바른 태도를
자연스럽게 배우고 익힌다.

자녀의 경쟁력을 키우는 권위형 양육법이다.
충분한 사랑과 애정 표현하기
규칙 중시하기
타당한 이유가 있는 규칙 정하기
감정적으로 체벌하거나 훈육하지 않기
자녀의 독립성과 자주권 인정하기

권위는 아이를 내 뜻대로 조종하는 것이 아니다.

27 · 모성

27

엄마라는 이유로
왜 '모성'이 강요될까?

우리는 외부로부터 엄마가 얼마나 좋은 존재인지를
끊임없이 듣는다. '아이한테는 엄마가 최고야.'
'엄마가 자녀에게 미친 영향력은 평생을 간다.'
온 사회가 모성의 위대함과 절대성을 찬양하다.

모성은 정말로 위대한 것일까?
모성은 타고나는 걸까, 만들어지는 걸까?
엄마는 자식을 위해 무조건 희생해야 하는 걸까?

어린 소녀일 때부터 모든 여성은 능동적이든 수동적이든, 의식적으로든 무의식적으로든 '엄마가 될 준비'를 한다. 그리고 첫 생리를 하면 신체적, 심리적, 사회적으로 엄마가 될 가능성이 여성 안에 생겨난다.

우리는 외부로부터 엄마가 얼마나 좋은 존재인지를 끊임없이 듣는다. '아이한테는 엄마가 최고야'라는 가벼운 말부터 '엄마가 자녀에게 미친 영향력은 평생을 간다'나 '여자는 엄마가 되어야 비로소 완벽한 여성이 된다', '모성은 가장 이타적인 것이다' 같은 엄중한 단언까지. 마치 온 사회가 모성의 위대함과 절대성을 찬양하는 듯하다.

모성은 정말로 위대한 것일까? 모성은 타고나는 걸까, 만들어지는 걸까?

이번 편에서 다룰 내용은 우리가 미처 알지 못했던 모성과, 그 모성이 여성의 심리 발달에 미치는 영향이다.

가부장적 사회가 만든, 제도화된 모성

'제도화된 모성'은 미국의 시인이자 페미니스트 에이드리언 리치_{Adrienne} Rich 가 1976년에 제시한 개념으로, 가부장적 사회가 기대하고 바라는 대로 빚어진 모성을 가리킨다.

가부장적 사회는 모성을 재고의 여지가 없는 존재, 절대적 정의로 만들었다. '여자로 태어난 이상 언젠가는 엄마가 되어야 한다'는 암묵적 동의가 사회 주류에 형성된 것이다. 그 결과 여성에게 엄마가 되는 것은 선택의 여지가 없는 선천적인 임무처럼 여겨지기 시작했다. 여성과 임신, 출산, 양육이 자연스럽게 하나로 묶여 의심조차 할 수 없는 고정 조합이 된 것이다. 또한 이러한 고정 조합은 '혈연'에 대한 애착과 집착으로 이어졌다. 사람들이 대리모 출산을 부정적으로 인식하는 여러 이유 중에는 유전자로는 친자식이 맞다 해도 엄마가 직접 임신과 출산의 과정을 겪지 않는 데 대한 거부감도 있다.

모성이라는 틀 이외에 가부장적 사회가 모성에 덮어씌운 두 번째 틀은 바로 '자녀의 가장 중요한 양육자는 엄마'이며 '엄마는 자식을 위해 자신의 모든 것을 희생할 수 있다'는 개념이다. 최근에는 아빠가 주 양육자 역할을 맡는 가정도 많지만, '아이를 돌보는 사람'이라고 하면 사람들은 여전히 엄마를 먼저 떠올린다. 또한 엄마가 자식을 위해 자신을 포기했다는 이야기를 들으면 감동하면서도 당연하게 여기는 반면, 엄마가 자식보다 자신을 우선시했다는 이야기를 들으면 '무슨 엄마가 저러느냐'며 탄식한다.

이렇듯 사회에 의해 '만들어진 모성'은 출산에 대한 여성의 선택권뿐만 아니라 '엄마'라는 신분 수행의 내용과 기준에도 깊은 영향을 미친다.

에이드리언 리치는 엄마가 되는 일이 지혜나 개인 역량이 아니라 타고난 천성과 직관이라 여겨지는 것도, 엄마에게 자아 실현보다는 이타적이고 자기 희생적인 태도가 요구되는 것도 전부 제도화된 모성이라고 지적했다. 사회가 여성에게 '신성한 모성'을 강요하는 셈이다.

사회가 규정한 각인된 '엄마' 이미지

엄마가 되는 과정은 필연적으로 자신을 한 명 혹은 몇 명의 타자에게 넘겨주는 과정이다. 이 과정은 매우 급격하고 격동적으로 이뤄진다.

먼저 신체적 측면을 생각해보자. 임신하는 순간 내 몸은 더 이상 나 혼자만의 것이 아니다. 단순히 밥을 먹어도 나만이 아니라 배 속의 태아까지 생각해야 한다. 더 이상 나의 '자기이익Self-Interest'이 최우선 순위가 될 수 없다.

여성에게 적용되던 가혹한 신체 기준도 임신을 기점으로 급격하게 변한다. 적게 먹고 날씬하고 아름답게 꾸미라고 요구하던 사회가 갑자기 더 많이 먹고, 화장도 하지 말고, 뚱뚱해도 괜찮다는 메시지를 보내기 시작한다. 스스로 엄격한 외모 기준을 갖고 있던 여성도 배 속의 아기를 위해서라면 어느 정도 포기한다. 여성의 몸에서 다른 의미는 다 사라지고, 오로지 아기를 기르고 낳는 기능만 남는다.

엄마가 된다고 해서 나의 주체성이 다른 주체로 인해 완전히 소멸되지는 않는다. 엄마가 되었다 하여 스스로에게 가졌던 기대가 전부 다 사라지지도 않는다. 그러나 자신을 둘러싼 상황은 이미 너무도 크게 달라져버렸다. 엄마가 된 여자는 여전히, 아니 예전보다 더 많이 고민한다. 자기만의 시간이 없어져서 고민하고, 달라진 몸 때문에 고민하며, 아이로 인해 송두리째 바뀌어버린 자신의 인생 때문에 고민한다.

제도화된 모성은 모성을 여성의 당연한 부분, 고유한 특성으로 편입시킴으로써 여성의 선택할 권리를 제한한다. 이 때문에 여성은 가임 연령이 되면 임신과 출산을 선택해서 자신의 완전함을 증명해야 한다는 사회적 시선에 시달린다. 즉, 끝까지 아이를 낳지 않으면 불완전한 여성이 되는 셈이다.

이런 사회에서 여성에게 출산은 개인의 선택이 아니라 반드시 해내야 할 과업이나 다름없다. 제때 달성하지 못하면 실패감이 들고, 스스로가 무가치하게 느껴지며, 평생 걱정으로 안고 가야 할 과업 말이다. 혼기를 넘긴 여성이 같은 조건의 남성보다 결혼에 대한 고민이 깊은 것도 결국은 출산 때문이다. 아직까지 우리 사회 통념상으로는 결혼을 해야 아이를 낳을 수 있다고 생각한다. 결혼이 늦어지면 출산도 늦어진다. 남자는 아이를 낳는 데 신체적 기한이 없지만 여자는 그렇지 않다. 이런 이유로 여성은 결국 자신도 모르게 만혼을 두려워하며 한 살이라도 젊을 때 결혼하려고 서두르기도 했다.

제도화된 모성은 아이의 양육 과정에도 영향을 준다. 가부장적 사회는 엄마라는 존재를 사랑이 넘치는 이미지로 덮어씌우고, 무한한 자기희생과 이타심의 아이콘으로 만들었다. 그 결과 엄마는 자녀를 무조건 사랑하며, 너그러움과 포용으로 양육하고, 언제든 아이를 최우선으로 해야 한다는 인식이 사람들 안에 고정관념처럼 뿌리내렸다. 그 뿌리가 어찌나 깊은지 여성 자신도 '올바른 어머니의 모습'을 추구하며 그 모습과 어긋날 때마다 엄청난 자책과 죄책감에 시달린다. 그러나 무한한 자기희생과 이타심은 인류의 본성과도, 인간관계의 현실과도 맞지 않는다. 애초에 인간으로서 가능하지 않은 일을 엄마가 된 여성에게 요구하는 것이다.

페미니스트 에이드리언 리치는 자신의 경험을 예로 들어 제도화된 모성의 영향력을 설명했다. 어느 날, 성인이 된 자녀가 그녀에게 말했다.

"돌아보면 엄마는 항상 '난 이 아이들을 사랑해야만 해'라고 생각하고 있었던 것 같아요. 하지만 인간관계에서 한 사람이 다른 한 사람을 언제나 변함없이 사랑한다는 건 사실 말도 안 되는 소리 아닌가요?"

평생 깬 여성이자 페미니스트로 살아온 그녀였지만 이 말을 들었을 때 자신도 제도화된 모성의 영향력에서 벗어나지 못했다는 사실을 깨달았다고 한다.

미국 정신병리학자이자 정신분석가 바버라 아몬드Barbara Almond의 문제 작《엄마는 아이를 사랑하고 미워한다The Monster Within: The Hidden Side of Motherhood, 간장, 2013》는 모성의 양가 감정을 다루고 있다. 모성에는 긍정적 감정뿐만 아니라 부정적 감정도 있다는 것인데, 우리 사회는 아직까지 이 사실을 불편하게 여기며 입에 올려서도 안 되는 죄악인 양 치부한다. 마치 방 안에 꼭꼭 숨겨둔 괴물처럼 말이다.

바버라 아몬드에 따르면 엄마와 아이는 자신도 모르는 사이에 사회의 기대 속으로 편입된다. 특히 엄마는 사회가 규정한 엄마의 이미지를 내면 화하려고 고군분투한다. '엄마란 마땅히 이러해야 한다'는 기대를 받으며 자신 안의 부정적 감정과 싸운다는 것이다. 엄마라고 해서 질투나 분노, 실망, 두려움, 외로움을 느끼지 않을 리 없다. 그런데도 이런 감정이 올라오 면 반사적으로 부인하게 된다. 엄마에게 부정적인 감정이란 있어서도 안 되고, 표현해서도 안 되는 것이기 때문이다. 그래서 엄마가 된 여성은 무 의식적으로 부정적 감정을 억누르며, 적어도 아이에게만큼은 드러내지 않 으려고 애쓴다.

"엄마는 항상 초긴장 상태다. 모든 일을 '정확하게' 하겠다는 엄청난 결 심을 했기 때문이다."

엄마는 아이에게 언성을 높이면 안 된다. 아이 앞에서 불쾌한 감정을 드 러내거나 울어서도 안 된다. 엄마는 늘 행복하고 즐거운 얼굴로 아이를 대 해야 한다. 이렇게 하지 못했을 때, 대부분의 '엄마'는 엄청난 당혹감을 느 낀다. 그리고 자기 의심과 자책, 죄책감, 심지어 우울한 정서에 빠진다.

이처럼 모성에 대한 제도화는 여성에게 무거운 짐과 한계를 지우며 '엄마가 되는 것'을 부담스러운 일로 만들어버렸다. 엄마라는 역할에 앞서 언급한 내용과 기준이 덧씌워지면서 여성은 자신의 아이를 자연스럽게 사랑할 수도, 자연스러운 자신이 될 수도, 둘 사이에 균형을 찾을 수도 없게되었다. 엄마라는 이름에 갇혀 아무런 가능성도 갖지 못하게 된 것이다.

여자에서 엄마가 되어가는 심리적 과정

실제로 엄마의 자리를 감당하는 일은 상상을 초월할 정도로 복잡하고 어렵다. 그에 비하면 엄마의 역할에 대한 사회적 기대는 별것 아닐 정도다. 한 아이의 엄마가 되는 과정을 통해 여자는 가장 큰 고통과 고난, 기쁨과 신비를 한꺼번에 겪는다.

아이를 출산한 후, 여성의 두뇌는 고도로 집중된 상태를 보이며 감정 이입과 사회적 교류를 담당하는 영역이 활성화된다. 호르몬 역시 빠르게 분비되며 아이를 향한 정서적 유대가 강화된다. 이와 동시에 불안, 우울, 강박, 공포와 관련된 영역이 활발해지며 갓 태어난 아기의 욕구에 즉각적이고 민감하게 반응할 수 있도록 뇌의 편도체(정서를 조절함)가 고도로 활성화된다.

이러한 대뇌의 변화 탓에 출산한 여성의 6분의 1 정도가 산후우울증을 겪고, 그보다 많은 수가 반복해서 손을 씻거나 수시로 아기의 호흡을 확인하는 등의 강박적인 행동을 보인다. 아기의 건강을 끊임없이 걱정하는 등 강박적 사고가 생기는 경우도 적지 않다.

심지어 임신과 출산 경험이 외상 후 스트레스 장애를 야기하기도 한다. 유산으로 태아를 잃은 경우뿐만 아니라 조기 양막 파열, 조산, 혹은 여타 이유로 출산 과정에서 문제를 겪거나 아기가 태어나자마자 신생아집중치료실에 들어간 경우가 특히 그렇다. 몇 년이 흐른 뒤에도 여전히 밤에 놀라서 깨고, 수시로 건망증에 시달리는 등 후유증도 심각하다.

호주의 심리학자 레슬리 바클레이Lesley Barclay는 여성이 어머니가 되는 과정에서 보이는 심리 상태를 아래와 같이 설명했다.

알고 있었지만 이렇게까지 힘들 줄이야   완벽하게 준비된 상태에서 엄마가 되는 여성은 거의 없다. 대개는 그 과정을 모호하고 막연하게만 알고 있을 뿐이다. 교사이자 평범한 엄마인 조디 펠타슨Jody Peltason은 이렇게 말한다.

"엄마가 되기 전에도 이 일이 힘들 거라는 건 알았어요. 하지만 시트콤 드라마에서 보는 그런 정도의 힘듦일 거라 생각했죠. 매 에피소드가 완벽한 해피 엔딩은 아니어도 '작은 기쁨'의 순간들이 수없이 이어지고, 어쨌든 인생은 살 만하구나 하면서 미소 짓게 되는 그런 종류 말이에요. 하지만 실제로 엄마가 된다는 일에 '작은 기쁨'은 생각처럼 많지 않고, 미칠 것 같은 심정으로 고군분투해야 하는 순간이 계속 이어진다는 사실을 진짜 엄마가 되고 나서야 알게 됐어요."

거의 모든 여성이 엄마가 된 후 자신이 그러리라 예상했던 것과 현실 사이에 엄청난 간극을 느낀다. 아이를 낳고 기르는 것은 상상과 전혀 다르며, 이전의 어떤 경험으로도 이해할 수 없는 완전히 새로운 일이다. 기존의 심리와 사고방식으로는 제대로 대응하기 어려울 정도다. 이러한 사실에서 비롯된 당혹감과 불안함은 병원에서 아기를 안고 집으로 돌아온 처음 몇 달 동안 빈번하게 나타난다.

모든 에너지가 고갈되는 게 느껴져요　　　엄마가 된 여성은 누구나 신체적, 정신적 피로에 시달린다. 과중한 노동과 턱없이 부족한 잠으로 완전히 지치고 텅 비게 된다. 그중에서 아이를 돌보는 일상적인 노동보다 아이의 끝없는 감정적 요구에 응답해야 한다는 사실이 엄마에게는 더 큰 스트레스다.

현실은 오로지 나 혼자 감당할 수밖에　　　대부분 엄마가 되는 것은 혼자서 감당해야 하는 일이다. 실제로 출산 후 아이를 기르는 과정에서 수많은 여성이 사회와 격리되어 아무런 도움도 받지 못한다는 기분에 시달린다. 배우자가 곁에서 잘 도와줘도 마찬가지다.

사회가 엄마에게 자녀 양육의 책임을 지운 만큼, 여성은 배우자에게 아기를 맡기면서도 알 수 없는 죄책감과 모순된 심리를 느낀다. 또한 항상 '나 자신 외에는 아무 데도 기댈 곳이 없다'는 외로움을 느낀다.

삶의 중심이 내가 아닌 걸 느끼는 순간　　　항상 모자란 시간과 에너지, 끊기다시피 한 친구 관계와 사회적 인간관계, 더 이상 예전처럼 살 수 없다는 깨달음, 계속 손이 가는 아이 때문에 돌아볼 새가 없는 남편과의 관계까지 ……. 엄마가 된 여성은 생활 곳곳에서 상실감을 느낀다.

이와 동시에 나의 인생이 더 이상 내 것이 아니며, 삶이 더 이상 자신이 아니라 아이를 중심으로 돌아간다는 점에서 자아의 상실감까지 겪는다. 그래서 종종 아이를 낳기 전의 자유로웠던 시절을 떠올린다. 또한 좌절을 겪을수록 엄마로서 자신의 자질과 능력을 의심하며 자존감과 자신감에 타격을 입는다.

엄마로서의 기능을 갖춘다는 뿌듯함　　　힘든 일과 어려운 상황, 부정적 감정이 난무하긴 하지만 어쨌든 언젠가는 모든 게 해결되기 마련이다. 이런 어려움을 하나하나 해결해나갈 때마다 여성은 자신이 엄마로서의 기능을 하나씩 갖추어나가고 있다는 뿌듯함을 느낀다. 또한 주변의 엄마들과 서로 경험을 비교하고 나누면서 이 점을 끊임없이 확인하며 힘을 얻는다. 엄마가 된 여성에게는 이런 긍정적 감정이 꼭 필요하다.

기나긴 양육의 과정을 지치지 않고 완주하려면 스스로 문제를 해결할 수 있다는 확신과 엄마로서의 자신감이 반드시 있어야 하기 때문이다.

나를 지키면서 현명하게 육아하는 방법

엄마는 만능이 아니다. 엄마와 아이의 관계도 우리가 단순히 묘사하는 것처럼 천편일률적이지 않다. 엄마도 부정적인 감정을 가질 수 있고, 아이와 복잡한 관계가 될 수도 있다. 여성은 스스로 엄마가 될 것인지 말 것인지를 선택할 권리가 있다. 마찬가지로 엄마가 되기로 선택한 후에는 사회적 기대와 관념에 얽매이거나 부담을 느끼지 않을 권리가 있다.

만약 당신이 엄마라면 부디 기억하길 바란다. 아이가 관심과 사랑을 받으며 건강하게 자라는 것은 물론 중요한 일이다. 그러나 그 과정에서 엄마도 스스로에게 자비를 베풀 수 있어야 한다. 먼저 엄마 자신을 돌봐야 아이도 잘 돌볼 수 있다.

그런 의미에서 다음의 몇 가지 조언을 마음에 꼭 새겨두자.

완벽한 모성애는 없다　　　무조건 완벽한 모성애와 교육을 추구하지 않는다. 엄마도, 아이도 모두 실수할 수 있다. 잘못할 수도 있다. 이 점을 인정하고 너그러이 허락하자. 엄마 노릇은 '태어나면서부터 저절로 할 수 있는' 일이 아니다. 다른 역할(남편/아내)과 마찬가지로, 혹은 직장에서의 새로운 직위와 마찬가지로 부단히 배우고 시도하며 점차 익숙해질 수 있을 뿐이다. 따라서 좀 더 능수능란해지고 책임을 다할 수 있게 되려면 일정 기간 이상 시간이 걸린다.

아이보다 부부가 먼저　　아이에게 부모가 친밀하게 소통하며 서로 아끼는 모습을 보여주는 것만큼 좋은 교육은 없다. 게다가 아이들은 종종 아주 어린 시절의 일도 기억하지 않는가. 아이가 태어나도 가정의 중심은 여전히 부부다. 따라서 아이를 돌본다는 이유로 부부 사이가 소홀해지지 않도록 주의해야 한다. 부부의 필요보다 아이의 필요를 우선시하는 것은 더더욱 금물이다.

나만을 위한 시간 갖기　　아이가 생기면 집안일의 규모가 달라진다. 어떤 날은 하루 종일 엉덩이 한 번 붙이고 앉기 힘들 정도다. 하지만 그럴수록 자신을 위한 시간을 만들어야 한다. 하루에 단 십오 분이어도 좋다. 그 시간만큼은 설거지도 빨래도 밥도 하지 말고, 책을 읽거나 목욕을 하는 등 자신에게 집중한다. 이도저도 여의치 않으면 최소한 아무것도 하지 말고 눈을 감은 채 가만히 앉아 있기라도 하자.

주변의 도움 구하기　　엄마니까 자신이 모든 것을 짊어져야 한다고 생각할 필요는 없다. 주변 사람에게 최대한 도움을 구하고, 양육 과정에서 생기는 부정적 감정을 두려움 없이 나누고 공감할 수 있는 육아 메이트를 찾는다. 비슷한 경험을 가진 이들과 이야기하고 교류하다 보면 여러 가지 육아의 고민과 답답함이 해소되면서 한층 여유를 느낄 수 있다.

엄마도 보통 사람이다　　　자녀의 미래만 생각하지 말고, 자신의 미래도 생각하며 어느 정도 계획을 세운다. 만약 당신이 아직 자녀의 입장이라면, 어머니의 관심과 사랑을 '당연히 그래야 하는 것'으로 여기지 않기를 바란다. 부모도 다양한 감정을 느끼며, 장점과 단점을 가진 보통 사람이다. 이 사실을 깨달으면 부모와 좀 더 풍부한 관계를 맺을 수 있다.

만약 자신의 어머니가 자식밖에 모르는 것 같다면, 그 부분에 대해 솔직히 터놓고 이야기를 나눠보자. 또한 어머니가 독립적이고 자주적으로 자신의 인생을 살 수 있도록 격려하고 응원하자.

자기 자신을 가만히 들여다보면 부모를 닮은 면이 참으로 많다는 사실을 깨닫게 될 것이다. 이를 인정하고 성숙한 한 사람의 어른으로서 부모와 새롭게 소통하는 방식을 찾아보자.

에이드리언 리치는 '어머니의 과도한 희생이 어머니 자신을 망칠 뿐 아니라 딸도 망친다'고 했다. 딸들은 희생하는 어머니의 모습을 보면서 '여자는 저래야 한다'는 생각을 갖게 되기 때문이다. 여성의 몸은 출산을 위한 것이 아니며, 사회의 공공재도 아니다. 따라서 여성의 몸을 그 자신에게 돌려주고 어떻게 사용할 것인지 스스로 선택할 수 있게 해야 한다. 또한 '어머니'라는 단어 역시 책임감, 자기희생, 이타심 등의 단어와 완전히 분리할 필요가 있다. 당신이 누구든 간에, 먼저 자기 자신이 되기를 바란다.

나만의 시간을 갖다

여성은 스스로 엄마가 될 것인지 말 것인지를
선택할 권리가 있다. 엄마가 되기로 선택한 후에는
사회적 기대와 관념에 얽매이거나
부담을 느끼지 않을 권리도 있다.

아이가 관심과 사랑을 받으며 자라는 것은 중요하다.
그 과정에서 엄마도 자신에게 자비를 베풀어야 한다.
엄마 자신을 돌봐야 아이도 잘 돌볼 수 있다.

나를 지키면서 현명하게 육아하는 마음가짐이다.
완벽한 모성애는 없다고 인정하기,
아이보다 부부를 우선하기, 나만을 위한 시간 갖기,
주변의 도움 구하기, 엄마도 보통 사람임을 인정하기

28 · 모자 관계

28

어머니는 아들을
왜 마마보이로 만드는가?

아들이 성장함에 따라 어머니와 아들의 관계는
건강하고 안정적인 애착을 맺거나, 반대로
건강하지 못한 애착을 맺는 방향으로 나아간다.

건강한, 또는 건강하지 못한 모자 관계란 무엇일까?
어머니와의 관계는 성인이 된 후
아들의 정서와 행동, 친밀한 관계에
어떠한 영향을 줄까?

우리는 주변에서 어머니가 아들의 연애나 결혼 생활에 지나치게 간섭해서 문제를 일으키는 상황을 흔히 접한다. 건강한, 또는 건강하지 못한 모자 관계란 무엇일까? 어머니와의 관계는 성인이 된 후 아들의 정서와 행동, 친밀 관계에 어떠한 영향을 줄까?

심리

보편적인 성장 과정, 오이디푸스 콤플렉스

심리학 관점에서 볼 때 어머니와 아들이 감정적으로 복잡하고 깊게 얽혀 있는 것은 결코 바람직하지 않다.

사람이 태어나 최초로 애착 관계를 맺는 존재는 주양육자이고 대개의 경우 주양육자는 어머니다. 성 심리가 발달하면서 아들은 어머니를 연모하는 감정을 품게 되는데 이를 일컬어 오이디푸스 콤플렉스라고 한다. 참고로 딸이 아버지를 연모하는 것은 엘렉트라 콤플렉스다.

오이디푸스 콤플렉스는 프로이트가 1897년에 제시한 개념으로, 남근기(3~6세에 해당)에 자신과 성별이 다른 부모에게 성적 애착을, 성별이 같은 부모에게 미움과 공포를 느끼는 복합 감정을 가리킨다.

아들이 어머니에게 강렬한 감정과 갈망을 갖는 것은 개인의 정신 발달 과정에서 보편적으로 나타나는 현상이다. 아들은 어머니를 독점하고 싶다는 욕망을 느끼며 아버지를 질투하고 미워하지만, 동시에 아버지가 자신보다 강하기 때문에 무서워한다.

하지만 이러한 감정은 성장하면서 정신 발달과 함께 자연스레 변한다. 아들은 아버지를 더 이상 적대시하지 않으며 정신적, 이상적인 동일시 대상으로 여기기 시작한다. 또한 어머니를 향한 강렬한 성적 애착을 포기하고, 이를 보편적 의미의 어머니에 대한 사랑으로 승화시킨다.

건강한 혹은 건강하지 못한 모자 관계

아들이 성장함에 따라 어머니와 아들의 관계는 건강하고 안정적인 애착을 맺거나, 반대로 건강하지 못한 애착을 맺는 방향으로 나아간다.

건강한 모자 관계　　어머니와 아들 사이에 안정애착이 형성되었다면 건강한 모자 관계라 할 수 있다. 이 경우 어머니는 아들에게 정서적 버팀목이 되어준다. 또한 아들의 예민함과 나약함을 포용하면서 동시에 어머니를 떠나 독립적이고 강한 개인이 될 수 있도록 응원을 아끼지 않는다. 건강한 모녀 관계도 마찬가지다.

영국의 정신의학자 존 볼비John Bowlby에 따르면 사랑이 넘치며 정서적 요구에 즉각 응답하는 어머니는 자녀가 외부 세계를 탐구할 때 기댈 든든한 배경이 된다. 자녀에게 이런 어머니는 어떤 일을 만나더라도 언제든 돌아가 쉬며 위로와 응원을 얻을 수 있는 안전한 항구 같은 존재다. 이러한 안정적 애착의 '기준'은 아들에게든 딸에게든 똑같이 적용된다.

건강한 애착 관계는 상대를 죽어라 붙들지 않는다. 그렇기에 자녀는 어머니의 독려와 응원을 받으며 어머니를 떠나 더 넓은 세상으로 나아가 새로운 친밀 관계를 맺고, 자신만의 새로운 핵가족을 만들 수 있다.

건강하지 못한 모자 관계　　　건강하지 못한 모자 관계란 어머니와 아들 사이에 불안정애착이 맺어진 경우를 가리키며, 몰입애착형과 회피 애착형이 모두 나타날 수 있다.

먼저 어머니와의 관계에서 몰입애착이 형성됐다면 아들은 이른바 '마마 보이'가 될 가능성이 높다. 영어로 하면 'mama's boy', 즉 마땅히 독립할 나이가 되어서도 여전히 어머니에게 과도하게 의존하며 감정적으로 연결된 남자가 되는 것이다.

물론 어른이 됨과 동시에 어머니를 향한 애착과 친밀함이 전부 사라져야 옳다는 뜻은 아니다. 다만 그 애착과 친밀함이 건강한 범위를 벗어날 때가 문제다. 만약 다 큰 남자가 아래와 같은 행동을 보인다면 십중팔구 어머니에게 몰입애착하는 '마마보이'다.

마마보이가 보이는 행동

- 연인이나 타인이 어머니에 대해 단 한 마디라도 좋지 않은 말을 하면 펄쩍 뛴다.
- 어머니가 하는 일은 모두 옳다고 믿는다.
- 어머니에게 '아니요'라는 말을 하지 못한다.
- 차라리 연인과 싸울지언정 절대 어머니의 심기를 거스르지 않으려 한다.

- 연인과 어머니 사이에 갈등이 생기면 티가 날 정도로 어머니 편을 들고 나선다.

마마보이의 반대편에는 회피성 애착 관계가 있다. 이는 아들이 커서 마마보이가 되거나 지나치게 여성적이 될까 봐 두려운 나머지 어머니가 아들과의 정서 유대를 의식적으로 피할 때 형성된다. 이런 생각을 가진 어머니는 아들을 향한 사랑을 있는 그대로 표현하지 않고 엄격한 요구와 규율을 들이댄다. 그것이 아들을 사랑하는 올바른 방식이라고 생각하기 때문이다. 딸에게는 애정 어린 스킨십을 하면서도 아들에게는 인색하다. 딸은 마음껏 귀여워해도 괜찮지만 아들은 다소 엄하게 키우는 편이 좋다는 사회적 시선을 의식하기 때문이다.

어머니가 이런 태도를 고집할수록 어머니와 아들의 사이는 점점 더 멀어진다. 아들은 내면 깊이 사랑받지 못한다는 느낌, 특히 여성에게 사랑받지 못한다는 좌절감을 갖게 된다. 또한 어머니와 친밀한 관계를 맺은 경험이 없는 탓에 성인이 되어서도 이성과 제대로 된 관계를 맺는 데 어려움을 겪는다. 실제로 '감정적 무능함'에 빠진 남자 중 상당수가 여기 해당한다고 봐도 무방하다.

건강한 모자 관계 vs. 건강하지 못한 모자 관계 건강한 모자 관계와 건강하지 못한 모자 관계는 다음과 같은 차이를 보인다.

선택 vs. 의무 건강한 모자 관계에서 아들은 어머니의 요구나 요청을 선택적으로 받아들인다. 예를 들어 어머니가 만나자고 했을 때 선약이 있다면 그렇다고 말한 후 어머니와 의논해서 다시 약속을 잡는다.

그러나 건강하지 못한 모자 관계에 있는 아들은 어머니의 요구를 무조건 받아들여야 한다고 생각한다. 자신은 어머니의 말에 '고분고분 따라야 할 의무'가 있다고 여기는 것이다.

솔직함 vs. 두려움 건강한 모자 관계에서 아들은 대화할 때 어머니의 눈치를 보지 않고 솔직히 자기 생각을 표현한다. 설혹 어머니를 잠시 불쾌하게 만들지라도 진실하게 소통하는 편이 거짓으로 얼버무리는 편보다 훨씬 낫다고 믿기 때문이다.

그에 비해 건강하지 못한 모자 관계에서 아들은 어머니가 실망하거나 화를 낼까 봐 두려운 나머지 자기 생각은커녕 말 한 마디도 제대로 하지 못하고 전전긍긍하는 모습을 보인다.

행복함 vs. 귀찮음 건강한 모자 관계는 함께하는 시간을 소중하고 행복하게 여긴다. 아들이 성장하면서 같이 지내는 시간은 자연히 줄어들지만 여전히 서로에게 관심을 보이며 살뜰하게 연락을 주고받는다.

그러나 건강하지 못한 모자 관계에서는 아들이 어머니와 함께하는 것을 꺼리고 귀찮아하며 최대한 피하려 애쓴다. 대화도 최소한으로 하며, 어머니이기에 당연히 보일 법한 관심도 부담을 느끼거나 자신을 통제하려는 의도로 받아들인다.

건강하지 못한 모자 관계에서 성장한 아들

일반적으로 유아기와 청소년기 성장에 가장 중요한 사람은 어머니다. 어머니와의 관계는 개인의 행동과 정서, 자아 발달, 인간관계에 이르기까지 폭넓은 영향을 미친다.

건강하지 못한 모자 관계에서 성인이 된 남자는 어머니와의 애착 관계가 대개 몰입애착형과 회피애착형 2가지 유형으로 나타난다.

몰입애착형 모자 관계　　　일반적으로 바람직한 인지 발달 모델에서 남자아이, 즉 아들은 성장할수록 오이디푸스 콤플렉스를 벗어나 점차 아버지를 이상적인 동일시 대상으로 삼으며 남성성을 발달시켜나간다. 그런데 어머니와 지나치게 의존하고 몰입하는 애착 관계가 형성된 경우, 어머니를 이상적 동일시 대상으로 여기며 여성성을 닮아가는 경향이 나타난다.

자신에게 미치는 영향　　우리 사회에는 여전히 성 불평등과 성 고정관념이 광범위하게 뿌리내리고 있다. 그 탓에 대개 여성성은 연약하고 보호가 필요하고 역량감이 약한 것으로 정의되며, 남성성은 이와 반대되는 특징을 갖는다. 사회가 개인에게 '남자는 이러해야 하고 여자는 이러해야 한다'는 잣대를 들이대는 셈이다. 그러다 보니 '다른 성별의 기질'을 가진 남자아이는 성장 과정에서 불공정한 대우와 평가를 받으며 편견에 시달리기 일쑤다.

물론 나쁜 영향만 있는 것은 아니다. 이 중 일부는 풍부한 젠더 감수성과 뛰어난 정서적 공감 능력을 가진 남성으로 성장하기도 한다.

영국의 학자 피터 쿠퍼Peter Cooper는 대규모 표본 연구를 통해 아들은 어머니와의 친밀도나 몰입도가 높을수록 소위 '남성성'에 대한 동일감이 떨어진다는 사실을 발견했다. 다시 말해 자신에게는 남자다운 면이 없다고 느낀다는 것이다. 그렇다고 해서 어머니와의 친밀도가 낮을수록, 즉 회피적인 어머니를 가진 아들이라고 해서 자신의 남성성에 대한 만족이나 긍정적 인식이 더 높은 것도 아니었다.

연인에게 미치는 영향　몰입애착형 모자 관계는 아들의 연애나 결혼 생활에도 영향을 줄 수 있다. 다음은 미치는 영향 3가지다.

첫째, 어머니와 아들이 심리적으로 분리되지 못했거나 분리되었더라도 경계가 모호하다. 그 결과 어머니는 자신이 아들의 연애나 결혼 생활에 참견하거나 심지어 통제할 수 있다고 생각하게 된다. 어머니의 반대와 불만 때문에 연인/배우자와 헤어졌다는 이야기가 심심찮게 들리는 이유도 여기에 있다.

둘째, 아들을 두고 어머니와 연인/배우자 사이에 쟁탈전이 벌어질 수 있다. 아들은 자신의 시간과 에너지 중 일부는 어머니에게 쏟아야 마땅하다고 생각하며, 연인/배우자가 이 사실을 인정해주기를 바란다. 심지어 어머니와 함께하며 시중드는 데 대부분의 시간과 에너지를 투자해서 연인/배우자와 어머니 사이에 분쟁과 갈등, 질투와 분노를 조장하기도 한다.

마지막 셋째, 어머니가 아들의 생활 전반을 책임지며 과도하게 개입한 경우, 배우자의 역할에 대한 아들의 기대치가 높아지는 부작용이 생긴다. 어머니가 자신을 위해 한 모든 것을 기준으로 세우고 배우자가 자신에게 똑같이 해주기를 요구하는 것이다. 그러다 상대가 자기 어머니에게 못 미친다고 생각하는 순간, '같은 여자이면서 우리 엄마가 할 줄 아는 일을 너는 왜 못하느냐'며 비난의 날을 세운다.

회피애착형 모자 관계　　　아들은 어려서부터 엄하게 교육해야 한다고 생각하는 어머니가 많다. 그래야 일찌감치 독립성을 기르고 사회가 남성에게 요구하는 역할에 부합한 성품을 갖추며, 더 나아가 성인이 되어 사회생활을 하는 데 훨씬 유리할 것이라고 생각하기 때문이다. 문제는 이런 교육 태도가 부작용을 일으킬 수도 있다는 점을 간과한다는 데 있다.

아들에게 미치는 나쁜 영향　　여러 연구에 따르면 회피애착형 모자 관계는 개인의 자존감을 떨어뜨리고, 긍정적인 자아 인식을 갖는 데 부정적 영향을 주는 것으로 나타났다. 어머니가 애정을 충분히 주지 않거나 과도하게 독립성을 요구하면 아들은 자신이 사랑받을 자격이 없는 존재라고 생각하게 된다. 또한 어머니에게 버림받았다고 느끼기에 전반적인 자아 만족도가 심각하게 떨어진다.

그러나 위에 언급한 피터 쿠퍼의 연구에서도 밝혀졌듯이 어머니가 애정을 표현하지 않고 엄하게 키운다고 해서 아들이 자신의 '남성성'을 더 긍정적으로 받아들이거나 더 큰 만족을 느끼게 되는 것은 아니다.

행동과 정서에 미치는 영향　　회피 성향이 강한 어머니 손에 자란 자녀는 과격하고 적대적으로 행동할 가능성이 높다. 실제 연구 결과에 따르면 회피애착형 모자 관계에 있는 아이는 학교에서 자주 소란을 피우고 친구와 주먹다짐을 하거나 규칙을 잘 지키지 않는 등의 행동을 보이는 비율이 높았다. 성인이 되어서도 반사회적 행동을 할 가능성이 상대적으로 컸다.

안정애착형 모자 관계는 아들의 정서지능을 기르는 데 매우 유익하다. 안정적인 어머니는 아이가 자신의 감정을 있는 그대로 받아들이고 표현할 수 있도록 격려해주며, 스스로 모범을 보인다. 이러한 모자 관계를 통해 아이는 감정을 긍정하고 표현하는 법을 배우게 된다.

그러나 회피애착형 모자 관계의 어머니는 아이의 감정을 돌봐주기보다는 먼저 사회의 기대에 부합하는 행동을 하라고 요구한다. 어떤 일로 속상해하는 아이를 "사내 녀석이 하루 종일 꽁해 있으면 어떡해? 남자면 대범해야지!"라며 다그치는 식이다. 이는 개인의 '유창한 감정 표현Emotional Fluency' 발달에도 부정적 영향을 준다('15• 평소 감정을 억누르는가, 표현하는가?' 참고)

회피애착형 모자 관계를 겪은 개인은 어른이 된 후 타인과 갈등 상황이 벌어졌을 때 신체적인 반격을 가하는 경향이 강하다. 또한 언제 어디서든 강한 남성으로 보여야 한다는 강박에 시달리며, 책임도 혼자 져야 한다고 믿는다.

친밀 관계에 미치는 영향　회피애착형 모자 관계였던 남자는 타인과 과도하게 친밀해지기를 기피하고 남을 신뢰하거나 의지하는 데 어려움을 느낀다. 또한 상대가 자신의 필요를 즉시 들어주리라고 믿지 않기 때문에 불안도가 상당히 높다. 이런 사람은 친밀 관계에서 생긴 갈등을 해결할 때 부정적인 감정을 훨씬 많이 느낀다는 연구 결과가 나왔다.

몰입애착형과 회피애착형, 두 종류의 건강하지 못한 모자 관계가 개인에게 미치는 영향은 선을 긋듯 분명하게 나뉘지 않는다. 일례로 몰입애착형 모자 관계에서도 아들이 과도하게 남성적이고 호전적인 행동을 하는 경우가 있는데, 대개는 어머니를 보호하려는 것이 목적이다.

건강하지 못한 모자 관계를 극복하는 방법

자신과 세상 모든 사람 사이가 그렇듯, 자신과 어머니 사이에도 분명한 경계가 존재한다. 어머니의 욕구는 자신의 욕구가 아니며 자신의 욕구보다 언제나 중요한 것도 아니다. 어머니가 자신의 경계를 침범한다면 다른 사람에게 하듯 똑같이 거절할 수 있다. 어머니와의 관계가 지나치게 소원해서 상처를 받았다 해도 마찬가지다. 어른이 된 자신은 어머니를 다시 이해하고 먼저 다가가 '서로 사랑하는 관계'를 새롭게 만들 수 있는 힘과 선택권을 갖고 있기 때문이다.

따라서 어린 시절에 건강하지 못한 모자 관계에서 성장했다면, 이것 한 가지만은 꼭 기억하자! 어머니와의 애착 관계가 안정적이지 않은 것은 절대 자신의 잘못도, 어머니의 잘못도 아니다. 같은 맥락에서 건강하지 못한 관계를 개선해나가는 것 역시 자신과 어머니가 함께 노력해야 할 일이다.

또 한 가지 기억할 것이 있다. 어머니와 소통할 때는 자신의 생각과 마음을 솔직하게 표현해야 하며, 어머니 또한 자기 생각을 솔직히 나타낼 권리가 있다는 점을 존중해야 한다.

아무리 부모 자식 간이라 해도 어머니와 자식은 각각의 개인이다. 자녀가 어른이 된 이후에는 더더욱 독립적 의지와 자주적 결정권을 가진 평등한 개인이다. 어머니의 심기를 거스르기 싫다는 이유로 입을 다물고 있는 것은 기만일 뿐, 효도가 아니다.

어머니와 자신의 생각이 달라서 혹 다투게 될지라도 이를 솔직하게 나누는 편이 더 깊은 신뢰를 쌓는 지름길이다. 어머니가 자신의 말에 귀 기울여주고, 자신을 존중하며 이해해줄 것이라는 신뢰 말이다. 이러한 신뢰가 회복되면 서로를 향한 사랑도 더불어 회복될 것이다.

솔직하게 표현하다

세상 모든 사람 간의 사이가 그렇듯,
자신과 어머니 사이에도 분명한 경계가 존재한다.
어머니의 욕구는 자신의 욕구가 아니다.
어머니가 경계를 침범하면 분명히 거절한다.
어른이 된 당신에게는 어머니와 관계를
새롭게 만들 힘과 선택권이 있다.

어머니와 자식은 각각의 개인이다.
소통할 때 자기 생각을 솔직하게 표현한다.
당연히 어머니도 말할 권리가 있다.
심기를 거스른다는 이유로 입을 다무는 것은
기만일 뿐, 효도가 아니다.

29 · 독립과 자립

29

지금 **독립했는가,**
자립했는가?

언젠가는 더 이상 부모에게 의존하지 않고
스스로 먹고살아야 할 때가 온다.
진정한 의미의 '나만의 인생'이 시작되는 것이다.

행동이 부모의 제약에서 벗어났다고
자립은 아니며, 인지와 태도까지 모두 홀로 서야
비로소 진정한 자립이다.
진정으로 자립했다고 보는 기준은 무엇일까?

사람은 대부분 학교 졸업과 동시에 새로운 인생 단계에 접어든다. 먼 곳에 취직해서 집을 떠나기도 하고, 그저 부모에게서 벗어나려고 따로 집을 얻어 나오기도 한다. 어쨌든 언젠가는 더 이상 부모에게 의존하지 않고 스스로 먹고살아야 할 때가 온다. 진정한 의미의 '나만의 인생'이 시작되는 것이다. 보통 이러한 과정을 독립이라고 하지만 심리학에서는 이 과정을 좀 더 함축적 의미를 담아서 설명한다. 바로 '자립'이다.

웹스터 사전에서는 자립을 '존재와 행동 모두 타인에게서 독립된 상태'라고 정의했다. 미국 심리학자이자 《좋은 부모 되기 위한 10계명》 저자 로렌스 스타인버그Laurence Steinberg는 행동이 부모의 제약에서 벗어났다고 해서 자립은 아니며 인지와 태도까지 모두 홀로 서야 비로소 진정한 자립이라고 보았다.

'자립'의 반대편에는 '연결'을 놓을 수 있다. 자립과 연결, 이 2가지는 인류가 가진 기본적 욕구다. 인생의 단계마다 우리는 각기 다른 대상과 얼마만큼 자립하고 또 얼마만큼 연결될 것인지를 끊임없이 고민하고 조정하며, 그로 인해 갈등을 겪기도 한다.

그중에서도 부모와의 관계 설정은 '자립'에서 가장 중요한 부분이다. 개인은 어린 시절부터 부모에게서 독립하고자 하는 욕구를 느끼며, 이 욕구는 청소년기 후기부터 18세에서 25세인 초기성인기에 절정에 이른다. 그러나 연구에 따르면 청소년기에는 비록 자아의식이 강하게 발전하긴 해도 여전히 부모의 요구와 기대에 따르는 것을 중요하게 생각한다. 그러다 20세 이후, 즉 초기성인기에 접어들면서 비로소 진정한 독립이 시작된다.

그러나 최근에는 독립하는 시기가 점차 늦어지는 추세다. 로렌스 스타인버그는 현대인의 청소년기가 이전의 어떤 시대보다도 길어져서 청소년기의 끝자락이 25세 전후까지 연장되었다고 주장했다. 이는 1950년대와 비교하면 두 배가량 늘어난 것이다. 초기성인기 시기도 그에 따라 30세 전후까지 늘어났다. 20대 후반이 되어도 여전히 학업 중인 경우가 많고, 결혼과 취직도 덩달아 늦어진 탓이다. 한 조사에 따르면 현재 미국의 25세 청년 중 여전히 부모에게 경제적 도움을 받는 비율은 부모 세대 때보다 50퍼센트가량 높다. 이 같은 현상은 수입이 적은 청년에게 국한되지 않는다. 소비 습관이 변하면서 버는 속도가 쓰는 속도를 따라가지 못해, 수입이 많으면서도 부모에게 신용카드 값이나 보험료를 의존하는 청년도 상당히 많다. 로렌스 스타인버그의 표현대로라면 '요즘 25세 청년의 독립 정도는 부모 세대에 대입하면 21세 수준'에 불과하다.

이미 알거나 미처 몰랐던, 자립의 기준

미국의 수전 프랭크Susan Frank를 비롯한 여러 심리학자가 지적한 대로 완전한 자립을 이루려면 후기청소년기에서 초기성인기 사이에 아래 3가지 변화를 완성해야 한다. 초기성인기를 훨씬 넘길 때까지 이 중 하나라도 독립하지 못한 부분이 남아 있으면 언젠가는 결국 이런저런 문제를 겪게 된다. 다음은 진정으로 자립했다고 볼 수 있는 판단 기준 3가지다.

행동과 결과를 온전히 책임지다　　　완전한 분리란 가족을 떠나 자신의 생활과 부모의 생활 사이에 명확한 경계를 세우는 것을 말한다.

판단 기준은 자아와 타인의 책임 경계를 얼마나 확실하게 구분 짓느냐다. 부모와 자신 사이에 분명한 경계를 긋고, 생활도 부모와 완전히 분리되어야 비로소 독립했다고 말할 수 있다. 독립할 나이가 되기 전에는 법적으로나 생활에서나 부모가 나의 행동에 책임을 진다. 그러나 독립하는 과정에서 우리는 조금씩 자기 행동과 그에 따른 결과를 책임지는 법을 배운다. 그리고 자기 행동과 그 결과를 온전히 책임질 수 있을 때, 이 부분에서의 독립이 완성된다.

완전한 분리를 거쳐 독립하면 부모와의 관계도 새롭게 정립된다. 기존의 부모 자식 관계를 넘어 독립적인 성인 대 성인으로서 새로운 관계를 맺고, 새로운 애정을 쏟을 수 있다.

가족과 분리가 되지 않은 사람은 삶의 모든 면에서 부모와 밀접히 얽혀 있기 때문에 새로운 관계나 생활에 전념하기가 어렵다. 이들은 자기 가정을 이루고 나서도 여전히 가족에게 빈번하게 의존한다. 또한 성인이 된 후에도 오랫동안 부모와 함께 살거나 부모에게 기대어 생활하는 사람은 제대로 된 연애를 하지 못하는 경우가 많은데, 이 역시 부모와 분리되지 못한 탓이 크다.

독립적으로 생존할 능력을 갖추다   자립할 능력을 갖추었다는 것은 외부 환경에 능숙하게 대처하며 독립적으로 적응하고 생존할 능력을 가졌다는 뜻이다. 여기에는 2가지 조건이 필요하다.

힘든 상황이 닥칠 때 자립 수준   자립 수준을 평가하려면 다른 사람의 도움을 받지 않고 문제나 어려움, 도전적 상황에 대처할 수 있는지, 혼자 대응할 수 있다는 자신감이 얼마나 되는지를 봐야 한다. 충분히 자립하지 못한 사람은 낯설고 힘든 상황에 대처하는 능력이 부족하기 때문에 일이나 생활에서 문제가 생기면 혼자 판단하지 못하고 가족의 도움을 구한다.

부모와 의견이 대립될 때 의사결정 수준   중요한 선택을 앞두고 있거나 인생의 기로에 섰을 때, 자신의 가치관과 성향에 따라 독립적으로 결정을 내릴 수 있다면 자립 능력이 충분하다고 할 수 있다. 이런 상황을 상상해보

자. 사랑하는 연인과 결혼하려고 하는데 부모가 결사반대한다. 또는 외국에 나가 취업하고 싶은데 부모가 멀리 떠나는 것을 원치 않는다. 이때 자립적인 의사결정 능력이 약한 사람은 자신의 판단과 가족의 생각이 부딪친다는 사실만으로도 불안과 수치심을 느끼고, 결국 결정권을 부모에게 내주기 쉽다. 그러나 자립적인 사람은 그와 달리 스스로 생각하고 결정을 내리며, 한번 내린 결정은 굳건히 밀고 나간다.

감정을 스스로 통제하고 다루다　　　자신의 감정을 통제하고 다룰 수 있을 때 비로소 정서적으로 자립했다고 말할 수 있다. 정서적으로 자립한 사람은 자기 내면의 충돌을 효과적으로 다스리며 명확한 자아의식과 자아인지를 갖는 동시에 자책, 부끄러움, 분노 등 부정적 감정을 성숙하게 처리할 줄 안다. 여기에도 2가지 판단 기준이 있다.

외부 영향을 적게 받는 자기통제성　　　자기통제성은 다른 사람, 특히 부모의 영향과 간섭을 받지 않고 자신의 감정과 행위를 자주적으로 통제하는 정도를 말한다. 자기통제성이 떨어지는 경우에는 부정적 감정이 엄습할 때 제대로 처리하지 못하고 수동적으로 방어하거나 회피한다. 심지어 부정적 감정에 붙들려 부적절하고 적대적인 행동을 하려고 한다. 그렇다고 감정적으로 다른 사람의 영향을 전혀 받지 않아야만 자기통제성이 있는 것은 아니다. 자립하기 전의 상태와 비교했을 때 다른 사람의 영향을 받는 정도가 낮아졌다면 충분히 자기통제성이 높아졌다고 할 수 있다.

의견 반대를 감내하는 자기주장성　　　자기 나름의 가치와 평가 기준에 따라 의견과 생각을 피력할 수 있다면 자기주장성이 있는 것이다. 자기주장성에는 다른 사람, 특히 부모가 자신의 의견에 반대할지도 모른다는 두려움을 감내하는 용기도 포함된다. 자기주장성이 낮은 사람은 자기 가치관에 따라 어떤 의견을 내세울 엄두조차 내지 못할 때가 많기 때문에 성인이 되어서도 여전히 자신의 행동이 부모의 기준에 적합한지 아닌지를 끊임없이 점검한다. 그래야 부모의 반대에 부딪치거나 분노를 사고 심하면 처벌받는 사태를 면할 수 있기 때문이다.

이처럼 자립성은 여러 가지 요소에 영향을 받는다. 22세에서 32세의 피실험군을 대상으로 한 연구에 따르면 연령이 증가함에 따라 자립 능력도 강해지는 경향을 보였다. 또한 인생의 중요한 변화, 특히 혼인 상태가 변화하면 정서적인 자립성이 달라졌다. 예를 들어 결혼한 여성은 어머니와 정서적 연대가 더욱 강해지며, 신혼 시기에는 남성과 여성 모두 아버지와의 연결이 약해졌다.

자립을 당연히 해야 하는 이유

자립하는 과정을 통해서 다음 2가지를 얻게 되는데, 이는 살아가는 동안 긍정적인 힘을 발휘하는 역할을 한다.

자존감과 행복감을 높이다　　　자립하는 과정은 곧 자존감과 자아 가치를 세우는 과정이다. 네덜란드의 심리학자 마크 눔Marc Noom 은 청소년을 대상으로 정신적 적응과 자립의 상관관계를 연구한 후 태도, 정서, 행동 중 어느 한 부분이라도 자립한 청소년은 자존감과 사회 적응성이 높고 우울감이 낮다고 밝혔다.

또한 자립은 우리에게 행복감을 선사한다. 한 연구팀은 64개국 42만 명을 대상으로 대대적인 건강 설문조사를 진행하고 이를 토대로 개인의 자립도가 행복에 미치는 영향을 분석했다. 기본적인 심리 수준, 불안도, 스트레스 수준 등 정신건강을 가늠할 수 있는 3가지 지표와 자립도 간의 관계를 연구한 결과, 자립도가 높은 사람일수록 기본적인 정신건강 수준이 높고 불안과 스트레스가 낮은 것으로 나타났다. 주목할 것은 자립도와 행복감의 관계가 나라별, 사회별로 비슷했다는 점이다. 그에 비하면 개인의 경제적 수준이나 사회 발달 정도가 행복감에 미치는 영향은 미미한 수준이었다.

심리적 성취감을 높이다　　　개인이 스스로 결정하고 행동할 때 가장 높은 성과를 낼 수 있다는 '자기결정 이론Self-determination Theory '에서는 자립성을 높이는 것이 심리적 성취감을 얻고 내적 동기를 자극하는 가장 좋은 방법이라고 본다. 실제로 일련의 연구를 통해 자립성과 성취도가 밀접히 연관되어 있다는 사실이 증명되었다.

자립성은 높은 학업성취도와도 연관이 있다. 2011년, 대학생 425명을 연구한 결과 자립성에 따라 평균 학점을 예측할 수 있다는 점이 밝혀졌다. 자립성이 높은 학생은 평균 학점도 높았으며 영어와 수학, 특히 영어 관련 과목의 성적이 좋았다. 또한 교육과 훈련을 거쳐 자립성을 강화할 경우, 이전에 비해 성적이 대폭 향상되었다.

호주 심리학자 메릴린 가니에Marylene Gagne 연구팀에 따르면 높은 자립성은 일에서 흥미와 가치를 찾는 데 도움을 주어 업무만족도를 향상시킨다. 이러한 현상은 일의 종류와 상관없이 공통적으로 나타났으며, 매일 똑같은 업무를 반복한다 해도 마찬가지였다. 더 복잡한 업무를 할 때 역시 자립하는 습관이 업무 효율 향상에 긍정적 영향을 미쳤다.

처방

진정한 자립을 이루는 방법

이처럼 자립은 개인의 정신건강뿐만 아니라 업무나 학업 성취와도 밀접한 관계가 있다. 그렇다면 어떻게 해야 진정한 자립을 이룰 수 있을까?

다음은 진정한 자립을 이루는 방법이다.

자립과 방종을 구별하다　　　　자립에도 '적정 수준'이 존재한다. 이 수준을 넘어서는 권한이 주어질 경우, 결과는 오히려 기대 이하일 수 있다. 2011년 한 연구팀이 '고양이와 쥐'라는 게임을 만들고 피실험자들에게 각각 다른 방식으로 쥐 잡는 법을 알려줬다. 차이점은 스스로 결정할 수 있는 권한을 얼마나 주는가였다. 각각 '권한 없음', '적당한 권한 부여', '모든 권한 부여' 등 3가지 과정으로 나누어 실험을 진행했다.

결과적으로는 피실험자들은 적당한 권한을 부여받았을 때 가장 높은 점수를 올렸다. 적정 수준을 넘어선 경우, 즉 모든 권한을 쥐고 있을 때는 오히려 점수가 하락하는 모습을 보였다. 삶에서도 마찬가지다. 앞뒤 재지 않고 무조건 부모를 떠나 모든 것을 자기 마음대로 하려는 것은 진정한 자립이 아니다. 자립은 방종과 전혀 다르다는 사실을 명심하자.

'가짜 독립'에 주의하다　　　　　독립은 부모와의 관계 단절을 의미하지 않는다. 독립, 더 나아가 자립하는 과정에서 서로 갈등을 겪거나 상처를 받을 수는 있지만 사실 이 세상에 부모만큼 든든한 지원군도 없다.

　로렌스 스타인버그의 연구에 따르면 수많은 청소년이 부모와 분리를 겪지 않고 오히려 도움과 응원을 받으며 독립을 이뤄간다. 이 과정에서 부모는 자녀가 자아의식을 발전시키고 나름의 가치관을 세우며 스스로 중대한 결정을 내릴 수 있도록 독려함으로써 자녀의 독립에 긍정적 작용을 한다.

　스스로의 인생을 살기로 결심했다면 먼저 부모의 역할을 인정하고 받아들여야 한다. 물론 부모가 기꺼이 독립을 도울 의향이 있다는 전제하에 말이다. 수전 프랭크는 독립을 추구하는 과정에서 몇몇 사람이 '가짜 독립 Pseudo independence' 상태에 빠진다는 사실을 발견했다. 이들은 독립하고 싶은 마음에 부모를 완전히 냉대하거나 무시하고, 부모가 자신을 무조건 통제하려 한다고 여기며 일부러 싸움을 걸거나 냉전을 벌였다. 문제는 이것이 진정한 독립으로 이어지지 않고 오히려 개인의 정신적, 심리적 상태나 인간관계, 사회생활 능력 등에 악영향을 미친다는 점이다. 이런 상태는 어머니보다는 아버지와의 관계에서 더 자주 나타났다.

애착과 독립의 균형을 맞추다　　　　　인간은 타인과 관계하지 않고 살아갈 수 없다. 독립적이고 자주적인 사람은 '자립'과 '연결'을 적절히 오가며 애착과 독립의 균형을 맞출 줄 안다. 또한 언제 홀로 서야 할지, 언제

손을 잡아야 할지를 유연하게 파악하며 자신의 발전을 추구한다. 진정한 의미의 자립이란 스스로를 책임지는 동시에 남에 대한 책임도 잊지 않는 것이다.

수전 프랭크에 따르면 자립하는 과정은 부모에 대한 '탈이상화' 과정이기도 하다. 부모는 뭐든 알고 뭐든 할 수 있다는 어린 시절의 환상에서 벗어나 부모도 장점과 단점, 한계와 부족함이 있는 인간이라는 사실을 깨달아가는 것이다.

탈이상화를 거치면서 우리는 더 이상 부모의 가치관과 행동 기준을 무비판적으로 받아들이지 않게 된다. 또한 부모의 기분과 요구를 만족시키지 못했다는 이유로 자책하거나 부끄러워하지 않고 나름의 가치관과 기준을 세우게 된다. 부모의 장점을 인정하고 자랑스러워하는 동시에 부모의 단점을 인지하고 그들 역시 복잡한 인간이라는 사실을 받아들일 때, 우리는 비로소 자신의 가치를 평가하고 판단하는 진정한 자립을 이룰 수 있다.

'어떻게 자립하는가'는 우리 앞에 놓인 평생의 과제다. 이는 어른이 된 후 새로운 가정을 꾸려도 마찬가지다. 새 가정 안에서도 독립과 의존의 문제가 있기 때문이다. 또한 노년에 이르러 사랑하는 사람이 곁을 떠나면 우리는 또다시 홀로서기의 도전에 직면하게 된다. 자신의 인생을 시작한다는 것은 이 과제의 첫 페이지일 뿐이다.

균형을 맞추다

자립하는 과정은 부모에 대한 '탈이상화' 과정이다.
부모도 장점과 단점, 한계와 부족함이 있는
인간이라는 사실을 깨달아 가는 것이다.

'어떻게 자립하는가'는 평생의 과제다.
어른이 된 후 새로운 가정을 꾸려도 마찬가지다.
자립한다는 것은 이제 인생의 첫 페이지일 뿐이다

진정한 자립을 이루는 방법이다.
자립과 방종 구별하기
'가짜 독립'에 주의하기
애착과 독립의 균형 맞추기

열 길 물 속은 알아도 한 길 사람 속은 모른다는 말이 있다. 지금 내 나이가 아주 많은 편은 아니지만, 그래도 평균 수명의 반 정도 살고 보니 저 말이 얼마나 맞는 말인지 알겠다. 한 길 사람 속을 모른다는 것은 생각해보면 당연한 소리다. 내가 저 사람이 아니고 저 사람이 내가 아닌데 서로의 속을 어찌 알겠는가. 그런데 정말 당황스러운 순간은, 남도 아닌 바로 나 자신의 속을 내가 알 수 없을 때다.

대체 왜 이런 기분이 드는지, 그렇게 행동하는 게 잘못임을 알면서도 왜 그렇게 행동했는지, 어째서 나는 내 마음 하나 마음대로 하지 못하는지 ……. 가끔은 나 자신이 남보다도 멀게 느껴진다.

그래서일까. 나는 심리 관련 도서를 즐겨 읽는다. 나도 모르는 내 속마음을 때로는 명쾌하게, 때로는 다정하게 일러주는 면이 좋아서다. 사실 나도 나 자신을 잘 이해하지 못할 수밖에 없다. 이 책에서 지적한 대로 자신이 강보에 싸여 있었을 때 겪은 일까지 전부 기억하는 사람은 없기 때문이다. 그러나 인간의 뇌는 놀랍고도 신비해서 태어난 이후 여태까지의 일을 전부, 심지어 엄마의 배 속에서 있었던 일까지도 모두 기억한다고 한다. 다만 그 모든 것을 의식적으로 기억하는 것은 오히려 저주이기에, 대부분이 무의식의 영역에 잠들어 있을 뿐이다. 문제는 이 무의식이 우리의 의식을 지배한다는 점이다. 나도 모르는 옛 기억과 과거의 상처가 현재의 나를 만들고 움직인다. 내 안에 있는 줄도 몰랐던 것이 나의 성격과 성향과 태도와 습관을 만드는 셈이다.

이 책 《심리를 처방합니다》는 나 자신조차 있는 줄 몰랐던, 내 안에 숨겨진 이야기들을 발견하도록 돕는다. 때로는 알지만 일부러 회피하거나 인정하지 않는 것을 정면으로 대면할 때도 있었다. 또한 심리학 전반을 아우른다고는 할 수 없지만 살면서 알아두면 좋을 여러 심리학 지식을 다루고 있다는 점도 아주 유용했다. 게다가 국내에 아직 소개되지 않았거나 심도 있게 다뤄지지 않은 이론과 내용이 실려 있기 때문에 나 자신을 바라보는 새로운 시각을 얻는 데도 큰 도움이 된다.

실제로 책을 번역하는 내내 새로운 지식을 얻고, 몰랐던 나를 발견하고, 무심코 지나친 과거를 돌아볼 수 있었던 유익한 시간이었다. 또한 번역가가 아닌 독자의 입장에서 읽고 우리말로 옮길 수 있어서 매우 감사하고 즐거운 과정이었다.

책의 저자 노우유어셀프KnowYourself는 개인이 아닌 집단이다. 원래 위챗 공공 계정으로, 주로 청년을 대상으로 상담심리를 하며 여러 가지 유익한 사업을 벌인다. 그 사업의 일환으로 이 책도 나온 것이다. 때로는 집단의 지성이 개인의 지성을 훨씬 뛰어넘는다. 이 책이 그 증거이지 않은가 싶다.

이 책에 실린 모든 내용이 나에게 적용될 수 있는 것은 아니다. 어떤 내용은 이해가 되지 않고, 어떤 내용은 고개가 끄덕여지며, 어떤 내용은 무릎을 치게 만들기도 한다. 나는 제도화된 모성에 관한 내용이 가장 가슴에 와 닿았다. 아마도 지금 어린 두 아이를 키우며 일을 하는 엄마의 입장이기 때문이리라.

이처럼 독자들도 각자의 상황과 경험, 현재 처한 문제에 따라 이 책이 각자 다르게 읽힐 것이다. 그중 한 부분이라도, 아니 단 한 문장이라도 독자의 마음에 가닿아 울림을 줄 수 있다면 이 책을 번역한 사람으로서 무한한 영광이겠다.

부디 자기 자신을 향한 여행을 계속하시길. 그리고 그 길에 이 책이 좋은 친구가 될 수 있길 바란다.

최인애

심리학 용어

가족치료 이론

가족치료는 개인의 심리적 장애와 문제가 가족 간의 부적응으로 인해 생긴다는 전제 아래 가족 간 상호작용에서 발생하는 여러 부적응 현상을 치료하는 집단치료의 하나다. 가족치료 이론(Family Therapy Theory)에는 정신역동적 가족치료, 보웬 가족치료, 경험적 가족치료, 인지행동주의적 가족치료, 구조적 가족치료, 전략적 가족치료, 해결중심적 가족치료, 이야 기치료 등이 있다.

정신역동적 가족치료는 개인을 가족이라는 거미줄로부터 해방시키는 것으로 보았다.

보웬 가족치료는 가족구성원 중 한 사람을 선정하여 일정 기간 그 사람을 치료함으로써 그 사람이 전체 가족 체계를 변화시킬 수 있다고 생각했다. 가계도 작성법이 있다.

경험적 가족치료는 가족 개개인의 경험 수준을 증가시킴으로써 보다 정직하고 친밀한 가족 상호작용을 만들 수 있다고 보았다.

인지행동주의적 가족치료는 가족 구조의 기능상의 문제라고 보았다.

전략적 가족치료는 문제의 원인보다는 문제를 지속시키는 요소에 초점을 두었다. 치료 기법은 간접적 방법으로 재정의, 역설적 개입, 은유, 의식 등을 사용한다.

해결중심적 가족치료는 문제의 해결이 복잡하다고 해서 해결 방법도 반드시 복잡한 것은 아니라고 보았다. 오히려 작고 성취할 수 있는 목표를 세워 가족에게 성취감을 맛볼 수 있게 하는 것이 중요하다고 생각했다.

이야기치료는 질문 형식으로 면담 과정에서 어떤 것도 주장하거나 해석하지 않고 단지 질문과 대답을 반복한다.

경계성 성격장애

경계성 성격장애(Borderline Personality Disorder)는 성격장애의 한 부분으로 불안정한 대인관계, 반복적인 자기 파괴적인 행동, 극단적인 정서 변화와 충동성을 나타내는 장애다. 성인 초기에 시작되어 다양한 상황에서 발생하며, 버림받음을 피하기 위해 처절하게 노력하고, 대인관계가 불안정하고 강렬하고, 자기 자신에 대한 개념이 분명하지 않으며, 만성적인 공허감을 느끼고, 분노 조절에 어려움을 느끼며, 자신에게 손상을 줄 수 있는 충동성을 보인다. 또한 자해 행동을 하기도 한다.

경계성 성격장애는 전체 성격장애의 40퍼센트 이상을 차지하며, 남자보다 여자에게 더 많다. 심한 감정이나 충동 조절 장애가 있어 병원에 입원하는 경우가 많으며, 자살 위험률이 높다.

남근기

남근기(Phallic Phase)는 프로이트의 정신분석 이론 중 성격 발달의 세 번째 단계로, 리비도가 항문에서 성기로 옮겨 간다. 이 단계에서 남자아이는 오이디푸스 콤플렉스를 경험하고, 여자아이는 엘렉트라 콤플렉스를 경험한다. 연령은 대개 3세에서 5세까지이며 이 시기가 지나면 남녀 아이 모두 자신과 동성의 부모를 동일시한다. 이 과정에서 아이는 자신이 경험하는 콤플렉스를 해결하게 되며, 도덕적 양심 발달에 영향을 미치는 초자아를 발달시킨다.

방어기제

방어기제(Defense Mechanism)는 자아가 위협받는 상황에서 무의식적으로 자신을 속이거나 상황을 다르게 해석하여, 감정적 상처로부터 자신을 보호하는 심리 의식이나 행위를 가리키는 정신분석 용어다. 방어기제는 여러 가지가 있으며 부정, 억압, 합리화, 투사, 승화 등의 방법이 일반적이다.

범불안장애

범불안장애(Generalized Anxiety Disorder)는 특별한 원인이 없이 막연하게 불안을 느끼거나, 매사에 걱정이 지나쳐서 생활에 지장을 받거나 고통스러워하는 증상이 통상 6개월 이상 지속되는 정신과적 증상이다.

원인은 신경 전달 물질의 불균형으로 보는 생물학적 원인, 유전 및 가족적 배경의 원인, 그리고 가족의 사망, 질병, 실직 또는 이혼 등의 스트레스로 인한 정신사회적 원인 등이 있다.

특징은 좌불안석 또는 긴장이 고조되거나 가장자리에 선 느낌, 쉽게 피로해짐, 집중 곤란 또는 마음이 멍해지는 느낌, 자극 과민성, 근육 긴장, 수면 장애 등이다.

빅파이브

성격심리학에서 다양한 연구와 요인 분석 등의 방법론을 통해 기본적인 성격 요인이 5가지(Big Five)로 압축된다고 주장했다. 바로 개방성, 성실성, 외향성, 친화성, 신경증을 일컫는다. 이 요인들은 저마다 하위 특성을 포함하고 있다. 개방성은 공상, 미적 추구, 감성, 모험심, 생각, 진보성이다. 성실성은 유능감, 질서, 의무감, 성취 노력, 자제심, 신중함이다. 외향성은 친근함, 사교성, 자기주장성, 활동성, 흥분 추구, 긍정적 정서다. 친화성은 신뢰성, 도덕성, 이타성, 겸손, 온유함, 순응성이다. 신경증은 불안, 적대감, 우울, 자의식, 충동성, 상처받기 쉬움이다.

상담심리사

상담심리사(Counseling Psychologist)는 사단법인 한국상담심리학회에서 인정하는 자격을 취득한 사람을 일컫는다. 한국상담심리학회는 첫째, 다양한 상담 현장에서 직무를 수행할 수 있는 전문 지식과 기술을 갖춘 상담심리사를 양성 및 배출한다. 둘째, 대학 및 대학원의 상담 교육 과정을 보완하여 현장 적용 능력을 갖춘 상담심리사를 양성한다. 셋째, 상담심리사로서 요구되는 일정 수준 이상의 상담 수련 과정을 거치도록 함으로써 국내외 상담 분야에서 널리 인정받고 통용될 수 있는 자격 제도를 운영한다. 상담심리사 1급과 2급이 있다.

심리 치료

심리 치료(Psychotherapy)는 심리적 고통이나 해결하고 싶은 문제를 가진 사람에게 심리학적 전문 지식을 활용하여 문제를 해결하거나 삶의 질을 향상시키도록 돕는 전문적 활동을 일컫는다.

아동발달 이론

아동발달 이론에는 정신분석 이론, 인지발달 이론, 학습 이론, 동물행동학적 이론, 생태학적 이론 등이 있다.

정신분석 이론은 발달은 무의식적인 것이며 행동은 단지 표면상 나타나는 특성이라고 주장했다. 프로이트의 심리성적 발달 단계와 에릭슨의 심리사회적 발달 단계가 있다.

인지발달 이론은 합리적인 사고 과정을 강조하면서, 아동은 환경과의 상호작용을 통해 습득하는 다양하고 복잡한 능력을 반영하는 복합 요인이라고 주장했다. 피아제의 인지발달 이론, 정보처리 이론, 비고츠키의 사회문화적 인지 이론이 있다.

학습 이론은 환경적 요인을 강조했다. 개인의 인생에서 얻게 되는 학습 경험이 인간 발달에서 변화의 근원이라고 믿으며, 환경을 재구성함으로써 새로운 학습 경험을 하게 되면 발달에 변화를 가져올 수 있다고 주장했다. 파블로브의 고전적 조건형성 이론, 스키너의 조작적 조건형성 이론, 반두라의 인지적 사회학습 이론이 있다.

동물행동학적 이론은 동물행동학의 진화론적 관점에서 인간도 생존 가능성을 높이기 위해 진화되어온 것이라고 주장했다. 로렌츠의 각인 이론, 볼비의 애착 이론이 있다.

생태학적 이론은 아동은 가족, 이웃, 국가라는 여러 가지 환경 속에서 발달한다고 주장했다. 브론펜브레너의 생태학적 체계 이론, 엘더의 생애 이론이 있다.

애착

애착(Attachment)은 아동이 부모 각각에 대해 가지는 강하고 지속적인 유대다. 영국의 정신분석가이자 정신과 의사인 존 볼비는 초기의 애착 형성이 인간 본성의 가장 중요한 기본이 되고, 애착 형성이 잘되지 않으면 아동기뿐 아니라 성인기의 여러 가지 정신질환의 원인이 될 수 있다는 애착 이론을 정립했다.

볼비에 의하면, 생후 일 년 동안 유아와 양육자 사이의 초기 관계의 질이 애착을 형성하는 데 가장 중요하다. 이러한 애착 행동은 내적 작동 모델을 통해서 일반적으로 한 개인의 인생에서 맺어지는 모든 대인관계에 영향을 준다. 초기 애착 관계에서 아동이 부모에게서 신뢰와 지지를 받았다면, 성인이 되어서도 타인과 신뢰 있는 긍정적인 관계를 형성할 수 있다.

애착 유형

볼비가 정립한 애착 이론은 에인스워스 등이 안정애착, 불안정애착, 회피애착 등의 애착 유형(Attachment Type)으로 분류했다. 또 헤이즌과 셰이버는 안정형, 회피형, 불안/양가형 등의 성인 애착 유형을 제안했고, 바솔로뮤와 호로비츠는 안정형, 몰두형, 거부형, 두려움형으로 분류했다. 1980년대에 존슨과 그린버그가 개발한 정서중심 부부치료에서는 안정애유형, 회피애착형, 불안애착형, 공포회피애착형 등으로 분류했다.

엘렉트라 콤플렉스

엘렉트라 콤플렉스(Electra Complex)는 딸이 아버지에 대해 강한 애정을 가지고 어머니에게 경쟁 의식을 느끼는 것이다. 이는 그리스 신화에서 아가멤논의 딸 엘렉트라가 아버지를 죽인 어머니에게 복수한다는 이야기에서 비롯되었다.

역기능가정

역기능가정(Dysfunctional Family)은 자녀를 제대로 사회화하고 양육할 만한 능력이 갖추어지지 않은 혼란스러운 가정을 말한다. 가족치료 전문가들이 규정하는 역기능가정은 순기능가정에 비해 부모가 불화하여 잦은 다툼이 있거나 그로 인해 이혼을 했거나 재혼을 하여 편모, 편부, 계부, 계모의 부모가 있는 가정을 말한다. 또한, 습관적으로 술을 마시는 알코올중독자의 가정, 외도가 있는 가정, 중병을 앓는 식구 때문에 온 가족이 영향을 받는 가정, 엄격하게 율법적인 가정, 평범한 일상생활을 심하게 간섭하는 부모가 있는 가정, 쉽게 화를 내는 분노중독자가 있는 가정, 가정사를 돌보지 않고 목회나 사업에만 몰두하는 일중독자의 가정, 이단과 사이비종교에 심취한 가정, 도박중독자가 있는 가정, 문란한 생활을 하는 성중독자의 가정, 화를 자제하지 못하고 폭력을 가하는 폭력중독자의 가정, 정서적 및 심리적으로 혼란한 가족 체계가 있는 가정, 심리적으로 학대하는 가정, 가정의 규율이나 법칙이 너무 경직되어 어떠한 상황에서도 변화가 없는 가정, 가족구성원 중 한 사람만 명령을 내리고 나머지 가족은 복종만을 강요당하는 가정 등을 말한다.

오이디푸스 콤플렉스

오이디푸스 콤플렉스(Oedipus Complex)는 아들이 동성인 아버지에게는 적대적이지만 이성인 어머니에게는 호의적이며 무의식적으로 성(性)적 애착을 가지는 복합 감정이다. 이때 어머니에 대한 성적 애착이라는 것은 아버지가 갖는 욕망을 모방하는 것인데, 정신 발달의 중요한 전환점이다.

원가족

인간은 출생하여 성장하면서 두 번의 가족을 경험한다. 즉, 출생하여 부모 밑에서 자라온 가족과, 성인이 되어 결혼과 함께 새롭게 형성한 가족이다. 이때 전자의 경우를 원가족(Family of Origin)이라 하고, 후자의 경우를 생식가족 혹은 형성가족이라고 한다.

심리학적 접근에서 볼 때 개인이 원가족에서 성장하면서 경험한 것들은 성격 형성과 대인

관계 형성 등에 매우 강력한 영향을 미친다. 이것은 개인이 성장하면서 원가족의 습관과 가치관을 내면화하기 때문이다. 또한 이렇게 원가족으로부터 내면화된 습관과 가치관은 성인이 되어서 맺는 대인관계의 유형이나 결혼 후의 가족 관계에 영향을 미친다.

인지도식

인지도식(Cognitive Schema)은 흔히 도식 혹은 스키마 등으로 불린다. 도식은 사물이나 사건에 대한 전체적인 윤곽이라고 말한다. 즉 '생각의 틀'이다. 도식에는 적응, 동화, 조절, 평형의 개념이 있다.

적응은 우리가 어떠한 도식을 가지게 되는 것을 말한다. 예를 들면 유아 때 몸에 털이 나 있고 네발로 다니면서 꼬리가 있는 동물을 '개'라고 양육자로부터 배운다. 유아는 그러한 동물을 '개'라고 부른다는 도식을 가지게 된다.

동화는 새로운 자극을 기존의 도식을 사용해서 이해하는 것이다. 예를 들면 유아가 진돗개를 보고 자신이 가지고 있는 도식을 사용해서 '개'라고 말한다. 이후 치와와를 보고서도 '개'라고 말한다.

조절은 새로운 자극을 기존의 도식으로 이해할 수 없을 때 도식을 변경하는 것을 말한다. 예를 들면 고양이를 보고 기존의 도식으로 '개'라고 말하지만, 어머니는 눈의 모양이나 울음소리가 다르다는 것으로 '고양이'라는 새로운 도식을 만들어준다.

평형은 동화와 조절의 균형을 말한다. 예를 들면 송아지를 보고 기존의 도식으로 이해하려 하지만 '개'도 '고양이'도 아니다. 따라서 아이는 불평형 상태에 놓이게 되고, 이러한 상황을 벗어나기 위해 양육자에게 새로운 사물이 무엇인지를 물어보게 된다. 양육자는 송아지라는 답을 해주고 차이를 설명해준다. 이렇게 되면 아이는 평형의 상태에 놓이게 된다.

인지적 종결 욕구

1993년 '인지적 종결' 개념을 제시한 미국 사회심리학자 에어리 쿠르굴란스키는 이른바 '일상인의 인식론'이라는 이론으로 사람들이 일상적 삶에서 판단을 내릴 때 동기가 미치는 영향을 탐구했다. 그는 인지적 종결 욕구(Need for Cognitive Closure)가 다음 5가지의 차원으로 구성되어 있다고 주장했다.

첫째 삶이 질서정연하고 구조화되기를 바라는 질서에 대한 선호, 둘째 일관되고 변하지 않는 지식을 선호하는 예측 가능성에 대한 선호, 셋째 신속하게 종결에 도달하고자 하는 판단에 대한 명확성, 넷째 모호한 상황을 싫어하는 모호함에 대한 불편함, 다섯째 자신의 판단과 일치하지 않는 증거나 의견을 고려하지 않으려고 하는 폐쇄적 사고 등이다.

이러한 인지적 종결 욕구는 어떤 불확실한 상황에서 얻은 답이 불확실성을 줄여주는 것으로 보인다면 정답이 아니더라도 더는 정보를 탐색하지 않고 그것을 답으로 결정하는 '포착' 성향과, 이후 이러한 결정을 변경하지 않고 지속하려는 '보존' 성향을 일으킨다.

일화적 기억

일화적 기억(Episodic Memory)은 사건의 기억, 에피소드 기억이라고도 한다. 개인적인 경험이나 사건들을 기억하는 것으로 공간적 및 시각적인 맥락 정보를 포함한다. 즉, 과거에 있었던 일을 마치 영화의 한 장면처럼 어떤 감정과 함께 회상하는 능력을 말한다.

기억에는 크게 전술기억(현재의 기억)과 절차기억(잠재적 기억)으로 나뉘고, 전술기억은 다시 일화적 기억과 의미적 기억(창조 기억)으로 나뉜다. 의미적 기억은 사실의 기억으로 경험이 배제된 사실 혹은 세상의 일반적 지식에 대한 기억을 말한다.

자기가치감

자기가치감(Self-worth)은 결과가 어떻든 자신을 믿고 자기가치를 인정하며 있는 모습 그대로를 소중히 여기는 마음이다. 자기가치감은 최초의 타인인 부모를 통해 획득되기 시작한다. 결과와는 상관없이 존재 자체로 기뻐하는 부모의 무조건적 사랑을 받으면 아이는 자신이 잘하지 않아도, 좋은 결과를 내지 않아도 괜찮다는 믿음을 갖게 된다. 따라서 부모로부터 무조건적인 사랑을 많이 받은 아이는 자기가치감이 높다.

자기결정 이론

자기결정 이론(Self-determination Theory)은 인간 행동의 통제 원천이 어디 있는가를 기반으로 하는 이론으로, 그 시작이 내면인가, 아니면 외부인가로 나뉜다. 이 이론은 인간의 동기가 완전히 내적 통제(예, 흥미, 호기심)가 되었을 때 가장 높으며, 내적인 이유가 전혀 없이 순전히 외적인 통제(예, 강제, 강요)에 의해서 행동하게 되었을 때 제일 낮다는 명제를 기반으로 한다.

자기복잡성

자기 자신에 대한 주관적인 평가와 인식을 자기개념(Self-concept)이라고 한다. "나는 누구인가, 어떤 일을 잘하는가, 가족과 사회에서의 역할은 무엇인가"라는 질문에 대한 응답에 따라 자기개념이 다르게 구성된다. 다양한 역할과 관계를 경험하면서 내면에는 여러 가지 자기개념이 자리 잡게 된다. 개인의 정체성을 형성하는 자기개념들의 속성이 서로 모순적이고 이질적인 정도를 일컬어 자기복잡성(Self-complexity)이라고 한다.

진정한 나는 하나가 아니다. 내 안에는 여러 자아가 있다. 그중 어느 게 진짜고 어느 게 가짜라고 할 수 없다. 나라는 사람은 다양한 자아가 모여 이뤄진 집합체다. 단일한 자기개념에만 집착할 때 마음의 고통이 생기는 것이다. 다양한 자아 중 일부만 인정하고, 못마땅하게 느껴지는 것을 부정하고 억압할 때 심리적인 문제가 생긴다.

자기애

자기애(Narcissism)는 자기 자신의 행위나 특질에 부당하게 큰 가치를 부여하는 사람의 성격을 말한다. 그리스 신화에서 물에 비친 자신의 모습에 이끌려 물에 빠져 죽은 나르시수스(Narcissus)의 이름을 딴 것이다. 정신분석학에서는 리비도(Libido)의 힘이 자신의 내부로 향하는 것, 즉 자기 자신을 사랑의 대상으로 하는 것을 일컫는다.

프로이트는 정상적인 발달 단계에서도 자기 스스로를 사랑의 대상으로 하는 때가 얼마 동안은 있다는 가설을 세웠다. 어느 정도의 자기애는 일생을 통해서 지속된다. 자기애적 성격이 강한 사람은 자기가치감을 조절할 능력을 상실하기 쉬우며, 대인관계에 지나치게 예민하고 다른 사람을 수단시하는 경향을 보인다.

자기애성 성격장애

자기애성 성격장애(NPD, Narcissistic Personality Disorder)는 자기도취와 자기중심성의 성격이 굳어져 부적응적인 상태가 지속되는 성격장애로, 자기애성 인격장애라고도 한다. 소설《바람과 함께 사라지다》의 여주인공 스칼렛이 전형적이다.

행동적 특성은 첫째, 매우 거만하고 이기적으로 보이기도 하며 확신에 찬 모습으로 거침없이 말하고 행동한다. 둘째, 자신이 이루어낸 것과 재능에 대해 사실보다 과장되게 자랑을 늘어놓는다. 셋째, 자신이 매우 특별한 존재라고 생각하기 때문에 공통의 규칙이나 의무가 자신에게는 해당되지 않는 것으로 행동한다.

정서적 특성은 첫째, 실패나 비난에 직면해도 전혀 동요하지 않으며 태평스럽고 즐거운 편이다. 둘째, 타인에게 공격당했다고 느끼면 격렬한 분노와 적대감을 느끼고 복수하고 싶다는 강한 열망에 휩싸인다. 셋째, 타인에 대해 시기와 질투의 감정을 빈번하고 강하게 느낀다. 넷째, 자신이 설정한 높은 기대치에 스스로 만족하지 않을 때 어쩔 수 없이 우울과 불안감에 빠진다. 다섯째, 일상적인 일에 쉽게 지루함을 느끼고 뭔가 새롭고 자극적인 것을 찾으려 한다. 여섯째, 타인이 자신을 주목해주고 칭찬해주는 것에 대한 욕구가 강렬하다. 일곱째, 권력과 높은 지위, 리더십 등 지배적인 위치에 대한 욕구가 강하다. 여덟째, 자신의 감정을 적절한 수준과 방식으로 표현하지 못하고 지나치게 억압한다.

대인관계 특성은 첫째, 사교적이며 외향적으로 보이지만 조금 지나면 과도한 자기과시나 타인을 배려하지 않는 행동을 한다. 둘째, 타인을 배려하고 공감하는 능력이 부족하여 피상적인 대인관계를 맺는 경우가 많다. 셋째, 타인에 대해 과도하게 강렬한 감정과 애정을 느끼고 지나치게 이상적인 사람으로 생각하면서 자기 생각대로 상대방을 만들어간다.

이와 같은 자기애성 성격장애의 원인으로 정신분석적 이론에서는 초기 아동기 때 부모에게 받은 부적절한 애정이나 인정을 보상하는 것이라고 본다. 또 사회학습적 관점에서는 자녀의 재능에 대해 부풀려진 시각을 가지고 있어서 비현실적인 기대를 하는 부모가 만든 것이라고 보았다.

자기자비

자기자비(Self-compassion)는 고통에 처했을 때 혹독하게 자신을 비난하는 대신 자신을 돌보는 온화한 태도를 취하는 것을 말한다. 따라서 자존감과는 다른 개념이다. 자존감은 주로 타인과 자신을 비교할 때 나타나는 반면, 자기자비는 자기가치를 깨달아 자신을 진심으로 아끼고 닥친 문제나 고통을 극복할 수 있게 해준다.

자기자비가 있는 사람은 3가지 행동을 보인다. 첫째, 자신의 실패나 실수를 평가하기보다는 인간적으로 공감하고 이해한다. 둘째, 사람은 누구나 실패할 수 있다는 점을 인정한다. 셋째, 자신이 실패나 실수했을 때 드는 부정적 감정에 대해 균형적 시각을 갖는다.

자기주장성

자기주장성(Self-assertion)은 타인의 권리를 침해하지 않으면서 자신의 생각과 감정을 표현하는 능력을 말한다. 자기주장성은 어린 시절부터 자연스러운 훈련으로 다른 사람으로부터 자신을 보호하는 태도를 형성한다.

자기 통제력

자기 통제력(Self-regulation)은 장기적인 목표를 위해 눈앞의 유혹이나 충동을 억제하거나 그것에 저항하는 능력, 단기적인 만족을 지연시키는 능력을 말하며, 자기조절이라고도 한다. 자기 통제력은 매우 이른 시기부터 발달한다.

자기 통제를 필요로 하는 상황은 규칙에 맞게 행동해야 하거나, 서로 충돌하는 욕구나 행동을 억제해야 하는 상황이다. 이러한 상황에서 자기 통제는 보통 자신의 행동과 감정을 조절하는 노력을 수반한다. 그렇다고 노력을 필요로 하는 모든 행동이 자기 통제라고 할 수는 없다. 예를 들어, 영어 숙제를 하는 것 자체는 개인의 노력을 요구하지만 영어 숙제를 함으로써 다른 행동이나 욕구를 억제할 필요가 없을 때에는 자기 통제라고 볼 수 없다. 반면, 지금 놀고 싶은데 숙제를 안 하면 선생님한테 혼나니까 놀고 싶은 욕구를 참고 영어 숙제를 하는 것은 자기 통제라고 볼 수 있다.

이러한 자기 통제의 발달은 양육자와의 관계, 문화, 아동의 기질, 유전자 요인 등 여러 요소에 의해 영향을 받는다. 그중에서도 양육자의 양육 방식이 가장 큰 영향을 미친다. 또한 초기 아동의 자기 통제 능력은 이후 아동의 발달 상태와 사회적 관계에 영향을 미치기 때문에 발달 과정에서 중요한 의미를 지닌다.

자기효능감

자기효능감(Self-efficacy)은 자신이 어떤 일을 성공적으로 수행하는 능력이 있다고 믿는 기대와 신념을 뜻한다. 캐나다의 심리학자 알버트 반두라에 의해 소개되었다.

자기효능감은 개인의 존재가치 보다는 능력에 관한 판단과 믿음이라는 점에서 자아존중감(self-esteem)과는 구별되며, 성공 또는 실패 경험을 통해 강화되거나 약화될 수 있다. 따라서 쉬운 과제로부터 성공 경험을 쌓고 점진적으로 과제 난이도를 높여나가는 방식은 자기효능감 증진을 위한 효과적인 전략이다. 또한 타인이 실패하거나 성공하는 모습을 지켜보는 대리 경험도 자기효능감에 영향을 준다. 이때 모델이 자신과 비슷할수록 대리 경험이 주는 영향은 더욱 커진다.

더불어 신뢰할 수 있는 타인을 통해 성공할 수 있다는 믿음을 주입하는 언어적인 설득, 불안을 불러일으키는 수행 상황에서 정서적, 신체적인 반응과 동요를 최소화하고 안정적인 상태를 유지하는 것과 관련된 정서적 각성도 자기효능감의 주요한 기제로 작동한다.

자아

자아(Ego)는 생각, 감정 등을 통해 외부와 접촉하는 행동의 주체로서의 '나 자신'을 말한다.

자아상

자아상(Self-image)은 자신에 대해 가지고 있는 지각, 관념, 태도 등 개념의 집합체로서 모든 사람이 마음속에 가지고 있는 자기 모습이다. 자기평가를 포함한 자존감과는 구별된다.

자아의식

자아의식(Self-consciousness)은 자신이 스스로를 인식하는 것을 말한다. 마음은 직접적인 성찰에 의하여 의식의 과정과 내용을 알게 된다. 외적인 모든 것과의 관계를 끊고 순수하게 자신의 내면적 세계를 아는 것을 말한다.

자아인지

자아인지(Self-cognition)는 자신의 내적 특성을 지각하고 이해하는 자아인식으로 공적 자아(범주적 자아)와 사적 자아(내적 자아)로 구성되어 있다.

공적 자아란 다른 사람이 알 수 있고 자신을 다른 사람과 구분할 수 있는 개념적 틀로서 연령, 성, 사회적 신분이나 위치 등을 말한다. 반면에 사적 자아란 다른 사람은 알 수 없는 것으로서 다른 사람이 자신에 대해 모른다고 생각할 때 사적 자아가 형성된다. 공적 자아와 사적 자아가 지나치게 달라서 괴리감을 느끼면 바람직한 자아인지 발달을 저해한다.

자아정체감

자아정체감(Ego-identity)은 자신에 관해서 통합된 관념을 가지고 있느냐에 대한 개념이다. 자아정체감이 형성되었다는 것은 자기의 성격, 취향, 가치관, 능력, 관심, 인간관, 세계관, 미래관 등을 비교적 명료하게 이해하고 있으며, 그런 이해가 지속성과 통합성을 가지고 있는 상태를 말한다. 이것은 개인의 이상과 행동 및 사회적 역할을 통합하는 자아의 기능에 의해서 이루어진 결과다. 유아기의 특정한 반응이나 거울에 비친 자신의 모습을 인식하는 데서 관찰할 수 있는 신체에 대한 지각, 유아기에 나타나는 '나'라는 대명사 사용과 도전적 태도 및 특정한 역할 수행 등에서 최초로 자아 출현이 나타난다. 이와 같은 자아 발달의 최종 단계를 에릭슨은 자아정체감의 발견으로 표현했다.

에릭슨이 말하는 이 시기는 12세에서 18세의 청소년들로 급격한 생리적, 신체적, 지적 변화를 경험한다. 이로 인해 그들은 수많은 충동과 무한한 동경심과 호기심을 갖게 되나, 경험미숙으로 수많은 좌절과 회의, 불신을 경험하게 된다. 이 시기의 중심 문제는 자아정체감을 확립하는 일이다. 청소년들은 자신이 누구이며, 가정과 사회에서의 역할이 무엇인지 알고자 한다. 또한 타인의 눈에 비친 자기는 누구인가에 심각한 관심을 보인다. 자아정체감의 결여는 역할 혼란을 초래한다. 이 위기를 극복하지 못하면 준비되지 않은 상태에서 성인의 역할을 수행해야만 하는 불행을 경험하게 된다.

전이

전이(Transference)는 넓은 의미로 보면 내담자가 상담자에 대해서 느끼는 감정이나 사고를 모두 가리킨다. 좁은 의미로 보면 내담자가 유아기나 아동기에 부모나 다른 성인에 대하여 지녔던 감정과 사고를 상담자에게 투사하는 것을 말한다.

전이라는 현상 때문에 내담자는 상담자에게 부모나 다른 성인에 대해 가졌던 부정적 태도를 그대로 보이게 된다. 그러므로 전이에 의해서 보이는 부정적 감정과 비합리적 사고를 분명하게 밝히고 그 의미를 명확하게 함으로써 내담자가 문제를 보다 정확하게 파악할 수 있다.

반대로 상담자가 자신의 생활에서 부모나 그 밖의 중요한 타인과의 관계에서 경험한 부정적 감정을 내담자에게 투사하는 경우도 있는데 이를 역전이(Counter Transference)라고 한다.

종단적 접근법

종단적 접근법은 동일한 연구 대상을 표집하여 오랜 기간 동안 추적하면서 관찰하는 연구다. 예를 들어 아동의 신장과 체중이 출생에서 10세까지 얼마나 증가하는지 알아보려 한다면, 현시점(예, 2019년)에서 출생한 어린이를 대상으로 2029년까지 매년 한두 번씩 추적 조사하여 연간 변화율을 기록하고 분석한다. 비용과 시간이 많이 걸리는 단점이 있지만 인간 발달이나 변화를 연구하는 데 효과적이다.

초기성인기

심리학자 제프리 젠슨 아넷이 정의한 '초기성인기(Emerginng Adulthood)'는 여러 가지 방향으로 갈 수 있고 미래에 대해 정해진 것이 거의 없는 18세에서 25세 사이를 일컫는 말로, 선택이 결국 미뤄지면서 한 사람의 정체성과 삶의 목적에 대한 혼란이 초래되는 시기이다.

투사

투사(Projection)는 자기 자신이 가지고 있는 공격성, 불안, 죄책감, 성적 본능 등을 다른 사람에게 돌림으로써 현실을 부정하는 것을 의미한다. 예를 들면 자신에게 피해도 주지 않은 상대에게 유난히 예민하게 굴거나, 어떤 연예인이 주는 것 없이 얄밉고 미워서 악플을 달거나, 친구의 행동이 괜히 꼴보기 싫고 비난하고 싶거나, 이렇게까지 화낼 일인가 싶으면서도 화가 났거나 등은 상대방이 하고 있는 행동이 사실은 자신의 마음속에 가지고 있는 충동일 수 있다. 자신이 하고 싶지만 하지 못해서 그 충동을 상대에게 투사하고 있는 것으로, 무의식적으로 일어나는 방어기제 중 하나다.

항문기

항문기(Anal Stage)는 프로이트의 정신분석 이론 중 성격 발달의 두 번째 단계로, 항문이 성적 쾌감을 주는 원천이 되는 시기를 말한다. 연령은 대개 1세에서 3세까지이며 이 시기 동안 유아는 배설기관에 의한 성적 쾌감을 즐기며 배설 과정에 대한 독특한 관심을 갖게 된다. 이 시기에 배변 훈련이 제대로 되지 않으면 항문기 성격이 고집불통, 구두쇠, 수집벽 등으로 발달할 수 있다.

횡단적 접근법

횡단적 접근법은 서로 다른 연령대의 사람들을 동시에 비교할 수 있는 연구다. 예를 들어 연령이 각각 5세, 10세, 15세인 아동 집단이 IQ와 기억력, 또래집단 관계, 부모에 대한 애정, 호르몬 분비의 변화 등과 같은 다양한 종속 변인들에 대하여 비교할 수 있다. 큰 장점은 종단적 접근법과 달리 단시간에 해결할 수 있다는 점이다. 즉, 연구 대상이 된 아동들이 성장하거나 나이가 드는 것을 연구자가 기다릴 필요가 없다.

※ 심리학 용어는 네이버의 지식백과와 어학사전, 구글의 위키백과를 참고했습니다.

심리를 처방합니다

초판 1쇄 발행 2019년 10월 27일
초판 2쇄 발행 2020년 10월 27일

지은이 노우유어셀프(KnowYourself)
옮긴이 최인애
감수 김은지
펴낸이 박지원

펴낸곳 도서출판 마음책방
출판등록 2018년 9월 3일 제2019-000031호
주 소 서울시 강서구 공항대로 209, 704호(마곡동, 지엠지엘스타)
대표전화 02-6951-2927
대표팩스 0303-3445-3356
이메일 maeumbooks@naver.com
ISBN 979-11-967827-0-2 03180

한국어판 ⓒ 도서출판 마음책방, 2019

• 책값은 뒤표지에 있습니다. 잘못된 책은 구입하신 곳에서 바꿔드립니다.
• 이 책의 내용은 저작권법의 보호를 받는 저작물이므로 무단 전재와
  무단 복제를 금합니다.
• 이 도서의 국립중앙도서관 출판예정도서목록(CIP)은 서지정보유통지원시스템
  홈페이지와 국가자료공동목록시스템에서 이용하실 수 있습니다.
  (CIP제어번호: CIP2019038773)

• 도서출판 마음책방은 심리 책으로 지친 마음을 위로하고,
  발달장애 책으로 어린 아이들의 건강한 성장을 돕습니다.